कौशाम्बी

प्राचीन भारत का एक गौरवशाली नगर

कौशाम्बी

प्राचीन भारत का एक गौरवशाली नगर

कुमार निर्मलेन्दु

लोकभारती प्रकाशन

लोकभारती प्रकाशन
पहली मंजिल, दरबारी बिल्डिंग, महात्मा गाँधी मार्ग
प्रयागराज-211 001

वेबसाइट : www.lokbhartiprakashan.com
ईमेल : info@lokbhartiprakashan.com

शाखाएँ : 1-बी, नेताजी सुभाष मार्ग, दरियागंज
नयी दिल्ली-110 002
अशोक राजपथ, साइंस कॉलेज के सामने
पटना-800 006 (बिहार)
36-ए, शेक्सपियर सरणी
कोलकाता - 700017 (प.बंगाल)

मूल्य : 495.00

प्रथम संस्करण : 2019

जे.के. आर्ट प्रेस
प्रयागराज द्वारा मुद्रित

KAUSHAMBI
PRACHIN BHARAT KA EK GAURAVSHALI NAGAR
by Kumar Nimralendu

ISBN : 978-93-88211-77-2

जिनकी गोद में खेलते हुए मैं बड़ा हुआ

उन्हीं स्मृतिशेष वात्सल्यमयी नानी माँ को

सादर, सश्रद्धा

समर्पित

विषय-क्रम

प्राक्कथन 9

1. **कौशाम्बी : एक प्रसिद्ध नगर** 15-28

कौशाम्बी : एक परिचय, कौशाम्बी नगर की स्थापना, कौशाम्बी की महत्ता का सूत्रपात, कौशाम्बी : एक प्रमुख व्यापारिक नगर, वररुचि की जन्मभूमि : कौशाम्बी, कौशाम्बी में कुषाण, मघ और गुप्त राजवंश

2. **बौद्ध धर्म का एक केन्द्र : कौशाम्बी** 29-37

प्रथम बौद्ध संगीति और कौशाम्बी, द्वितीय बौद्ध संगीति और कौशाम्बी, स्थविरवादी धारा का एक सम्प्रदाय : वात्सीपुत्रीय, कौशाम्बी के बौद्ध विहार, कौशाम्बी में बुद्ध का वर्षावास, सिद्ध तन्तेपा की जन्मभूमि

3 **कौशाम्बी में जैन धर्म** 38-48

श्रमण संस्कृति का केन्द्र प्रभाषगिरि, तीर्थङ्कर पद्मप्रभ की जन्मस्थली, कौशाम्बी में महावीर को चन्दना द्वारा आहार-दान, बृहस्पतिमित्र और जैन धर्म

4 **वत्सराज उदयन** 49-66

वत्स राजवंश, उदयन और बौद्ध धर्म, आनन्द का उदयन को उपदेश, कालिदास की रचनाओं में उदयन, बौद्ध जातकों और जैन-ग्रन्थों की उदयन-कथा, भास कृत 'स्वप्नवासवदत्तम्' और 'प्रतिज्ञा यौगन्धरायण' की उदयन-कथा, 'प्रियदर्शिका', 'रत्नावली' और 'तापसवत्सराज' की उदयन-कथा, संस्कृत कथा-साहित्य में उदयन, आधुनिक हिन्दी नाट्य-परम्परा में उदयन, जयशंकर प्रसाद कृत 'अजातशत्रु' में उदयन और वररुचि

5 **सोमदेव कृत 'कथासरित्सागर' में कौशाम्बी** 67-80

सहस्रानीक और मृगावती की कथा, उदयन की कथा, उदयन और वासवदत्ता, लावणक की कहानी, अवन्तिका की कहानी, उदयन का दिग्विजय अभियान, नरवाहनदत्त का जन्म

6 **प्राचीन संस्कृत नाटकों में कौशाम्बी** 81-126
भास कृत 'प्रतिज्ञा यौगन्धरायण' की कथा, भास कृत 'स्वप्नवासवदत्तम्' की कथा, अनंगहर्ष मायुराज कृत 'तापसवत्सराज' की कथा, श्रीहर्ष कृत 'रत्नावली' की कथा, श्रीहर्ष कृत 'प्रियदर्शिका' की कथा

7 **कौशाम्बी की पुरातात्त्विक एवं कलात्मक धरोहर** 127-163
कौशाम्बी की शुरुआती किलेबन्दी पर हड़प्पाई प्रभाव, 'श्येनचिति' और पुरुषमेध, पाषाण प्रतिमाएँ और मृण्मूर्तियाँ, कौशाम्बी के सिक्के

8 **कौशाम्बी के पुरातात्त्विक अभिलेख** 164-172
अशोक का कोसम-प्रयाग स्तम्भलेख, पभोसा के गुहा अभिलेख, भद्रमघ का कोसम शिलालेख

9 **फाहियान और ह्वेनत्सांग का कौशाम्बी सम्बन्धी वृत्तान्त** 173-177
फाहियान का वृत्तान्त, ह्वेनत्सांग की कौशाम्बी-यात्रा

10 **पग-पग पर बिखरा इतिहास** 178-191
कड़ा का गौरवशाली अतीत, दारानगर और 'छप्पन पाण्डे', दारानगर का कुप्पी-युद्ध, कड़ा : सन्त-कवि मलूकदास की जन्मभूमि

11 **शहजादपुर और वीरांगना दुर्गा भाभी** 192-203
बनारसीदास कृत 'अर्द्धकथानक' में शहजादपुर का वर्णन, विदेशी यात्रियों की दृष्टि में शहजादपुर, वीरांगना दुर्गा भाभी

12 **कौशाम्बी के दर्शनीय स्थल** 204-208
चरवा : श्रीराम का विश्रामस्थल, सान्दीपनि घाट : कृष्ण और सुदामा के गुरु सान्दीपनि का आश्रम, शीतला माता का मन्दिर : कड़ाधाम, अलवारा झील

परिशिष्ट 209-210
(1) 'इलाहाबादी अमरूद' नहीं 'कौशाम्बी का अमरूद'
(2) उत्तर प्रदेश का भुसावल : कौशाम्बी

सन्दर्भ-ग्रन्थ सूची 211-212

प्राक्कथन

छठी शताब्दी ई. पू. में भारत में सोलह बड़े राज्य थे। उन राज्यों को प्राचीन बौद्ध-ग्रन्थों में 'महाजनपद' कहा गया है। वत्स उनमें से एक महत्त्वपूर्ण महाजनपद था। वत्स देश की राजधानी कौशाम्बी थी, जिसको आर्थिक और सांस्कृतिक दोनों दृष्टियों से समृद्ध माना जाता था। कौशाम्बी ऐतिहासिक दृष्टि से अशोक, कनिष्क, समुद्रगुप्त, हर्षवर्द्धन आदि प्रतापी शासकों की महत्त्वाकांक्षा का एक प्रमुख केन्द्र थी। उत्तर वैदिक काल से मुगल-काल तक कौशाम्बी का पौराणिक, धार्मिक, ऐतिहासिक, राजनैतिक और सांस्कृतिक महत्त्व भारतीय ग्रन्थों में प्रतिबिम्बित है। यहाँ का घोषिताराम बौद्धविहार गौतम बुद्ध के चातुर्मास-विश्राम का एक स्थल था। वत्स देश के प्रसिद्ध राजा उदयन महात्मा बुद्ध के समकालीन थे। वत्सराज उदयन के पहले भी उनके पिता शतानीक और पितामह सहस्रानीक के समय में कौशाम्बी एक समृद्ध और ऐश्वर्यशाली नगरी के रूप में ख्यात रही है।

प्राचीन वत्स देश गंगा नदी के दक्षिण में स्थित था। इसकी राजधानी कौशाम्बी को वत्सभूमि की नगरी (या पुरी या महापुरी) कहा गया है। वत्स देश की राजधानी कौशाम्बी का सर्वप्रथम उल्लेख 'शतपथ ब्राह्मण' नामक एक प्राचीन वैदिक ग्रन्थ में मिलता है। महाभारतोत्तर काल में गंगा की बाढ़ से त्रस्त होकर हस्तिनापुर-वासियों ने यहाँ आकर अपना उपनिवेशन किया था। पौराणिक अनुश्रुतियों के अनुसार गंगा की बाढ़ के कारण जब हस्तिनापुर नगर नष्ट हो गया, तब वहाँ के पाण्डव-वंशीय राजा निचक्षु ने कौशाम्बी को अपनी राजधानी बनाया था। उनके वंशजों ने यहाँ दीर्घकाल तक शासन किया। वत्स देश के राजाओं में उदयन बहुत प्रसिद्ध रहे हैं। जैन तीर्थङ्कर वर्द्धमान महावीर की माता त्रिशला और वत्सराज उदयन की माता मृगावती सगी बहनें थीं। इस प्रकार महावीर और उदयन मौसेरे भाई थे। इस रक्त-सम्बन्ध के कारण महावीर स्वामी को कौशाम्बी नगर से बहुत लगाव था।

कालिदास ने अपनी कृति 'मेघदूत' में 'अवन्ति देश के उदयन-कथाकोविद ग्रामवृद्धों' का उल्लेख किया है। यानी प्राचीन अवन्ति राज्य के ग्रामों तक में वत्सराज उदयन की कथा सुनी और सुनायी जाती थी। वत्स देश के राजा उदयन के सम्बन्ध में प्रचलित सुरुचिपूर्ण कथाओं से स्पष्ट है कि समकालीन भारतीय समाज पर उनके व्यक्तित्व की गहरी छाप थी।

वत्सराज उदयन शुरू में बौद्ध-धर्म के विरुद्ध थे। बौद्ध जनश्रुतियों के अनुसार एक बार क्रुद्ध होकर राजा उदयन ने पिण्डोल नामक एक बौद्ध भिक्षु को उत्पीड़ित किया था लेकिन बाद में पिण्डोल के प्रभाव से ही वे महात्मा बुद्ध के अनुयायी बन गये। अश्वघोष कृत 'बुद्धचरित' के अनुसार कौशाम्बी में घोषिल (या घोषित), कुब्जोत्तरा और अन्य स्त्री-पुरुषों ने बौद्ध धर्म की दीक्षा ली थी।

कौशाम्बी नामक यह प्राचीन नगर दरअसल इलाहाबाद विश्वविद्यालय द्वारा कराये गये पुरातात्त्विक उत्खनन से प्रकाश में आया। यह पुरास्थल पहले प्रयागराज जिले के अन्तर्गत था और 1997 ई. के बाद से यह नवसृजित कौशाम्बी जिले के अन्तर्गत आता है। बहरहाल, प्राचीन भारत के उस गौरवशाली नगर के नाम के आधार पर ही इस नवसृजित जिले का नामकरण किया गया।

कौशाम्बी के उत्खनन के दौरान प्रथम सहस्राब्दी ई.पू. की आरम्भिक शताब्दियों में नगरीकरण और नगर के दुर्गीकरण के स्पष्ट संकेत मिले हैं। यहाँ यमुना नदी के बायें तट पर वत्सराज उदयन का बनवाया हुआ एक भव्य किला था, जिसके भग्नावशेष एक विशाल टीले के रूप में कोसम और गढ़वा नामक ग्रामों के बीच में स्थित हैं। दूसरे शब्दों में, इस प्राचीन नगर के भग्नावशेष प्रयागराज से दक्षिण-पश्चिम दिशा में लगभग 60 कि.मी. दूर यमुना के उत्तरी तट पर स्थित कोसम ग्राम में स्थित हैं। पुरातत्त्ववेत्ता अलेक्जेण्डर कनिंघम ने प्राचीन कौशाम्बी नगर की पहचान कोसम नामक गाँव से की थी। प्राचीनकाल में यह एक उन्नत एवं वैभवशाली नगर था। लेकिन अब इस स्थान पर कोसम, गढ़वा, कोसम इनाम, कोसम खिराज, पाली, आम्बाकुआँ आदि छोटे-छोटे गाँव विद्यमान हैं।

अप्रैल, 1997 ई. को उत्तर प्रदेश सरकार द्वारा प्रयागराज जनपद के पश्चिमी भू-भाग में स्थित तीन तहसीलों चायल, सिराथू और मंझनपुर को पृथक् करके कौशाम्बी नामक नये जिले का गठन किया गया था। इस जिले का मुख्यालय मंझनपुर है। कौशाम्बी भौगोलिक आकार-प्रकार और जनसंख्या की दृष्टि से एक छोटा जनपद है। यहाँ तीन तहसीलें और आठ विकासखण्ड हैं। तहसीले हैं- मंझनपुर, चायल और सिराथू, जबकि विकासखण्ड हैं- मंझनपुर, सरसवाँ, कौशाम्बी, सिराथू, कड़ा, चायल, मूरतगंज और नेवादा।

अब तक हुए पुरातात्त्विक उत्खनन से ऐसा लगता है कि मंझनपुर तहसील के दो गाँवों- कोसम इनाम और कोसम खिराज के चारों ओर ही प्राचीन कौशाम्बी नगर का विस्तार था। कोसम इनाम के पूरब की ओर उदयन के किले के ध्वंसावशेष मौजूद हैं। कोसम वस्तुतः कौशाम्बी का ही विकृत रूप है। प्रयागराज से उत्तर-पश्चिम कौशाम्बी जनपद में गंगा नदी के दायें तट पर स्थित कड़ा तुर्क-अफगान काल में राजनैतिक दृष्टि से एक महत्त्वपूर्ण नगर था।

स्थानीय जनश्रुतियों के अनुसार प्राचीनकाल में 'अंकेश्वरी' कौशाम्बी की देवी हुआ करती थीं, जिन्हें 'कनगेश्वरी' भी कहा जाता है। इनका स्थान अब भुजेहड़ाहार कहलाता

है। कहते हैं कि कुरुवंशी राजा जनमेजय का भुजंगयज्ञ (नागयज्ञ) इसी स्थान पर आयोजित किया गया था। कौशाम्बी को अथर्वा ऋषि की तपोभूमि भी कहा जाता है। कौशाम्बी में पूरब एवं पश्चिम शरीरा नामक ग्रामों के आस-पास पहले अथर्वन नाम का एक परगना भी हुआ करता था।

गुप्तकाल में चीनी यात्री फाहियान के कौशाम्बी आने की बात सन्दिग्ध प्रतीत होती है। उसने अपने यात्रा-विवरण में कौशाम्बी का कोई स्पष्ट उल्लेख नहीं किया है। उसने लिखा है कि यह नगर सारनाथ से उत्तर-पश्चिम की ओर 104 मील की दूरी पर स्थित था। उस समय वहाँ घोषिताराम बौद्ध-विहार अच्छी स्थिति में विद्यमान था। उसमें अधिकांशतः हीनयान सम्प्रदाय के बौद्ध-भिक्षु रहा करते थे। गुप्तकालीन लेखों से पता चलता है कि उस समय कौशाम्बी के नागरिक बहुत सम्पन्न, धर्मपरायण और दानशील थे। वहाँ के समृद्ध लोगों ने दानशालाएँ (सत्र) खोल रखी थीं। यहाँ बेसहारा लोगों और साधुओं-संन्यासियों को निःशुल्क भोजन और वस्त्र मिलते थे।

ऐसा लगता है कि गुप्त-साम्राज्य के विघटन के साथ ही कौशाम्बी नगर भी धीरे-धीरे पतनोन्मुख हो गया। गुप्त-साम्राज्य के बाद छोटे-बड़े कई राजवंशों का प्रादुर्भाव हुआ। उन सब की नयी राजधानियाँ बनीं। नये राजधानी नगरों के उदय के कारण कौशाम्बी नगर का महत्त्व स्वाभाविक रूप से कम हो गया। इसी बीच वहाँ हूण वंश के आक्रमणकारियों का हमला हुआ। हूण बर्बर थे और अक्सर नगरों को लूट-पाटकर जला देते थे। हूणों के हमलों के कारण कौशाम्बी नगर तहस-नहस हो गया। बहरहाल, 500 ई. के आस-पास यह नगर कुछ समय हूण शासक तोरमाण के नियन्त्रण में भी रहा। कौशाम्बी में यमुना नदी के किनारे स्थित घोषिताराम विहार के उत्खनन के दौरान प्राप्त दो मुहरों से इस बात की पुष्टि होती है।

सातवीं सदी ई. में अपनी भारत-यात्रा के दौरान ह्वेनत्सांग कौशाम्बी आया था। लेकिन तब तक वहाँ के अधिकांश बौद्ध-विहार नष्ट हो चुके थे। वहाँ बहुत कम भिक्षु रह रहे थे। उसने वहाँ के कुछ भवनों का भी उल्लेख किया है जो जर्जर अवस्था में थे। इन्हीं में एक बौद्ध मठ था, जिसकी ऊँचाई लगभग 60 फीट थी। इस मठ में महात्मा बुद्ध की एक प्रतिमा थी। चन्दन की लकड़ी से बनी यह बुद्ध प्रतिमा महाराज उदयन के समय की थी। ह्वेनत्सांग के अनुसार घोषिताराम के पूर्व की ओर आम का एक बागीचा था। बागीचे में एक जर्जर-सा घर था। असंग नामक बौद्ध आचार्य तब उसी घर में रहते थे।

यमुना-तट पर स्थित प्रभाषगिरि (या पभोसा पहाड़ी) लोक आस्था का एक महत्त्वपूर्ण केन्द्र है। मकर संक्रान्ति के अवसर पर हिन्दू धर्मावलम्बी यहाँ पूजन-आराधन करके मनौतियाँ मानते हैं। दूसरी ओर जैन मतावलम्बी अपने तीर्थङ्कर पद्मप्रभ की दीक्षाभूमि होने के कारण जैन तीर्थ प्रभाषगिरि में अपनी आस्था प्रकट करते हैं। छठे तीर्थङ्कर पद्मप्रभ का

जन्म कौशाम्बी में ही हुआ था। कुल मिलाकर, कौशाम्बी पुरातन काल से ही हिन्दू, बौद्ध और जैन तीनों धर्मों के अनुयायियों की श्रद्धा का केन्द्र रहा है।

कौशाम्बी प्राचीनकाल में एक महत्त्वपूर्ण व्यापारिक नगर था। आज यहाँ उद्योग-धन्धे नहीं के बराबर हैं। परन्तु पर्यटन उद्योग के विकास की यहाँ अपार सम्भावना है। सन्तोष की बात यह है कि कौशाम्बी को पर्यटन के मानचित्र पर लाने की दिशा में, सरकारी स्तर पर, प्रयास भी शुरू हो चुके हैं।

बहरहाल, वर्तमान में कौशाम्बी जिले की अर्थव्यवस्था पूर्णतः कृषि पर निर्भर है। यह जनपद गंगा-यमुना की अन्तर्वेदी में बसा हुआ है। यद्यपि यमुना के किनारे की भूमि प्रायः बंजर और ऊसर है, तथापि गंगा के किनारे की मिट्टी बलुई-दोमट प्रकार की है, जो खेती की दृष्टि से बहुत उपजाऊ मानी जाती है।

कौशाम्बी को कई फलों के उत्पादन के लिए भी जाना जाता है। यहाँ उत्तम प्रकार के अमरूद, केले और बेर पैदा होते हैं। लाल छिलकेवाले 'सुर्खा अमरूद' के लिए तो यह बहुत ही प्रसिद्ध है। गौरतलब है कि 'इलाहाबादी अमरूद' के नाम से जाना जानेवाला अमरूद दरअसल कौशाम्बी के चायल क्षेत्र में पैदा होता है। इतना ही नहीं, केले की जबरदस्त पैदावार के कारण कौशाम्बी को अब 'उत्तर प्रदेश का भुसावल' भी कहा जा सकता है।

प्राचीन भारत का यह गौरवशाली नगर अपने आँचल में इतिहास के कई सुनहरे मोती छिपाये हुए है। आवश्यकता है कि इसके अतीत पर पड़ी धूल को साफ करके इसे दुनिया के आगे कर दिया जाये। इतिहास की एक समृद्ध थाती को अपने सीने से सँजोये यह पुरातन नगर अपने गौरवशाली अतीत को पुनर्जीवित करने के लिए मानो आकुल है।

यह पुस्तक कौशाम्बी की उसी अकुलाहट से उपजा एक क्षीण-मन्द राग है। इसमें इतिहास के तमाम आरोहों-अवरोहों को यथासम्भव स्वर देने का प्रयास किया गया है। इस पुस्तक में पुराने साहित्यिक स्रोतों, अभिलेखों आदि की गहरी छानबीन के उपरान्त कौशाम्बी का एक प्रामाणिक परिचय प्रस्तुत करने की कोशिश की गयी है। कला, साहित्य, संस्कृति, राजनीति, अर्थनीति - इन सब पहलुओं को इस पुस्तक में यथासम्भव समेटने की मेरी यह कोशिश कितनी कामयाब हुई है, इसका फैसला तो सुधी पाठक-वृन्द ही करेंगे!

सच पूछा जाये तो कौशाम्बी विषयक यह पुस्तक कौशाम्बी के जनप्रिय जिलाधिकारी श्री मनीष कुमार वर्मा (आइ. ए. एस.) की प्रेरणा और उनके प्रोत्साहन का ही प्रतिफल है। जिले के सर्वतोमुखी विकास के सम्बन्ध में उनकी सर्जनात्मक दृष्टि और उनका अनथक प्रयास प्रशंसनीय होने के साथ ही अनुकरणीय भी है। दरअसल उनकी इच्छा थी कि एक प्रामाणिक पुस्तक के माध्यम से कौशाम्बी जिले का परिचयात्मक इतिहास प्रस्तुत किया जाये। सम्भवतः लिखने-पढ़ने में मेरी रुचि के दृष्टिगत ही गत वर्ष उन्होंने अपनी

यह इच्छा मेरे समक्ष प्रकट की। बहरहाल, मेरे लिये यह एक आह्लाद का विषय है कि इस दायित्व का निर्वहन करने की अपेक्षा उन्होंने मुझसे ही की। अलबत्ता उसके बाद ही अपने इतिहासबोध को मैंने यथासम्भव शब्दरूप दिया है। इस पुस्तक में कौशाम्बी के गौरवशाली अतीत को बहुत ही सरस और सुबोध ढंग से प्रस्तुत करने का प्रयास किया गया है। मुझे आशा ही नहीं, बल्कि विश्वास है कि इस पुस्तक के प्रकाशन से कौशाम्बी के बारे में जिज्ञासा रखनेवालों की अपेक्षाओं की बहुत हद तक प्रतिपूर्ति होगी।

पुस्तक लिखने के दरम्यान बन्धुवर डॉ. आनन्द वर्धन, असिस्टेण्ट प्रोफेसर, डेल्ही इन्स्टीट्यूट ऑफ हेरिटेज रिसर्च एण्ड मैनेजमेण्ट, नयी दिल्ली द्वारा समय-समय पर कई महत्त्वपूर्ण सुझाव दिये गये, जिसके लिए मैं उनका आभारी हूँ। पुस्तक-लेखन के क्रम में राज्य संग्रहालय, लखनऊ के पुस्तकालय से मुझे यथेष्ट सन्दर्भ-सामग्री सुलभ हुई। इसके दृष्टिगत डॉ. आनन्द कुमार सिंह, निदेशक, उ. प्र. राज्य संग्रहालय निदेशालय, लखनऊ का मैं आभारी हूँ। पुस्तक में प्रकाशनार्थ कुछ फोटोग्राफ उपलब्ध कराने के लिए इलाहाबाद संग्रहालय के फोटोग्राफर श्री प्रदीप कुमार श्रीवास्तव का आभारी हूँ। सन्दर्भ-सामग्री जुटाने में श्री रामानन्द मिश्र (पू.नि.) ने जो प्रयास किये हैं, उसके लिए वे धन्यवाद के पात्र हैं। राजकमल प्रकाशन समूह के श्री रमेश ग्रोवर एवं श्री आमोद महेश्वरी का मैं विशेष रूप से आभारी हूँ, जिन्होंने बहुत रुचि लेकर अल्पावधि में इस पुस्तक को प्रकाशित कर आप सभी तक पहुँचाने का उद्यम किया है।

कुमार निर्मलेन्दु

कौशाम्बी के घोषिताराम विहार के उत्खनन के क्रम में प्राप्त 'गजलक्ष्मी'

(यह कुषाणकालीन मृण्मूर्ति इलाहाबाद वि.वि. के इतिहास व पुरातत्त्व विभाग के संग्रहालय में संरक्षित है)

अध्याय 1

कौशाम्बी : एक प्रसिद्ध नगर

कौशाम्बी : एक परिचय

छठी शताब्दी ई.पू. में भारत में सोलह बड़े राज्य थे, जिनको 'महाजनपद' कहा जाता था। उन सोलह महाजनपदों में से चार अपेक्षाकृत अधिक महत्त्वपूर्ण थे- मगध, कोसल, अवन्ति और वत्स। 'अंगुत्तरनिकाय' एवं 'ललितविस्तर' नामक प्राचीन बौद्ध-ग्रन्थों में बुद्धकालीन भारत के सोलह महाजनपदों की चर्चा की गयी है; और वत्स देश की राजधानी कौशाम्बी को एक श्रेष्ठ नगर बताया गया है। प्राचीनकाल में प्रयागराज के आस-पास का क्षेत्र वत्स कहलाता था। पौराणिक अनुश्रुतियों के अनुसार काशी के राजा प्रतर्दन के पुत्र वत्स ने 'वत्स' राज्य की स्थापना की थी। वत्स राज्य के पूर्व में मगध, पश्चिम में कोसल और दक्षिण में अवन्ति स्थित था।

उत्तर-वैदिक साहित्य में कौशाम्बी का उल्लेख मिलता है। शतपथ ब्राह्मण, गोपथ ब्राह्मण, तैत्तिरीय संहिता आदि वैदिक ग्रन्थों में प्रत्यक्ष या परोक्ष रूप से कौशाम्बी का सन्दर्भ मिलता है। वाल्मीकि कृत रामायण, महाभारत, श्रीमद्भागवत पुराण, हरिवंश पुराण, मत्स्य पुराण आदि कई ग्रन्थों में कौशाम्बी नगरी की स्थापना सम्बन्धी उल्लेख मिलते हैं। इनके अतिरिक्त पाणिनि, पतञ्जलि, कात्यायन, वात्स्यायन आदि आचार्यों द्वारा रचे गये ग्रन्थों में भी कौशाम्बी का वर्णन मिलता है। बृहत्कथा, कथासरित्सागर जैसे ग्रन्थों में भी कौशाम्बी का उल्लेख है। संस्कृत नाटककार भास ने तीसरी सदी ई. में 'स्वप्नवासवदत्तम्' और 'प्रतिज्ञा यौगन्धरायण' जैसे नाटकों की रचना कौशाम्बी की पृष्ठभूमि में ही की थी।

कौशाम्बी का प्राचीनतम उल्लेख 'शतपथ ब्राह्मण' में मिलता है। 'शतपथ ब्राह्मण' में औपनिषदिक दार्शनिक आचार्य उद्दालक आरुणि के शिष्य 'प्रोति कौसुरुबिन्दि' को 'कौशाम्बेय' कहा गया है-

प्रोतिः कौशाम्बेय। कौसुरुबिन्दिः उद्दालकऽआरुणौ ब्रह्मचर्य्यमुवास ...।

(शतपथ ब्राह्मण, काण्ड 12, अध्याय 2, श्लोक 2)

'शतपथ ब्राह्मण' पर लिखे अपने भाष्य में हरिस्वामिन् ने 'कौशाम्बेय' का शाब्दिक अर्थ 'कौशाम्बी नगर का निवासी' बताया है।[1] जो भी हो, 'गोपथ ब्राह्मण' में भी इस सन्दर्भ

को दुहराया गया है, किन्तु उसमें उद्दालक आरुणि के शिष्य का नाम 'प्रोति कौसुरुबिन्दि' के स्थान पर 'प्रेति कौसुरबिन्दु' बताया गया है।[2] इन सन्दर्भों से इतना तो स्पष्ट ही है कि कुशाम्ब द्वारा स्थापित यह नगरी अत्यन्त प्राचीन है। इनसे यह भी ज्ञात होता है कि उत्तर-वैदिक काल में कौशाम्बी वैदिक अध्ययन की दृष्टि से एक महत्त्वपूर्ण केन्द्र था।

आचार्य अरुण के पुत्र 'उद्‌दालक आरुणि' वैदिक काल के सर्वप्रमुख एवं प्रसिद्ध आचार्यों में से एक थे। वैदिक दर्शन और सांस्कृतिक कृत्यों के अधिकारी विद्वान् के रूप में उनका उल्लेख विभिन्न वैदिक ग्रन्थों में मिलता है। 'शतपथ ब्राह्मण' (का. 11, अ. 4, श्लोक 1-2) में उनको कुरु-पंचाल का ब्राह्मण (कौरुपाञ्चालो वाऽयम्ब्रह्मा ब्रह्मपुत्रः) कहा गया है। 'बृहदारण्यक उपनिषद्' के अनुसार वह अपने पिता अरुण के शिष्य तो थे ही, मद्र देश के पतञ्चल काप्य के भी शिष्य थे। 'शांखायन आरण्यक' में उनको कौषीतकि का गुरु बताया गया है और 'बृहदारण्यक उपनिषद्' में उनको प्रसिद्ध वैदिक ऋषि याज्ञवल्क्य वाजसनेय का गुरु कहा गया है। 'बृहदारण्यक उपनिषद्' में इस बात का भी उल्लेख है कि याज्ञवल्क्य ने शास्त्रार्थ में अपने गुरु उद्‌दालक आरुणि को पराजित कर दिया था। बहरहाल, 'तैत्तिरीय संहिता' में कुसुरुबिन्द औद्‌दालकि का संकेत है। उल्लेखनीय है कि 'तैत्तिरीय संहिता' में अरुण का नाम तो आता है, लेकिन उसमें आरुणि का नाम नहीं आया है। उद्‌दालक का एक पुत्र श्वेतकेतु था, जिसका उल्लेख आपस्तम्ब ने अपने समय के 'अवर' (अर्थात् बाद के) विद्वान् के रूप में किया है।[3]

उस काल में आचार्य उद्दालक आरुणि का शिष्य होना बहुत ही गौरवपूर्ण समझा जाता था। उद्‌दालक आरुणि के कुल में श्रेष्ठ दार्शनिक मतों के अध्ययन की एक आनुवंशिक परम्परा थी। वे अपने विद्वान् पिता अरुण के शिष्य थे। उच्चतर ज्ञान की खोज के क्रम में मद्र देश में जाकर उन्होंने आचार्य पतञ्चल काप्य से शिक्षा ग्रहण किया था। बाद में याज्ञवल्क्य और कौषीतकी जैसे योग्य शिष्यों के गुरु होने का सौभाग्य भी अरुण को प्राप्त हुआ था। जबकि उनके पुत्र श्वेतकेतु आरुणेय कुरु-पंचाल देश की 'विद्वत् परिषद्' में शास्त्रार्थ के माध्यम से ख्याति प्राप्त कर रहे थे।[4]

उल्लेखनीय है कि आपस्तम्ब ने अपने धर्मसूत्र में श्वेतकेतु को 'अवर ऋषि' (बाद में उत्पन्न ऋषि) कहा है। इससे यह संकेत मिलता है कि वे 800 ई. पू. के आस-पास हुए थे। बहरहाल, वैदिक ज्ञान के प्रसार की दृष्टि से प्राचीन भारत आचार्य आरुणि के कुल का ऋणी है। उस युग के तमाम ज्ञानार्थी उनके पास एकत्र हुआ करते थे; और प्रोति कौसुरुबिन्दि उनमें से अन्यतम था। 'तैत्तिरीय संहिता' में 'कुसुरुबिन्द औद्‌दालकि' नामक एक महत्त्वपूर्ण नाम का उल्लेख है; और यदि यह कौशाम्बी के उसी विद्यार्थी का नाम है जिसका उल्लेख 'शतपथ ब्राह्मण' एवं 'गोपथ ब्राह्मण' नामक ग्रन्थों में किया गया है, तो इससे स्पष्ट है कि गुरु आरुणि और शिष्य कौसुरुबिन्दि- दोनों ने एक-दूसरे का नाम रोशन किया।[5]

उक्त वैदिक सन्दर्भों से यह स्पष्ट है कि पुरातन काल में मिथिला, काशी और पंचाल की भाँति कौशाम्बी भी अध्ययन का एक प्रसिद्ध केन्द्र था। उत्तर वैदिक काल में राजा जनक के अधीन विदेह, राजा अजातशत्रु के अधीन काशी, राजा प्रवहण जैवालि के अधीन पंचाल, दार्शनिक पातञ्चल काप्य के आश्रम के कारण प्रख्यात मद्र और राजा अश्वपति के अधीन कैकेय प्राचीन भारत में ज्ञानात्मक साधना के प्रसिद्ध केन्द्र थे। बहरहाल, कौशाम्बी को उसी विद्वत्-परम्परा की एक कड़ी के रूप में देखा जाना चाहिए।[6]

कौशाम्बी नगर की स्थापना

'महाभारत' और 'रामायण' के अनुसार कौशाम्बी नगर की स्थापना कुशाम्ब नामक राजा ने की थी। वाल्मीकीय रामायण के बालकाण्ड में यह उल्लेख है कि राम और लक्ष्मण मुनि विश्वामित्र के साथ शोणभद्र नद को पार करके मिथिला की ओर जा रहे थे। रास्ते में हरे-भरे वनों से सुशोभित एक स्थान को देखकर राम ने विश्वामित्र से उस स्थान के बारे में जानना चाहा। तब विश्वामित्र ने बताया कि प्राचीनकाल में कुश नामक एक महातपस्वी राजा हुए। वे ब्रह्मा के पुत्र थे। कुश का विवाह विदर्भ देश की राजकुमारी से हुआ। आगे चलकर उनके चार पुत्र हुए- कुशाम्ब, कुशनाभ, अमूर्तरजस और वसु। पिता की आज्ञा के बाद उन चारों ने अपने लिये अलग-अलग नगर बसाये।

कुशाम्बं कुशनाभं च अमूर्तरजसं वसुम्।
दीप्तियुक्तान् महोत्साहान् क्षत्रधर्मचिकीर्षया।

(वाल्मीकि रामायण)

कुश के पुत्र कुशनाभ ने कन्नौज पुरी, अमूर्तरजस ने धर्मारण्य पुरी और वसु ने गिरिव्रज पुरी की स्थापना की थी। इसी क्रम में कुशाम्ब ने कौशाम्बी नगर की स्थापना की।

कुशाम्बस्तु महातेजाः कौशाम्बीमकरोत् पुरीम्।

(रामायण; बालकाण्ड 32/6)

वाल्मीकि कृत 'रामायण' में वत्स को एक समृद्ध देश कहा गया है। यहाँ के लोगों को स्वस्थ और धन-धान्य से सम्पन्न बताया गया है। वत्सनगरी कौशाम्बी कोसल प्रदेश के दक्षिण में गंगा नदी के दक्षिणी तट से शुरू होती थी। श्रीराम ने गंगा नदी को पार करते ही धन-धान्य से सम्पन्न इस वत्सनगरी कौशाम्बी में प्रवेश किया था-

स लोकपालप्रतिमप्रभावस्तीर्त्वा महात्मना वरदो महानदीम्।
ततः समृद्धां शुभसस्यमालिनः क्रमेण वत्सान् मुदितानुपागमत्।।

(रामायण, अयोध्याकाण्ड, सर्ग 52 श्लोक सं. 101)

अर्थात्- श्रीराम गंगा नदी को पार करके समृद्धिशाली वत्सदेश पहुँचे, जो सुन्दर और धन-धान्य से परिपूर्ण था। वहाँ के लोग बहुत ही हृष्ट-पुष्ट थे।

तौ तत्र हत्वा चतुरो महामृगान् वराहमृश्यं पृषतं महारुरुम्।
आदाय मेध्यं त्वरितं बुभुक्षितौ वासाय काले ययतुर्वनस्पतिम्।।

(रामायण, अयोध्याकाण्ड, सर्ग 52 श्लोक सं. 102)

अर्थात्- वहाँ राम-लक्ष्मण दोनों भाइयों ने मृगया-विनोद के लिए चार महामृगों वाराह, ऋष्य (हिरण), पृषत् और महारुरु का शिकार किया। जब उन्हें भूख लगी तब कन्द-मूल आदि लेकर, वे सीता और लक्ष्मण के साथ ठहरने के लिए एक वृक्ष के नीचे चले गये।

प्राचीन संस्कृत महाकाव्यों में वत्स महाजनपद की राजधानी कौशाम्बी का उल्लेख मिलता है। इस नगर के नामकरण के सम्बन्ध में बुद्धघोष ने दो अनुश्रुतियों का उल्लेख किया है-

1. यह नगर कौशाम्बी कहलाया क्योंकि अनेक कौसम्ब वृक्षों को काटकर इसे बसाया गया था;
2. कुसम्ब नामक ऋषि के आश्रम के समीप यह नगर बसाया गया था।

दूसरी अनुश्रुति का समर्थन अश्वघोष कृत 'सौन्दरनन्द', वाल्मीकि कृत 'रामायण' और वेदव्यास कृत 'महाभारत' में किया गया है।

ककन्दस्य मकन्दस्य कुशाम्बस्येव चाश्रमे।
पुर्यो यथा हि श्रूयन्ते तथैव कपिलस्य तत्।।

(अश्वघोष, सौन्दरनन्द)

भारत में प्राचीनकाल से ही नगर बसानेवाले के नाम के आधार पर नगरों के नाम रखने की परम्परा रही है। कौशाम्बी का नामकरण इसी परम्परा के अनुसार हुआ था। पाणिनि कृत 'अष्टाध्यायी' के सूत्र संख्या 4/2/67 से लेकर 4/2/70 तक में यह कहा गया है कि नगर और ग्रामों के नाम निम्नलिखित चार कारणों से बनते हैं-

(अ) 'तदस्मिन्नस्तीति देशे तन्नाम्नि' (4/2/67), अर्थात् अमुक वस्तु जिस स्थान में होती है उस वस्तु के नाम से उस स्थान का नाम पड़ जाता है, जैसे 'उदुम्बराः सन्ति अस्मिन्देशे औदुम्बराः', अर्थात् उदुम्बर के वृक्ष जहाँ हों, वह स्थान औदुम्बर कहलाया।

(आ) 'तेन निर्वृत्तम्' (4/2/68) अर्थात् उसने यह स्थान बनाया। बसानेवाले के नाम से नगर या गाँव का नाम रखना एक स्वाभाविक और पुरानी प्रथा है। कुशाम्ब की बसायी हुई नगरी कौशाम्बी कहलायी। (कुशाम्बेन निर्वृत्ता कौशाम्बी नगरीः।)

(इ) 'तस्य निवासः' (4/2/69) अर्थात् रहनेवालों के स्थान का नाम; शिबि जाति के क्षत्रिय जहाँ रहें वह स्थान शैब हुआ।

(ई) 'अदूरभवश्च' (4/2/70) अर्थात् जो स्थान किसी दूसरे स्थान के निकट बसा हुआ होता है, वह भी उसके नाम से पुकारा जाता है। जैसे वरणा वृक्ष के समीप जो ग्राम

बसा हो उसका नाम भी वरणा होगा। अथवा विदिशा नदी के समीप बसा हुआ नगर वैदिश हुआ।

पाणिनि कृत 'अष्टाध्यायी' के 'तेन निर्वृत्तम्' सूत्र के उदाहरण से वाल्मीकीय रामायण के उस कथन की पुष्टि होती है, जिसमें कहा गया है कि कौशाम्बी नगर की स्थापना राजा कुशाम्ब द्वारा की गयी थी।

'विष्णु पुराण' के अनुसार कौशाम्बी नगरी चन्द्रवंशी राजाओं द्वारा बसायी गयी थी। निचक्षु हस्तिनापुर-नरेश युधिष्ठिर के बाद उनकी सातवीं पीढ़ी में उत्पन्न हुए थे। गंगा नदी की बाढ़ द्वारा हस्तिनापुर नगर के नष्ट कर दिये जाने के बाद चन्द्रवंशी राजा निचक्षु ने कौशाम्बी को अपनी राजधानी बनाया था-

अधिसीम कृष्णपुत्रो नृचक्षुर्भवतिनृपः।
यो गङ्गयापहृते हस्तिनापुरे कौशाम्ब्यां निवत्स्यति।।

महाभारत में 'कौशाम्बी' की चर्चा दो-तीन बार मिलती है। भीम ने अपनी दिग्विजय-यात्रा के क्रम में पूर्वी प्रदेश में स्थित वत्स राज्य पर भी विजय प्राप्त किया था-

सोमधेयांश्च निर्जित्य प्रययावुत्तरामुखः।
वत्सभूमिं व कौन्तेयो विजिग्ये बलवान् बलात्।।

(महाभारत, सभापर्व, 30/10)

कौशाम्बी की महत्ता का सूत्रपात

पौराणिक अनुश्रुतियों के अनुसार एक बार गंगा नदी की भयंकर बाढ़ में बहकर हस्तिनापुर नगर पूर्णतः नष्ट हो गया। उस समय अर्जुन के पौत्र परीक्षित की पाँचवीं पीढ़ी में उत्पन्न निचक्षु हस्तिनापुर के राजा थे। उसी समय हस्तिनापुर नगर के नष्ट होने के बाद राजा निचक्षु ने प्रयागराज के पास कौशाम्बी को अपनी राजधानी बनाया था।

गङ्गयापहृते तस्मिन् नगरे नागसाह्वये।
त्यक्त्वा निचक्षुर्नगरम् कौशाम्ब्यां स निवत्स्यति।। (विष्णु पुराण)

मत्स्य पुराण में भी यह कहा गया है कि हस्तिनापुर नगर के नष्ट होने के बाद कौशाम्बी कुरुवंशीय राजाओं की राजधानी बनी।[7]

कौशाम्बी दरअसल गंगा और यमुना की अन्तर्वेदी में बसा हुआ है। गंगा और यमुना के बीच में बसे होने के कारण यह नगर जहाँ एक ओर सामरिक दृष्टि से बहुत ही सुरक्षित था, वहीं दूसरी ओर गंगा-यमुना दोआब की उपजाऊ मिट्टी के कारण बड़ी जनसंख्या के भरण-पोषण में समर्थ था। गंगा और यमुना जैसी नदियों से घिरे होने के कारण जलमार्ग से व्यापार के लिए भी यह बहुत उपयुक्त था। इन्हीं प्राकृतिक विशेषताओं के कारण राजा

निचक्षु ने पश्चिमोत्तर भारत में स्थित हस्तिनापुर नगर के नष्ट होने के बाद मध्यभारत में स्थित कौशाम्बी को अपनी राजधानी के लिए उपयुक्त समझा होगा। उल्लेखनीय है कि हस्तिनापुर नगर मेरठ के पास स्थित था, जबकि प्राचीन कौशाम्बी नगर प्रयागराज के पास स्थित था। राजा निचक्षु द्वारा कौशाम्बी को अपनी नयी राजधानी बनाने से इतना तो स्पष्ट ही है कि यह नगर उनके आने के पहले से ही बसा हुआ था।

कौशाम्बी को 'वत्सपत्तन' कहा गया है। आचार्य हेमचन्द्र कृत 'शब्दानुशासन' में कहा गया है कि वत्स राज्य का महानगर वत्सपत्तन या कौशाम्बी महापुरी (महानगरी) उत्तर देश में स्थित है-

वत्सस्य वत्सराजस्य पत्तनम् उत्तरदेशस्यां कौशम्ब्यां नगर्याम्।

(हेमचन्द्र, शब्दानुशासन)

इस प्रकार, मध्यदेश के पूर्वी भाग में वत्स देश स्थित था; और कौशाम्बी उसकी महानगरी थी। वाल्मीकि रामायण के अयोध्याकाण्ड के अनुसार वनगमन के बाद गंगा नदी के पार उतरते ही श्रीराम यह कह उठते हैं कि-

सा च पुरी गौडदेशान्तर्गत वत्सभूमि गता।

अर्थात्- वत्स प्रदेश की यह भूमि गौड़ प्रदेश के अन्तर्गत है। 'कथासरित्सागर' में इस सन्दर्भ को और अधिक स्पष्ट किया गया है -

अस्ति वत्स इति ख्यातो देशो दर्पोपशान्तये।
स्वर्गस्य निर्मितो धात्रा प्रतिमल्ल इव क्षितौ।।4।।

कौशाम्बी नाम तत्रास्ति मध्यभागे महापुरी।
लक्ष्मीविलासवसतिर्भूतलस्येव कर्णिका।।5।।

(कथासरित्सागर, द्वितीय लम्बक, प्रथम तरंग, 4-5)

अर्थात्- वत्स देश के मध्य में कौशाम्बी नाम की महापुरी स्थित है। स्वर्ग के अभिमान को दूर करने के लिए विधाता द्वारा पृथ्वी पर स्वर्ग के समान वत्स देश का निर्माण किया गया। उस देश के मध्य भाग में अत्यन्त समृद्ध 'कौशाम्बी' नाम की नगरी पृथ्वी की कर्णिका (कान का आभूषण) जैसी प्रतीत होती है। कथासरित्सागर के अनुसार पाण्डव कुल के राजा परीक्षित और उनके पुत्र जनमेजय की वंश-परम्परा के शतानीक उस वत्स देश के राजा थे।

'हितोपदेश' में भी कौशाम्बी नगरी का उल्लेख है - 'अस्ति गौडविषये कौशाम्बी नाम नगरी।' महाकवि हर्ष कृत 'रत्नावली' नाटिका में वसन्तोत्सव[8] के अवसर पर कौशाम्बी के वैभव का बखान किया गया है। उसमें कहा गया है कि स्वर्ण के आभूषणों की कान्ति से प्रातःकालीन लालिमा भरी सुषमा का आभास करानेवाले; और हवा में उड़ाये गये केसर

के सुगन्धित पीले चूर्ण से ऐसा लगता है मानो कुबेर के सम्पूर्ण कोष को जीत लेनेवाली कौशाम्बी नगरी के नागरिकों के तन पर सोने का पानी चढ़ा दिया गया हो।

इस प्रकार जिसे 'कुशाम्ब' ने एक पुरी (यानी नगरी) के रूप में बसाया था, आगे चलकर वह महापुरी, पत्तन या महानगरी बन गयी। श्रीहर्ष कृत 'रत्नावली' नाटिका में कौशाम्बी को 'वत्स पत्तन' ही कहा गया है। प्राचीन संस्कृत साहित्य में कौशाम्बी के सन्दर्भ में 'वत्सपत्तन', 'कौशाम्बी मण्डल', 'कौशाम्बीपुरी', 'कुशाम्ब नृपतिवंशीय राज्यम्', 'कुशाम्ब निर्मित नगरी' आदि नामों का उल्लेख किया गया है।

रामायण-काल में वत्सदेश का यह इलाका वन-सम्पदा से समृद्ध था और यहाँ के जंगलों में कई प्रकार के जानवर पाये जाते थे। जबकि महाभारत-काल में यह प्रदेश शक्ति-सम्पन्न था। पाणिनि कृत 'अष्टाध्यायी' एवं पतञ्जलि कृत 'महाभाष्य' में भी वत्स देश एवं कौशाम्बी का उल्लेख है। महर्षि पतञ्जलि मगध-नरेश पुष्यमित्र शुंग के समकालीन थे। इससे यह पता चलता है कि शुंग-काल में भी कौशाम्बी की महत्ता बनी हुई थी। 'महाभाष्य' से यह भी पता चलता है कि पाटलिपुत्र, वाराणसी और साकेत जैसे उस समय के महत्त्वपूर्ण भारतीय नगरों के साथ कौशाम्बी का घनिष्ठ सांस्कृतिक सम्बन्ध था।

कौशाम्बी : एक प्रमुख व्यापारिक नगर

'महापरिनिब्बान सुत्त' के अनुसार बुद्धकालीन भारत (छठी शताब्दी ई.पू.) में छह प्रसिद्ध नगर थे- राजगृह, चम्पा, श्रावस्ती, साकेत, वाराणसी और कौशाम्बी। कौशाम्बी प्राचीन भारत का एक महत्त्वपूर्ण नगर रहा है। बौद्ध धर्म की दृष्टि से यह नगर पाँचवीं सदी ई. तक महत्त्वपूर्ण बना रहा। छठी शताब्दी ई.पू. से लेकर पाँचवीं सदी ई. तक के कालखण्ड में यह एक गौरवशाली राजधानी नगर होने के साथ ही एक प्रमुख व्यापारिक केन्द्र भी था। कौशाम्बी से प्राप्त पत्थर के एक प्राचीन स्तम्भ पर दो डीलवाले ऊँट की आकृति बनी हुई है। इस प्रकार के ऊँट बल्ख यानी बाह्लीक में पाये जाते थे। प्राचीनकाल में बाह्लीक को यूनानी भाषा में बैक्ट्रिया कहा जाता था। इससे ऐसा लगता है कि प्राचीनकाल में हिन्दुकुश की सीमा के पार पश्चिमी देशों के साथ भी कौशाम्बी का वाणिज्य और व्यापार होता था। व्यापारिक महत्त्व के कारण प्राचीनकाल में इस नगर को 'पत्तन' कहा जाता था। यहाँ 'पत्तन' कहने का आशय बन्दरगाह या व्यापारिक नगर से है।

कात्यायन ने कुछ विशेष पथ और उससे आनेवाले सामानों का उल्लेख किया है, जैसे कान्तार-पथ, स्थलपथ, वारिपथ। इनसे आनेवाला सामान कान्तारपथिक, स्थलपथिक, वारिपथिक नामों से पुकारा जाता था। कौशाम्बी से अवन्ति होकर दक्षिण में प्रतिष्ठान और पश्चिम में भरुकच्छ को मिलानेवाला विन्ध्याटवी या विन्ध्य के बड़े जंगल का मार्ग प्राचीन भूगोल में कान्तार-पथ के नाम से प्रसिद्ध था।[9]

कौशाम्बी प्राचीन व्यापारिक मार्ग का केन्द्र-बिन्दु था। बौद्ध-ग्रन्थ 'विनयपिटक' के अनुसार कौशाम्बी एक प्रमुख व्यापारिक केन्द्र था और वहाँ से कोसल और मगध के लिए सार्थवाह चला करते थे। उल्लेखनीय है कि प्राचीनकाल में गाड़ियों पर अपना सामान लादकर एक सार्थ (काफिले) के साथ उस माल को लेकर दूर-दूर तक जानेवाले व्यापारिक दल को 'सार्थवाह' कहा जाता था। बहरहाल, जातकों से पता चलता है कि काशी का, कौशाम्बी मार्ग से, चेदि (बुन्देलखण्ड) और उज्जैन के साथ व्यापारिक सम्बन्ध था। व्यापारिक दृष्टि से सबसे महत्त्वपूर्ण मार्ग श्रावस्ती से प्रतिष्ठान तक जाता था। यह मार्ग उत्तरी भारत को दक्षिणी भारत से जोड़ता था। साकेत, कौशाम्बी, विदिशा, उज्जयिनी और महिष्मती जैसे प्रमुख नगर इस मार्ग से जुड़े हुए थे। दक्षिण-पश्चिम से दक्षिण-पूर्व को जोड़नेवाला मार्ग भृगुकच्छ से कौशाम्बी होते हुए ताम्रलिप्ति पहुँचता था। अन्तरराज्यीय व्यापार के कारण 200 ई.पू. से 300 ई. के मध्य भारत में नगरों का विकास चरमोत्कर्ष पर था। इस कालखण्ड में पाटलिपुत्र, काशी, मथुरा, अयोध्या, उज्जयिनी, विदिशा, ताम्रलिप्ति, अहिच्छत्र, एरण, कौशाम्बी आदि नगर व्यापारिक गतिविधियों के लिए प्रसिद्ध थे। प्रचलन क्षेत्र से भिन्न स्थानों से स्थानीय मुद्राओं के पाये जाने से यह स्पष्ट है कि प्राचीनकाल में उन क्षेत्रों के मध्य परस्पर व्यापारिक सम्बन्ध थे।

वाराणसी होकर आनेवाले जलमार्ग में कौशाम्बी का यमुना तट एक प्रसिद्ध पत्तन (बन्दरगाह) था। यहाँ के घोषित, कुक्कुट और पावरिक जैसे धनाढ्य सेठों की चर्चा बौद्ध-ग्रन्थों में की गयी है। गुप्तकालीन व्यापार-व्यवस्था के अन्तर्गत यह उल्लेख मिलता है कि व्यापारियों का काफिला वाराणसी और कौशाम्बी होते हुए हस्तिनापुर की सीमा पार करके पंजाब की ओर बढ़ता था। हिन्दुकुश के उस पार उत्तर की ओर वे बैक्ट्रिया और यवनों के दूसरे राज्यों तक की यात्रा करते थे जो पूर्व में काशगर तक फैले हुए थे। ऐसा लगता है कि अधिकांश व्यापारी बैक्ट्रिया तक सफर करते थे। वहाँ से रोम और दूसरे पश्चिमी देशों के व्यापारी अपने साथ नील, हाथी-दाँत, कपड़ा, मलहम, अगरू, बाघ और तेंदुए की खालें अपने साथ ले जाते थे। पूरब की ओर काशगर जानेवाले व्यापारी चीनी राज्य में मुख्यतः इत्र, कस्तूरी एवं लोबान सहित अन्य सुगन्धित द्रव, रत्न, शीशे की मालाएँ, शीशे के बर्तन, गैंडे के दाँत एवं सींग तथा रेशम लाया करते थे। वापसी में काशगर से चीनी रेशम, मृत्तिका शिल्प, रोगन और दालचीनी छाल, बैक्ट्रिया से जानवरों की खालें एवं शराब और काबुल से लाज़वर्द ले आते थे।

आठवीं शताब्दी ई. में हरिभद्र सूरि द्वारा रचे गये प्राकृत ग्रन्थ 'समराइच्छकहा' में कौशाम्बी की चर्चा एक बड़े नगर के रूप में की गयी है।[10] लेकिन ईसा की चौथी शताब्दी से कौशाम्बी नगर का ह्रास होना शुरू हो गया। ईसा की चौथी से छठी शताब्दियों के बीच यहाँ के नगरीकरण में गिरावट के संकेत दिखायी देते हैं।

वररुचि की जन्मभूमि : कौशाम्बी

'कथासरित्सागर' के अनुसार, देवी पार्वती को कथाएँ सुनने का बहुत शौक था। जब कभी महादेव प्रसन्न होते तब वह उनसे कोई-न-कोई कहानी सुना करती थीं। एक बार शंकर ने पार्वती से पूछा कि "तुम्हारी प्रसन्नता के लिए मैं क्या करूँ?" तब पार्वती ने कहा कि, "यदि आप प्रसन्न हैं तो कोई नयी कहानी सुनाइये।" शिव जी ने कहा कि, "मैं विद्याधरों की एक अनोखी कहानी तुम्हें सुनाता हूँ।" कहीं कोई दूसरा व्यक्ति इस अनोखी कथा को सुन न ले, इसलिए शिव ने नन्दी को पहरा देने के लिए दरवाजे पर बैठा दिया। जिस समय शिव यह कथा सुना रहे थे, उसी समय उनका प्रिय गण पुष्पदन्त वहाँ आया। परन्तु नन्दी ने उसको अन्दर जाने से रोक दिया। पुष्पदन्त को उत्सुकता हुई; और वह योग-बल से छिपकर अन्दर चला गया। अन्दर छिपकर उसने सात विद्याधरों की पूरी कहानी सुन ली। घर पहुँचकर अपनी पत्नी जया को उसने सब कहानियाँ सुना दीं।

अगले दिन जया ने वह कथा देवी पार्वती को सुना दिया। इस बात से पार्वती शिव पर बहुत क्षुब्ध हुईं और कहा कि, "कल आपने जो कथा मुझे सुनायी वह जया को भी मालूम है।" शिव को बहुत आश्चर्य हुआ। उन्होंने तुरन्त ध्यान लगाया और पूरा भेद जान लिया। उन्होंने पार्वती से कहा कि, "यह सब पुष्पदन्त की चालाकी है।" यह सुनकर पार्वती क्रोध से भर उठीं और उन्होंने पुष्पदन्त को मनुष्य-योनि में पैदा होने का शाप दे दिया। जब दूसरे गण माल्यवान् ने पुष्पदन्त का बचाव करना चाहा तो पार्वती ने उसको भी वही शाप दे दिया। इसके बाद देवी पार्वती के सामने जाकर पुष्पदन्त, माल्यवान् और जया क्षमा माँगने लगे। उनके विनयभाव को देखकर पार्वती का मन द्रवित हो गया। उन्होंने कहा कि "मैं शाप लौटा तो नहीं सकती, पर उसका समय कम किये देती हूँ। पार्वती ने यह भी कहा कि मनुष्य-योनि में पुष्पदन्त को विन्ध्याचल पहाड़ पर काणभूति नामक एक पिशाच मिलेगा। काणभूति दरअसल एक यक्ष है, जो कुबेर के शाप से पिशाच बन गया है। पुष्पदन्त जब उसको सारी कथाएँ सुनायेगा तब वह स्वयं शाप से मुक्त हो जायेगा। फिर काणभूति की भेंट माल्यवान् से होगी। काणभूति से सारी कथाएँ सुनकर माल्यवान् जब उसे दूसरों को सुनायेगा, तब वह भी शाप से मुक्त हो जायेगा। इसके बाद वे दोनों गण वहाँ से चले गये।

कुछ दिनों बाद पार्वती ने शिव से पूछा कि, "जिन गणों को मैंने शाप दिया था वे धरती पर कहाँ पैदा हुए हैं ?" तब शिव ने बताया कि, "पुष्पदन्त कौशाम्बी नामक नगर में वररुचि के नाम से पैदा हुआ है और माल्यवान् सुप्रतिष्ठित नामक नगर में गुणाढ्य नाम से पैदा हुआ है।"

'वृहत्कथा' और 'कथासरित्सागर' के आदि आचार्य वररुचि ही हैं। वे कौशाम्बी में उत्पन्न हुए थे; और आगे चलकर मगध के महाराज नन्द के मन्त्री नियुक्त हुए थे। अपनी प्रशासनिक कठोरता के कारण वे 'अमात्य राक्षस' के नाम से भी जाने जाते हैं।

उदयन के समकालीन अजातशत्रु के बाद उदयाश्व, नन्दिवर्द्धन और महानन्द नाम के तीन राजा मगध के सिंहासन पर बैठे। विष्णु पुराण के अनुसार शूद्रा के गर्भ से उत्पन्न, महानन्द के पुत्र, महापद्म ने नन्द-वंश की नींव डाली। इसके बाद सुमाल्य आदि आठ नन्दों ने शासन किया। कुछ विद्वान् यह मानते हैं कि महानन्द के बाद नवनन्दों ने राज्य किया। इस 'नवनन्द' नामक सामासिक शब्द के दो अर्थ हुए- पहला नवनन्द (नवीन नन्द), तथा दूसरा महापद्म और सुमाल्य आदि नौ नन्द। इनका राज्यकाल भी, पुराणों के अनुसार, 100 वर्ष होता है। नन्द के पहले राजाओं का राज्यकाल भी, पुराणों के अनुसार, लगभग 100 वर्ष होता है। विशाखदत्त कृत 'मुद्राराक्षस' नामक संस्कृत नाटक के प्रसिद्ध टीकाकार ढुण्ढिराज ने उपोद्घात में अन्तिम नन्द का नाम धननन्द लिखा है। इसके बाद योगानन्द का मन्त्री वररुचि हुआ। यदि ऊपर लिखी हुई पुराणों की गणना सही है, तो मानना होगा कि उदयन के 200 वर्ष बाद वररुचि हुए, क्योंकि पुराणों के अनुसार 4 शिशुनाग वंश के और 9 नन्दवंश के राजाओं का राज्यकाल इतना ही होता है। 'महावंश' और जैन-ग्रन्थों के अनुसार कालाशोक के बाद केवल नवनन्द का नाम आता है। बौद्ध मत के अनुसार इन शिशुनाग तथा नन्दों का सम्पूर्ण राज्यकाल 100 वर्ष से कुछ ही अधिक है। यदि इसे माना जाये, तो उदयन के 100-125 वर्ष बाद वररुचि का होना प्रमाणित होगा। कथासरित्सागर में इसी का नाम 'कात्यायन' भी है- नाम्नावररुचिः किं च कात्यायन इति श्रुतः। इन विवरणों से प्रतीत होता है कि वररुचि उदयन के 125-200 वर्ष बाद हुए।[11]

मूल वृहत्कथा वररुचि ने काणभूति से कही; और फिर काणभूति ने गुणाढ्य से। इससे पता चलता है कि यह कथा वररुचि के मस्तिष्क की उपज है, जो उसने संक्षेप में संस्कृत में कही, क्योंकि उदयन की कथा उसकी जन्मभूमि कौशाम्बी में किंवदन्तियों के रूप में प्रचलित रही होगी। उसी मूल उपाख्यान को क्रमशः काणभूति और गुणाढ्य ने प्राकृत और पैशाची भाषाओं में विस्तारपूर्वक लिखा। महाकवि क्षेमेन्द्र ने उसे संक्षेप में 'वृहत्कथा-मंजरी' नाम से संस्कृत में लिखा। फिर काश्मीर-नरेश अनन्तदेव के राज्यकाल में 'कथासरित्सागर' की रचना हुई। यह उपाख्यान भारतवर्ष में बहुत लोकप्रिय हुआ और वत्सराज उदयन कई नाटकों के नायक बनाये गये। 'स्वप्नवासवदत्ता', 'प्रतिज्ञा-यौगन्धरायण' और 'रत्नावली' में इन्हीं का वर्णन है। 'हर्षचरित' में लिखा है- ''नागवन विहारशीलं च मायामातंगांगान्निर्गताः महासेनसैनिकाः वत्सपतिन्ययंसिषु।'' 'मेघदूत' में भी- ''प्राप्यावन्तीनुदयन कथाकोविदग्रामवृद्धान्'' और ''प्रद्योतस्य प्रियदुहितरं वत्सराजोऽत्रा जह्रे'' जैसे सन्दर्भ हैं। इससे इस कथा की लोकप्रियता समझी जा सकती है। वररुचि ने इस उपाख्यान को सम्भवतः 350 ईस्वी पूर्व में लिखा होगा। सातवाहन नामक आन्ध्र-राजा के राजपण्डित गुणाढ्य ने इसे 'वृहत्कथा' नाम से पहली शताब्दी ईस्वी में लिखा। इस कथा का नायक नरवाहनदत्त इसी उदयन का पुत्र था।

कौशाम्बी में कुषाण, मघ और गुप्त राजवंश

कौशाम्बी नगर कुछ समय तक कुषाणों के कब्जे में भी रहा। पहली शताब्दी ई. में एक बार कुषाण वंश का प्रसिद्ध सम्राट् कनिष्क भारत के दक्षिण-पूर्व की ओर विजय अभियान पर निकला। इसी अभियान के दौरान उसने कौशाम्बी नगर पर अधिकार कर लिया था। कौशाम्बी में कनिष्क के शासनकाल के दूसरे वर्ष का एक अभिलेख प्राप्त हुआ है।

कुषाणों के बाद कौशाम्बी पर मघ राजवंश के राजाओं ने शासन किया। इस वंश के अब तक ज्ञात राजाओं में से 4 के नाम के अन्त में 'मघ' शब्द आता है- भद्रमघ, कौत्सीपुत्र शिवमघ, गौतमीपुत्र शिवमघ और विजयमघ। इसके आधार पर ही इस राजवंश को मघ कहा गया है। इस वंश के ज्ञात राजाओं में सर्वप्रथम वाशिष्ठीपुत्र भीमसेन है। फिर उसका पुत्र कौत्सीपुत्र प्रौशस्तश्री या पोठसिरी राजा हुआ। इन दोनों का राज्य बघेलखण्ड तक सीमित था।[12]

मघ, प्रौशस्तश्री (पोठसिरी) भद्रमघ या भट्टदेव जैसे मघ राजाओं की महत्त्वाकांक्षी वैदेशिक नीति का उद्देश्य कुषाण वंश के अन्तिम शासक वासुदेव प्रथम के समय में कुषाण-साम्राज्य के क्रमिक ह्रास का लाभ उठाकर अपनी सीमाएँ उत्तर की ओर बढ़ाना था। प्रौशस्तश्री के पुत्र युवराज भद्रमघ ने लगभग 155 ई. तक कुषाणों से कौशाम्बी को छीन लिया और वह वहाँ का स्वतन्त्र शासक बन बैठा। हमें कौशाम्बी में उसके अभिलेख (शक) संवत् 81 (159 ई.) से मिलने लगते हैं। (कौशाम्बी में भद्रमघ के लेख 81, 86, 87, और 90 संवत् के तथा प्रौशस्तश्री के लेख 86, 87 एवं 88 संवत् के हैं।)[13]

वंश के बढ़ते महत्त्व के परिणामस्वरूप प्रौशस्तश्री (पोठसिरी) ने सम्भवतः अपने शासन के अन्तिम समय में सिक्के जारी किये। परन्तु मघ-सिक्कों का प्रारूप निश्चित करके आगामी कई पीढ़ियों तक जारी रहनेवाली परम्परा उसके पुत्र और उत्तराधिकारी भद्रमघ ने प्रारम्भ की थी। एक स्वतन्त्र शासक के रूप में भद्रमघ का शासनकाल बहुत संक्षिप्त रहा। उसने लगभग 175 ई. तक शासन किया था। उसके बाद सम्भवतः शिवमघ कौत्सीपुत्र (175-184 ई.) और वैश्रवण (185-205 ई.) राजा हुए। वैश्रवण के राज्यकाल में उसके राज्य की सीमा फतेहपुर जिले तक जा पहुँची थी। उसके बाद भीमवर्मन (205-225 ई.) राजा हुआ।

पुराणों में 'मघ' नामक राजवंश के कुल नौ राजाओं का उल्लेख है, जो दक्षिणी कोसल पर शासन करते थे। डॉ. रमेशचन्द्र मजूमदार और डॉ. अनन्त सदाशिव अल्तेकर के मतानुसार कौशाम्बी के मघ वंश के तीन अज्ञात राजाओं में से दो- शतमघ और विजयमघ रहे होंगे।[14] विजयमघ के सिक्के भी प्राप्त हुए हैं, जिसके एक ओर कूबड़वाला बैल अंकित है जबकि दूसरी ओर बाड़ायुक्त वृक्ष और तीन मेहराबोंवाली पहाड़ी अंकित है और उसके नीचे ब्राह्मी लिपि में विज(यमघ) अंकित है।

कौशाम्बी के उत्खनन से प्राप्त अभिलेखों और सिक्कों के आधार पर कौशाम्बी के मघ राजवंश के राजाओं का सम्भावित वंशानुक्रम निम्नवत् है-

1. भीमसेन
2. (महाराजा) मघ
3. प्रौशस्तश्री (पोठसिरी)
4. भद्रमघ
5. भट्टदेव
6. शिवमघ प्रथम (कौत्सीपुत्र)
7. वैश्रवण
8. शिवमघ द्वितीय (गौतमीपुत्र)
9. भीमवर्मन
10. विजयमघ

चौथी शताब्दी में गुप्तवंशीय शासक समुद्रगुप्त ने चक्रवर्ती सम्राट् बनने के लिए अपना दिग्विजय अभियान आरम्भ किया। इस दौरान छोटे-बड़े कई राज्यों को पराजित किया गया। इस अभियान के दौरान कौशाम्बी को गुप्त-साम्राज्य में मिला लिया गया। गुप्त राजाओं द्वारा यहाँ कौशाम्बी नाम से एक नये प्रान्त का गठन करके कौशाम्बी को उसकी राजधानी बनाया गया था। डॉ. काशीप्रसाद जायसवाल के मतानुसार समुद्रगुप्त ने अपने दो प्रसिद्ध युद्ध कौशाम्बी में ही लड़े थे। अपने दिग्विजय के सम्पन्न होने के बाद समुद्रगुप्त ने हरिषेण द्वारा विरचित एक प्रशस्तिपरक लेख को तत्समय कौशाम्बी में स्थित अशोक स्तम्भ पर उत्कीर्ण करवाया था। परन्तु मध्यकाल में उस अशोक-स्तम्भ को कौशाम्बी से स्थानान्तरित करके त्रिवेणी संगम के निकट स्थित प्रयाग के किले में स्थापित कर दिया गया। वर्तमान में प्रयाग में स्थित होने के कारण अशोक-स्तम्भ पर अंकित समुद्रगुप्त का वह अभिलेख 'प्रयाग-प्रशस्ति' के नाम से जाना जाता है। लेकिन इसको 'प्रयाग-प्रशस्ति' के स्थान पर 'समुद्रगुप्त-प्रशस्ति' कहना युक्तिसंगत है।

सन्दर्भ एवं टिप्पणी :

1. वैदिक इण्डेक्स : ए. ए. मैकडॉनेल और ए. बी. कीथ, भाग 1 (अनुवादक : रामकुमार राय) पृ. 214
2. वही, पृ. 216
3. डॉ. राजबली पाण्डेय, हिन्दू धर्मकोश, पृ. 111/वैदिक इण्डेक्स : ए. ए. मैकडॉनेल और ए. बी. कीथ, भाग 1 (अनुवादक : रामकुमार राय) पृ. 98-100
4. The 'Satapatha Brahmana', for instance, (XII, 2,2,13), mentions 'Proti Kausurubindi' as the pupil undergoing 'brahmacharya' under the 'acharya' who was no less a person than the famous philosopher of Upanishadic fame, 'Uddalaka Aruni', and states the Kausurabindi was a 'Kausambey',

i.e., a native of Kausambi. The same reference is also found in the 'Gopath Brahman' (I, 4, 24), though the pupil's name is given a little differently as 'Predi Kausurabindu'. This shows that even in the early days of Brahman literature, Kausambi was a noted centre of learning. To be a pupil of 'Uddalaka' was no mean honour in those days. The learning and the highest philosophy were hereditary in his family. Himself a pupil of his learned father, Aruna, he went farther north to Madra country to seek higher instruction under its famous teacher, Patanchala Kapya and then himself became the teacher of such distinguished pupils as Yajnavalkya and Kaushitaki, while his son, Svetaketu Aruneya, was later winning his laurels in learning at disputations in their native Kuru-Panchala country. (Dr. Radha Kumud Mookerji, Introduction of the book 'Early History of Kaushambi' by N.N. Ghosh).

5. It is interesting to note that this Svetaketu is described by Apastamba in his Dharma-sutra as being counted in his time as an Avara or later authority, a 'recent' rishi, and this should throw some light on his date which may be roughly taken to be about 800 BC, if Apastamba is placed in the fifth century BC. Thus learning in ancient India was very much indebted to this Aruni family and the school of scholars that had gathered round it, of which a most distinguished member was this Proti Kausurabindi Kausambeya. In the Taittiriya Samhita (VII. 2, 2, 1), there is a significant name Kusurvbinda Auddalaki, and if it is taken to be the name of the Kausambi scholar, it only shows how both teacher and pupil bring each other honour and fame. (Dr. Radha Kumud Mookerji, Introduction of the book 'Early History of Kaushambi' by N.N. Ghosh).
6. It is thus clear from these Vedic references that Kausambi was a noted seat of learning in those olden times, along with Videha under King Janaka, Kasi under King Ajatasatru, Pañchala under King Pravahana Jaivali, the patron and member of that Academy of higher Learning known as Panchala-Parishad, Madra the home of the philosopher, Patanchala-Kapya, or Kaikeya in farther north under its learned king Asvapati. Everywhere king and commoner, Kshatriya and Brahmana, were vying with one another as devotees of learning. Kausambi must be seen in this ancient cultural setting as revealed in the Upanishadas and Brahmanas. (Dr. Radha Kumud Mookerji, Introduction of the book 'Early History of Kaushambi' by N.N. Ghosh)
7. The Matsya Puranas records the tradition that Kausambi became the capital of the Kurus after the destruction of Hastinapur. (Dr. Radha Kumud Mookerji, Introduction of the book 'Early History of Kaushambi' by N.N. Ghosh)

8. 'वसन्तोत्सव' वसन्त ऋतु का उत्सव था। इसके सम्बन्ध में वायु पुराण में एक रोचक और विस्तृत वर्णन मिलता है। कालिदास कृत 'मालविकाग्निमित्र' और श्रीहर्ष कृत 'रत्नावली' नामक नाटकों की प्रस्तावना में यह कहा गया है कि ये दोनों नाटक वसन्तोत्सव के अवसर पर अभिनीत हुए थे।
9. वासुदेवशरण अग्रवाल, पाणिनिकालीन भारतवर्ष, पृ. 233
10. प्रो. रामशरण शर्मा, भारत के प्राचीन नगरों का पतन, पृ. 153
11. जयशंकर प्रसाद, 'अजातशत्रु' नाटक का कथा-प्रसंग
12. डॉ. रमेशचन्द्र मजूमदार एवं अनन्त सदाशिव अल्तेकर, वाकाटक-गुप्त युग, पृ. 33
13. वही, पृ. 33
14. वही, पृ. 36

अध्याय 2

बौद्ध धर्म का एक केन्द्र : कौशाम्बी

प्रथम बौद्ध संगीति और कौशाम्बी

मगध की राजधानी राजगृह में आयोजित प्रथम बौद्ध संगीति में महाकाश्यप ने भिक्षु आनन्द से धर्म (विनय) के सम्बन्ध में कई प्रश्न पूछे थे। आनन्द द्वारा दिये गये उत्तर के आधार पर ही धम्मपिटक (विनयपिटक) के रूप में तथागत के वचनों का संकलन किया गया था। उस संगीति में आनन्द ने भगवान् बुद्ध द्वारा छन्न नामक स्थविरवादी भिक्षु को ब्रह्मदण्ड देने की आज्ञा का उल्लेख किया था। यह पूछे जाने पर कि ब्रह्मदण्ड कैसा होगा, आनन्द ने कहा कि "छन्न जैसा चाहें, कोई भी भिक्षु छन्न से न बोले, न उपदेश करे, न अनुशासन करे।" उल्लेखनीय है कि छन्न कौशाम्बी में रहते थे। बहरहाल, संगीति में आनन्द से यह कहा गया कि वे स्वयं जाकर छन्न को ब्रह्मदण्ड का आदेश सुनायें। परन्तु छन्न क्रोधी और कटुभाषी थे, इसलिए आनन्द ने कुछ आशंका व्यक्त की। अतः कई भिक्षुओं को साथ लेकर उन्हें नाव से कौशाम्बी जाने की अनुमति दी गयी।

आनन्द राजगृह से कौशाम्बी पहुँचे। वहाँ पहुँचने के बाद आनन्द की भेंट सबसे पहले वत्सराज उदयन के अन्तःपुर की स्त्रियों से हुई। आनन्द ने उन्हें धर्म का उपदेश दिया। वत्स-राजपरिवार की स्त्रियों ने श्रद्धापूर्वक उन्हें पाँच सौ उत्तरासंग प्रदान किये। जब वत्सराज को इस बात की जानकारी मिली तो उन्हें उत्सुकता हुई कि श्रमण आनन्द ने इतने चीवर क्यों ग्रहण किये? वे श्रमण हैं, कपड़ों के व्यापारी तो हैं नहीं? बहरहाल उनके द्वारा पूछने पर आनन्द ने उन्हें बताया कि "जिन भिक्षुओं के चीवर फट गये हैं, यह उनमें बाँटे जायेंगे। पुराने चीवरों के बिछौने, बिछौनों की चादर, पुरानी चादरों के गिलाफ और पुराने गिलाफों के फर्श बनायेंगे।" यह उत्तर सुनकर राजा उदयन बहुत प्रभावित हुए और उन्होंने अपनी ओर से भी आनन्द को पाँच सौ चादरें भेंट की।

इसके बाद आनन्द कौशाम्बी स्थित घोषिताराम नामक बौद्ध विहार गये और वहीं छन्न को ब्रह्मदण्ड सुना दिया। दण्डादेश में यह सुनकर कि अब कोई भिक्षु उनसे नहीं बोलेगा, छन्न अचेत हो गये। लेकिन शीघ्र ही अप्रमाद, उद्योग और एकान्तचर्या से छन्न ने अर्हत् का पद प्राप्त कर लिया। अर्हत्व प्राप्त करते ही वे ब्रह्मदण्ड से मुक्त हो गये।[1]

द्वितीय बौद्ध संगीति और कौशाम्बी

'चुल्लवग्ग' में द्वितीय बौद्ध संगीति का उल्लेख है। 383 ई.पू. में दूसरी बौद्ध संगीति मगध के शैशुनागवंशीय राजा कालाशोक काकवर्ण के संरक्षण में वैशाली नगर में हुई थी। इसकी अध्यक्षता आचार्य रेवत (या साबाकामिर) ने की थी। इसी संगीति के दौरान बौद्ध धर्म में पहला विभाजन हुआ। पूर्वी और पश्चिमी दो अलग-अलग गुट बन गये। पूर्वी गुट में मगध एवं वैशाली के भिक्षु शामिल थे, जबकि पश्चिमी गुट में कौशाम्बी एवं अवन्ति के भिक्षु शामिल थे। मगध के भिक्षुओं के पूर्वी गुट ने दस नये नियमों को अपना लिया था, जो कौशाम्बी एवं अवन्ति के भिक्षुओं को अमान्य था। मगध के भिक्षुओं ने जो दस नये नियम बनाये थे, उनमें से एक यह था कि जहाँ नमक का अभाव होने की आशंका हो, वहाँ के भिक्षु सींगों में नमक भरकर ले जा सकते हैं। जबकि पश्चिमी गुट के अनुसार गौतम बुद्ध ने श्रावस्ती में कहे गये 'सुत्तविभंग' में सारिपुत्र को ऐसा करने से मना किया था।

'चुल्लवग्ग' के अनुसार उस समय यानी बुद्ध के महापरिनिर्वाण के 100 वर्ष बीतने पर वैशाली के वज्जिपुत्तक भिक्षु दस वस्तुओं को विहित बताकर उनका प्रचार करते थे- शृंगि-लवण कल्प, द्रव्यंगुल कल्प, ग्रामान्तर कल्प, अदशक कल्प, जातरूपरजत कल्प, अमलिथ कल्प, जलोगी कल्प आदि। इन दस बातों के अर्थ अस्पष्ट भी हैं और दुर्बोध भी। इन दस विनय-विरुद्ध वस्तुओं में अधिकांश आध्यात्मिक दृष्टि से अत्यन्त गौण प्रतीत होती हैं, किन्तु अन्य धर्मों के इतिहास से भी यही पता चलता है कि धार्मिक विवाद बहुधा ऐसे ही छोटे-मोटे मतभेद से उत्पन्न होते रहे हैं। इतिहासकार श्रीमती रीज़डेविड्स का कहना है कि वैशाली के भिक्षुओं के इस विवाद में वस्तुतः एक प्रकार से प्रादेशिक आवासों एवं व्यक्तियों की स्वतन्त्रता का दावा अन्तर्निहित है। बहरहाल, इतना तो स्पष्ट ही है कि स्थविर भिक्षु नियमों के मामले में अधिक कट्टर थे जबकि वैशाली के वज्जिपुत्तक भिक्षु मूलगामी आचार की अपेक्षा संयत और उदार आदर्श को लेकर चलते थे।

'चुल्लवग्ग' के अनुसार आयुष्मान् यश ने वैशाली में उपोसथ के दिन वज्जिपुत्तक भिक्षुओं को उपासकों से संघ के लिए कार्षापण, अर्धकार्षापण, पादकार्षापण अथवा माशक माँगते हुए देखा। आयुष्मान् यश के विरोध करने पर वैशाली के वज्जिपुत्तक भिक्षुओं ने उनका प्रतिवाद करने का निश्चय किया। इस बात से क्षुब्ध होकर यश वैशाली से कौशाम्बी चले गये। वहाँ से उन्होंने पावा-निवासी एवं अवन्ति-दक्षिणापथ के निवासी भिक्षुओं के पास दूत भेजा कि वैशाली में अधर्म हो रहा है। अतः उसका निवारण होना चाहिए।

आयुष्मान् सम्भूत शाणवासी जो कि अहोगंग पर्वत पर रह रहे थे, इस विवाद में भाग लेने के लिए तैयार हुए। वहीं अहोगंग पर्वत पर पावा के छह भिक्षु और अवन्ति

दक्षिणापथ के 88 भिक्षु भी एकत्र हो गये। सबने सोरेय्य में निवास करनेवाले आयुष्मान् रेवत को अपने पक्ष में करने का प्रयास किया। रेवत इस विवाद से बचने के लिए सोरेय्य से संकाश्य चले गये, फिर संकाश्य से कान्यकुब्ज, कान्यकुब्ज से उदुम्बर, उदुम्बर से अर्गलपुर और वहाँ से सहजाति चले गये। लेकिन उनका पीछा करते हुए सहजाति पहुँचकर भिक्षुओं ने उनसे सम्पर्क किया।

आयुष्मान् यश ने आयुष्मान् रेवत से वैशाली में प्रचारित 10 वस्तुओं का उल्लेख करके पूछा कि वे विहित हैं या नहीं। रेवत ने उन वस्तुओं का अर्थ जानना चाहा। यश ने उनको विवादास्पद 10 वस्तुओं के अर्थ बताये। रेवत ने उन सब कल्पों को निषिद्ध ठहराया। वे इस बात के लिए सहमत हुए कि वैशाली में उनके प्रचार का विरोध किया जाये। दूसरी ओर यह सुनकर कि यश काकंडकपुत्त अपने समर्थन के लिए पक्षसंग्रह कर रहे हैं, वैशाली के वज्जिपुत्तक भिक्षुओं ने प्रतिपक्ष-संग्रह का प्रयत्न किया। वे भी आयुष्मान् रेवत को अपनी ओर करने के लिए बहुत-से साज-सम्मान लेकर उनके पास गये। पात्र, चीवर, निषीदन, सूची-घर, कायबन्धन, परिश्रावण, धर्मकरक आदि लेकर नाव से वज्जिपुत्तक भिक्षु सहजाति पहुँचे। वज्जिपुत्तकों के कहने पर भी आयुष्मान् रेवत ने उनसे कुछ नहीं ग्रहण किया। रेवत का उत्तर नामक एक 20 वर्षीय भिक्षु-सेवक था। वज्जिपुत्तकों के बहुत कहने पर उसने एक चीवर ग्रहण कर लिया और वह संघ के बीच में यह कहने के लिए तैयार हो गया कि पूर्वी जनपदों में भगवान् बुद्ध उत्पन्न होते हैं, इसलिए वहाँ के भिक्षु धर्मवादी हैं और पावा के भिक्षु अधर्मवादी हैं। आयुष्मान् उत्तर ने आयुष्मान् रेवत से भी ऐसा कहने का अनुरोध किया, किन्तु वे इसके लिए तैयार नहीं हुए।

विवाद के समाधान के लिए उन सबने वैशाली प्रस्थान किया। उस समय वैशाली में सर्वकामी नामक 120 वर्षीय एक स्थविर रहते थे, जो आनन्द के शिष्य थे। वे भी यश के पक्ष में हो गये। विवाद के निर्णय के लिए संघ के एकत्र होने पर लम्बे समय तक बहस होती रही। अन्त में विवाद के निर्णय के लिए रेवत ने एक उद्‌वाहिका के चुनाव के लिए ज्ञप्ति प्रस्तुत की। चार पूर्वी और चार पश्चिमी भिक्षु चुने गये। पूर्वी भिक्षुओं में आयुष्मान् सर्वकामी, आयुष्मान् साढ़, आयुष्मान् क्षुद्रशोभित और आयुष्मान् वार्षभग्रामिक एवं पश्चिमी भिक्षुओं में आयुष्मान् रेवत, आयुष्मान् सम्भूत शाणवासी, आयुष्मान् यश काकंडकपुत्त और आयुष्मान् सुमन चुने गये। आयुष्मान् अजित आसन प्रज्ञापक नियुक्त हुए एवं बालुकाराम में विवाद के निर्णय के लिए उद्‌वाहिका की बैठक हुई। आयुष्मान् रेवत ने आयुष्मान् सर्वकामी से दस वस्तुओं के विषय में प्रश्न किया एवं उन सबको शास्त्रविरुद्ध घोषित किया। समस्त संघ ने इस निर्णय को अनुमोदित किया। कहा जाता है कि इस विनय संगीति में 700 भिक्षु उपस्थित थे।[2]

'दीपवंश' और 'महावंश' नामक ग्रन्थों के अनुसार विवाद की स्थिति में यह संगीति आठ महीने तक चलती रही। पूर्वी गुटवाले बौद्ध भिक्षु महासांघिक कहलाये।

उन्होंने प्राकृत भाषा को अपनाया। महासांघिक मत के प्रवर्तन का श्रेय महाकाश्यप (महाकस्सप) को जाता है। जबकि पश्चिमी गुट को स्थविरवादी कहा गया, जिसकी भाषा पालि थी।

दूसरी बौद्ध संगीति के विवरणों से ज्ञात होता है कि उस समय बौद्ध धर्म अवन्ति से लेकर वैशाली तक और मथुरा से लेकर कौशाम्बी तक फैला हुआ था। भिक्षुओं में पूर्व और पश्चिम के सामान्य भौगोलिक भेद के साथ धर्म-विनय सम्बन्धी सैद्धान्तिक मतभेद उत्पन्न हो गये थे। पूर्वी भिक्षुओं के दो केन्द्र थे- वैशाली और पाटलिपुत्र। इसी वर्ग में महासांघिकों का प्रारम्भिक विकास हुआ। उल्लेखनीय है कि वैशाली वज्जियों का प्रधान नगर था और वज्जियों की स्वातन्त्र्य-निष्ठा प्रसिद्ध है। उनके द्वारा शुरू से ही धर्म-विनय के बन्धनों के साथ-साथ स्थविरों के प्रति आदर-भाव में शिथिलता का संकेत मिलता है। पश्चिमी भिक्षुओं के तीन केन्द्र थे- कौशाम्बी, मथुरा और अवन्ति। कालान्तर में मथुरा एवं उत्तरापथ, विशेषतया कश्मीर और गन्धार, मूल सर्वास्तिवादी तथा सर्वास्तिवादी सम्प्रदायों के विकास-क्षेत्र सिद्ध हुए। स्थविरवाद की कौशाम्बी से दक्षिण-पश्चिम की ओर यात्रा सिंहल जाकर पूरी हुई। अशोक के समय में बौद्ध धर्म का सुदूर प्रत्यन्त प्रदेशों में प्रसार आरम्भ हुआ। उस समय तक बौद्ध संघ 18 सम्प्रदायों में बँट चुका था। 'शारिपुत्रपरिपृच्छा सूत्र' के अनुसार निकाय-भेद का क्रम निम्नवत् है-

महासांघिक ↓ स्थविरवादी ↓

(एकव्यवहारिक) (लोकोत्तरवादी) (बहुश्रुतिक) (प्रज्ञप्तिवादी)

(वात्सीपुत्रीय) (काश्यपीय) (सूत्रवादी) (संक्रान्तिक) (सर्वास्तिवादी)

(वात्सीपुत्रीय) ↓ (सर्वास्तिवादी) ↓

(धर्मोपक) (भद्रयानिक) (सम्मतीय) (षण्णगरिक)

(महीशासक) (धर्मगुप्तक) (सुवर्षक)

वैशाली की संगीति में विनय की दस वस्तुओं के कारण जो संघभेद शुरू हुआ था, सैद्धान्तिक बातों को लेकर वह पाटलिपुत्र में आयोजित तृतीय बौद्ध संगीति में पूरा हुआ। वैशाली की संगीति के स्थविर भिक्षु अपने को अर्हत् मानते थे। वे लोग विनय की नयी वस्तुओं के विरुद्ध थे। सम्भवतः इन स्थविर अर्हतों के विरोधस्वरूप ही 'महादेव की नगी पाँच तस्तुएँ' पतिपादित हुईं। इस प्रकार प्रथम संघभेद के बाद संघ दो भागों में बँट गया। एक ओर पूर्वी भिक्षु थे। इनकी संख्या अधिक थी और ये लोग वैशाली एवं पाटलिपुत्र में केन्द्रित थे। इनमें वृद्ध और अर्हत् लोग कम थे और ये लोग धर्म एवं विनय के सम्बन्ध में नयी बातें प्रचारित कर रहे थे। दूसरी ओर पश्चिम के भिक्षु थे। ये लोग

कौशाम्बी, मथुरा और अवन्ति में केन्द्रित थे। इनमें स्थविर भिक्षुओं की प्रधानता थी। पहले वर्ग को महासांघिक और दूसरे को स्थविर कहा गया। पाटलिपुत्र का कुक्कुटाराम बौद्ध-विहार महासांघिकों का पहला प्रधान केन्द्र था। इसी कारण महासांघिकों को कौक्कुटिक भी कहा गया है। बाद में मगध के स्थान पर आन्ध्र प्रदेश नवीन महासांघिकों का प्रधान केन्द्र बना।

स्थविरवादी धारा का एक सम्प्रदाय : वात्सीपुत्रीय

जहाँ बौद्ध धर्म की महासांघिक धारा महायानिक शून्यता के अतिरिक्त लोकोत्तर बुद्ध एवं बोधिसत्त्वों की ओर अग्रसर हुई, वहीं दूसरी ओर स्थविरवादी धारा कई धर्मों की अलग-अलग सत्ता की समर्थक बन गयी और अभिधर्म के मूलभूत दार्शनिक दृष्टिकोण को विकसित करती रही। बुद्धाब्द की दूसरी शताब्दी में स्थविरों के मुख्य केन्द्र कौशाम्बी, मथुरा एवं अवन्ति थे। कदाचित् वत्सदेश की राजधानी कौशाम्बी के समीप ही वात्सीपुत्रीयों का उद्भव हुआ हो। ध्यान देने की बात यह है कि महात्मा बुद्ध के समय में भी कौशाम्बी में विवाद और संघभेद की स्थिति उत्पन्न हो गयी थी।

यह बौद्ध संघ की पहली फूट थी। इसका कारण मुख्यतः सैद्धान्तिक था। वात्सीपुत्रीय भिक्षु पुद्गलवादी[3] थे। पालि-परम्परा एवं कथावत्थु के अनुसार अशोक के काल में पाटलिपुत्र में हुई तीसरी बौद्ध संगीति में अशोक ने बहुत-से भ्रष्ट भिक्षुओं को संघ से निकाल दिया। कथावत्थु की पहली पुद्गल-कथा ही प्राचीनतम प्रतीत होती है। कथावत्थु की पहली पुद्गल-कथा में मौद्गलीपुत्र तिष्य ने कई अनजाने बौद्ध-निकायों का खण्डन किया। सच पूछा जाये तो मौद्गलीपुत्र तिष्य ने प्रधान रूप से पुद्गलवादियों अथवा वात्सीपुत्रीयों का ही खण्डन किया। फलतः यह मानना होगा कि वात्सीपुत्रीयों का उद्भव अशोक की तृतीय संगीति के कुछ पहले हुआ होगा। परम्परा के अनुसार उनका उद्भव बुद्ध के परिनिर्वाण के 200 वर्ष बाद हुआ था।

वात्सीपुत्रीयों का अभिधर्मपिटक 'शारिपुत्राभिधर्म' अथवा 'धर्मलक्षणाभिधर्म' कहलाता था; और उसके नौ भाग थे। वात्सीपुत्रीयों से धर्मोत्तरीय, भद्रयाणीय, छन्नगरिक एवं सम्मतीय नाम की शाखाएँ निकलीं, जिनमें से अन्तिम सबसे महत्त्वपूर्ण थी। वसुमित्र के अनुसार एक गाथा के व्याख्यान पर विवाद के कारण ये शाखाएँ प्रकट हुई थीं। सम्मतीय महाकात्यायन को अपना प्रवर्तक मानते थे। महाकात्यायन ने अवन्ति-दक्षिणापथ में बौद्ध धर्म के अनुयायियों का पहला केन्द्र स्थापित किया था और वहाँ के निवासियों के आचारभेद को देखकर धर्म-विनय में आवश्यक परिवर्तन की आवश्यकता समझी थी। भव्य और विनीतदेव के अनुसार सम्मतीयों से आवन्तक और कौरुत्कुल्लक नाम के सम्प्रदाय उत्पन्न हुए थे। यह भी स्मरणीय है कि भद्रयानियों और धर्मोत्तरीयों के नाम अपरान्त के अभिलेखों में मिलते हैं। ऐसा लगता है कि वात्सीपुत्रीय-निकाय का विकास

और विस्तार बौद्ध धर्म की कौशाम्बी से अपरान्त की ओर प्रसार के दौरान हुआ था। दूसरी शताब्दी में भद्रयानियों और धर्मोत्तरीयों के नाम अपरान्त में अभिलिखित मिलते हैं। ह्वेनत्सांग के समय में सम्मतीयों की प्रधानता थी। उल्लेखनीय है कि वात्सीपुत्रीय निकाय पाल-युग तक बचा हुआ था।[4]

हीनयान मत में बुद्ध को एक चक्रवर्ती महापुरुष माना गया है जबकि महायानियों ने बुद्ध को देवता मान लिया। देवत्व के अभाव के कारण हीनयान पन्थ में प्रतीक पूजा को प्रमुखता दी गयी। बुद्ध के जीवन से सम्बन्धित प्रतीकों की पूजा होने लगी। उनके जीवन से सम्बन्धित चार महत्त्वपूर्ण प्रतीक निम्नलिखित थे-

1. हाथी : जन्म का प्रतीक था।
2. वृक्ष : ज्ञान का प्रतीक था।
3. चक्र : धर्मचक्रप्रवर्तन का प्रतीक था।
4. स्तूप : महापरिनिर्वाण का प्रतीक था।

इसके अलावा घोड़ा 'महाभिनिष्क्रमण' (कपिलवस्तु यानी घर छोड़ने) का प्रतीक था।

दूसरी सदी ई.पू. तक जातक-ग्रन्थों का संकलन हो चुका था। इनमें बुद्ध के 550 पूर्व-जन्मों की कहानियाँ वर्णित हैं। एक जातक कथा के अनुसार वे बोधिसत्त्व के रूप में तुषित स्वर्ग में बैठे मनोविनोद कर रहे थे। उसी समय उनसे निवेदन किया गया कि संसार में अपार दुःख है। उससे मुक्ति का कोई उपाय कीजिये। मनुष्यों की विनती को सुनकर उन्होंने भविष्यवाणी की कि संसार को दुःख से मुक्ति दिलाने के लिए वे हाथी के रूप में कपिलवस्तु में रानी मायादेवी की कोख से जन्म लेंगे। भविष्यवाणी के अनुसार उन्होंने एक सफेद हाथी के रूप में जन्म लिया था। इस घटना को बोधगया स्तूप की वेदिका पर अंकित किया गया है। बोधगया की वेदिका में अंकित चित्र में मायादेवी को सोयी हुई मुद्रा में दिखाया गया है। उसी चित्र में शय्या के ऊपरी भाग में हाथी की आकृति खुदी हुई है।

कौशाम्बी के बौद्ध-विहार

कौशाम्बी नगर-निवासी महात्मा बुद्ध के तीन धनाढ्य शिष्यों ने यहाँ अपने-अपने नाम से विहार बनवाकर बौद्ध भिक्षु संघ को दान किया था। ये विहार थे- घोषिताराम, कुक्कुटाराम और पावारिकम्ब वन। बौद्ध-ग्रन्थ 'महावस्तु अवदान' के अनुसार घोषिताराम नामक संघाराम का निर्माण घोषित (घोषिल) नामक एक गहपति द्वारा कराया गया था। सातवीं शताब्दी ई. में भारत आनेवाले चीनी धर्मयात्री ह्वेनत्सांग ने उक्त तीनों विहारों पर पर्याप्त प्रकाश डाला है। उनके वृत्तान्त के अनुसार घोषिताराम कौशाम्बी नगर के दक्षिण-पूर्व दिशा में स्थित था। इसी के निकट कुक्कुटाराम था। ह्वेनत्सांग के समय में उस दुमंजिले विहार के ध्वंसावशेष विद्यमान थे। पावारिकम्ब वन (आम्रवन) घोषिताराम

के पूर्व में था। उसने इस ध्वस्त विहार की नींव को देखा था। इनके अतिरिक्त बौद्ध-ग्रन्थों में यहाँ स्थित बदरिकाराम और परिव्राजकाराम नामक दो अन्य विहारों का भी उल्लेख मिलता है। बदरिकाराम की दूरी घोषिताराम से एक गावुन (गव्यूति, 3 कि.मी.) थी। बुद्ध यहाँ आकर ठहरे थे और यहीं उन्होंने 'तिपल्लत्थमिग जातक' का उपदेश दिया था। परिव्राजकाराम में बुद्ध के शिष्य आनन्द के ठहरने का उल्लेख किया गया है। घोषिताराम यहाँ का प्रसिद्ध विहार था, जहाँ बुद्ध आकर ठहरे थे। इलाहाबाद विश्वविद्यालय द्वारा कराये गये सीमित पुरातात्त्विक उत्खनन में केवल घोषिताराम विहार के पुरावशेष प्रकाश में आ पाये हैं। उत्खनन करके अन्य बौद्ध विहारों को अनावृत किया जाना अभी बाकी है।

घोषिताराम बौद्ध-विहार के भग्नावशेष, कौशाम्बी

महात्मा बुद्ध सहित सभी बौद्ध भिक्षु वर्ष भर घूम-घूमकर अपने मत का प्रचार और प्रसार करते थे। लेकिन वर्षा ऋतु के चातुर्मास में धर्म-यात्राएँ स्थगित रहती थीं। प्राचीनकाल में बरसात के दिनों में यात्रा करना निरापद नहीं था। आज भी पूर्वी उत्तर प्रदेश और उत्तरी बिहार में मार्गों और नदियों की अवस्था ऐसी है कि बरसात के दिनों में आवागमन दुष्कर हो जाता है। नदियों की बाढ़ से और भूमि के असाधारण रूप से समतल होने के कारण कई स्थान टापू-जैसे बन जाते हैं। बुद्ध-काल में इस प्रकार की भौगोलिक दुश्वारियाँ आज से अधिक ही रही होंगी। अतः स्वाभाविक रूप से वर्षा-काल में सभी बौद्ध आचार्य एवं भिक्षु अपनी चारिका को स्थगित रखते थे। आषाढ़ी पूर्णिमा या श्रावणी पूर्णिमा के अगले दिन से आगामी तीन महीने तक के लिए यात्रा निषिद्ध थी; और उस अवधि में वे सभी संघारामों में वर्षावास करते हुए धर्म-चर्चा करते थे।

कौशाम्बी में बुद्ध का वर्षावास

बुद्ध ने अपना नौवाँ वर्षावास कौशाम्बी के घोषिताराम में किया था। दसवें वर्ष में वहाँ के भिक्षु-संघ में कलह उत्पन्न हो गया, जिसको दूर करने का प्रयास बुद्ध ने किया था, किन्तु वे सफल नहीं हुए। इस बात से क्षुब्ध होकर वे वहाँ से निकल पड़े और क्रमशः बालकलोणकारगाम तथा प्राचीन वंसमिगदाय होते हुए पारिलेय्यक के रक्षित वन में पहुँचे, जहाँ उन्होंने दसवाँ वर्षावास किया और तत्पश्चात् श्रावस्ती चले गये। वे बालकलोणकारगाम में ठहरे थे। वहीं उन्हें भिक्षु भृगु मिले, जिन्हें उन्होंने एकान्तवास के गुणों का उपदेश दिया था। मज्झिम अट्ठकथा के अनुसार निगण्ठनातपुत्त (निर्ग्रन्थ-ज्ञातृपुत्र यानी महावीर जैन) का एक प्रसिद्ध शिष्य उपालि गहपति इसी गाँव बालकलोणकारगाम का निवासी था। बुद्ध के आगमन के समय वह महावीर के दर्शनार्थ नालन्दा गया हुआ था।

डॉ. डी.पी. दुबे ने बालकलोणकारगाम को आधुनिक बालकमउ ग्राम के साथ समीकृत किया है जो भरवारी से 5 कि.मी. पश्चिम-दक्षिण में स्थित है। यह प्राचीनकाल से श्रमण एवं श्रमणेतर धर्मों से जुड़ा एक महत्त्वपूर्ण ग्राम है। उत्तर मध्ययुगीन तीर्थमालाओं में इसका उल्लेख मऊ ग्राम के नाम से मिलता है जो शहजादपुर से तीन कोस (9 कि.मी.) दक्षिण में स्थित था। यहाँ से कौशाम्बी दक्षिण दिशा में 5 या 9 कोस की दूरी पर स्थित थी। इसके प्राचीन नाम का प्रथम भाग आज भी यथावत् सुरक्षित है, जिसमें जुड़ा मउ शब्द (मौअ-मौउ) संस्कृत के मधूक शब्द का अपभ्रंश है। मधूक को हिन्दी में महुआ कहा जाता है। प्राचीनकाल में यह ग्राम वनों से आच्छादित था, जिसमें महुआ के वृक्षों की बहुलता रही होगी। आज भी इस ग्राम की पूर्वी सीमा पर महुआ के वृक्षों की भरमार है। इस ग्राम की दक्षिणी सीमा से लगे खेतों में उत्तरी काले चमकीले मृद्भाण्ड एवं कृष्ण लेपित मृद्भाण्ड के टुकड़े प्रचुर मात्रा में मिलते हैं। दसवीं शताब्दी की पार्श्वनाथ, अजितनाथ एवं महावीर, दशावतार परिकरयुक्त विष्णु, गणेश, शिवलिंग आदि की मूर्तियाँ इस गाँव में पायी गयी हैं। इस ग्राम से आधा कि.मी. उत्तर साड़नाथ के बगीचे में एक प्रतीहारयुगीन मन्दिर के वास्तुखण्ड मिले हैं। यहाँ प्रतिहारकालीन तीन मन्दिरों के उदुम्बर (चौखट) भी मिले हैं।[5]

सिद्ध तन्तेपा की जन्मभूमि

पालि 'ब्रह्मजालसुत्त' से पता चलता है कि महात्मा बुद्ध के समय में भी शान्ति-सौभाग्य लानेवाले पूजा-प्रकार प्रचलित थे। यद्यपि बुद्ध ने इन सबको मिथ्या-जीव (यानी झूठा व्यवसाय) कहा था, तथापि वे अपने अनुयायियों को इनमें लिप्त होने से रोक नहीं सके। बुद्ध के महापरिनिर्वाण (483 ई.पू.) के बाद मानवीय गुणोंवाले 'मानुष बुद्ध' क्रमशः लुप्त होते गये और अलौकिक गुणोंवाले बुद्ध की छवि दृढ़ से दृढ़तर होती चली गयी। वैदिक मन्त्रों की ही भाँति, बुद्ध के वचनों को सुनने-मात्र से पुण्य अर्जित होने की

बात प्रचारित-प्रसारित की जाने लगीं। बुद्ध के जीवन से जुड़ी अलौकिक कथाएँ भी गढ़ी जाने लगीं। इसके फलस्वरूप अलौकिक बुद्ध के सहायक कई अवलोकितेश्वर, मंजुश्री आदि अलौकिक बोधिसत्त्वों की भी सृष्टि हुई। इसी क्रम में बौद्ध-धर्म की मन्त्रयान (400-700 ई.) और वज्रयान (800-1200 ई.) शाखाओं का जन्म हुआ। इसी कड़ी में आगे चलकर सिद्ध-मत का विकास हुआ। सिद्ध सन्त-परम्परा में सरहपा (सरहपाद) से लेकर भलिपा (व्यालिपाद) तक कुल चौरासी सिद्ध हुए हैं। भारत की मध्यकालीन धर्मसाधना के इतिहास में इन सिद्धों का एक महत्त्वपूर्ण स्थान है। इनमें से तैंतीसवें सिद्ध का नाम तन्धेपा (या तन्तेपा) है। उनका जन्म कौशाम्बी में ही हुआ था। यद्यपि उनके जीवन के सम्बन्ध में अधिक जानकारी उपलब्ध नहीं है, तथापि उनको एक शूद्र-कुल में उत्पन्न बताया गया है।[6]

सन्दर्भ और टिप्पणी :

1. डॉ. गोविन्द चन्द्र पाण्डेय, बौद्ध धर्म के विकास का इतिहास, पृ. 127
2. वही, पृ. 138
3. जैन-दर्शन में स्थूल भौतिक पदार्थ को 'पुद्गल' कहा गया है, क्योंकि यह अणुओं के संयोग और वियोग का खेल है। जबकि बौद्ध-दर्शन में आत्मा को 'पुद्गल' कहा गया है। यह रूप, वेदना, संस्कार, संज्ञा और विज्ञान नामक पाँच स्कन्धों का एक ऐसा समूह है, जो निर्वाण की अवस्था में खण्ड-खण्ड हो जाता है। इसी बौद्धवादी दर्शन को 'पुद्गलवाद' कहा जाता है और इसके अनुयायी 'पुद्गलवादी' कहलाते हैं।
4. डॉ. गोविन्द चन्द्र पाण्डेय, बौद्ध धर्म के विकास का इतिहास, पृ. 149
5. डॉ. एस. के. पाण्डेय द्वारा सम्पादित 'कौशाम्बी का स्वर्णिम इतिहास एवं वर्तमान' में डॉ. डी. पी. दुबे का लेख 'कौशाम्बी जनपद का ऐतिहासिक भूगोल' पृ. 30
6. राहुल सांकृत्यायन, पुरातत्त्व निबन्धावली, पृ. 122

अध्याय 3

कौशाम्बी में जैन धर्म

छठे जैन तीर्थङ्कर पद्मप्रभ की प्रतिमा
दिगम्बर जैन मन्दिर, पभोसा (कौशाम्बी)

श्रमण संस्कृति का केन्द्र प्रभाषगिरि

जिसकी सहायता से व्यक्ति तर जाये, उसे तीर्थ कहते हैं। जबकि तीर्थङ्कर का अर्थ है- पार उतरने का रास्ता बतानेवाले। जैन परम्परा के अनुसार कुल 24 तीर्थङ्कर हुए हैं।

तीर्थङ्कर परम्परा के अनुसार जिस स्थान में किसी तीर्थङ्कर का गर्भ में प्रवेश होता है उसे 'गर्भ कल्याणक भूमि' और जहाँ जन्म होता हैं उसे 'जन्म कल्याणक भूमि' कहते हैं। वैराग्य होने के बाद जिस स्थान पर तप करते हैं उसे 'तप कल्याणक भूमि' कहते हैं, जहाँ उन्हें कैवल्य ज्ञान की प्राप्ति होती है उसे 'ज्ञान कल्याणक भूमि' कहते हैं; और जिस स्थान पर मोक्ष की प्राप्ति होती है उसे 'मोक्ष कल्याणक भूमि' कहते हैं। ये कल्याणक भूमियाँ मोक्ष के मार्ग पर ले जाकर मनुष्य का कल्याण करती हैं। भक्ति और आस्था का केन्द्र-बिन्दु होने के कारण उपासना और साधना के स्थल कालक्रम में तीर्थस्थल बन जाते हैं। छठे जैन तीर्थङ्कर पद्मप्रभ के गर्भ और जन्म कल्याणक प्राचीन वत्सदेश की राजधानी कौशाम्बी में हुए, जबकि उनके दीक्षा और केवलज्ञान कल्याणक प्राचीन कौशाम्बी नगरी के पास ही प्रभाषगिरि में हुआ था। कौशाम्बी में स्थित प्रभाषगिरि को वर्तमान में पभोसा कहा जाता है। तीर्थङ्कर पद्मप्रभ की गर्भ, जन्म, तप और ज्ञान (दीक्षा) कल्याणक भूमि होने के कारण श्रमण संस्कृति में कौशाम्बी और प्रभाषगिरि का विशेष महत्त्व है। यह जैन मतावलम्बियों का एक प्राचीन और महत्त्वपूर्ण तीर्थ है।

तीर्थङ्कर पद्मप्रभ की जन्मस्थली

जैन शास्त्रों एवं पुराणों के अनुसार तीर्थङ्कर पद्मप्रभ का जन्म कौशाम्बी पुरी में महाराज धरण की महारानी सुसीमा के गर्भ से आश्विन कृष्ण त्रयोदशी को चित्रा नक्षत्र में हुआ था। उनका विस्तृत परिचय निम्नवत् है-

नाम : पद्मप्रभ
वर्ण : रक्तिम
चिह्न (लांछन) : कमलपुष्प
अनुचर : कुसुम
यक्ष : मनोवेगा या मनोगुप्ता
यक्षिणी : श्यामा या अच्युता
जन्मस्थान : कौशाम्बी
निर्वाण-स्थल : सम्मेदशिखर (पारसनाथ पहाड़ी, झारखण्ड)

जैनधर्म के छठे तीर्थङ्कर भगवान् पद्मप्रभ का जन्मस्थान होने के कारण कौशाम्बी को एक प्रसिद्ध जैन-तीर्थ होने का गौरव प्राप्त हुआ। यहीं उनके गर्भ, जन्म, तप एवं कैवल्य-ज्ञान कल्याणक सम्पन्न हुए थे। किशोरावस्था में पद्मप्रभ जी ने अनेक विद्याएँ सीखीं। अपनी आयु का एक चौथाई भाग बीतने के बाद उन्होंने एकछत्र राज्य प्राप्त किया। कहते हैं कि एक बार अपने राजभवन के दरवाजे पर बँधे हुए एक हाथी की दशा देखकर उनके मन में वैराग्य उत्पन्न हो गया। तब संसार, शरीर और भोगों के प्रति विरक्त होकर वे प्रभाषगिरि स्थित 'मनोहर उद्यान' पहुँचे और वहीं उन्होंने 'जिन दीक्षा' ग्रहण की।

कहते हैं कि देवों ने आकर उनका 'दीक्षा-कल्याणक उत्सव' मनाया। छह माह बाद वे भ्रमण करते हुए दुबारा वहाँ पहुँचे और उस स्थान पर उन्होंने घोर तपस्या की। अन्ततः प्रभाषगिरि के 'मनोहर उद्यान' में उनको कैवल्य ज्ञान प्राप्त हो गया।

जैन परम्परा के अनुसार चैत्र मास की पूर्णिमा तिथि को इसी पर्वत पर पद्मप्रभ को कैवल्य प्राप्त हुआ था। स्वाभाविक रूप से प्रभाषगिरि क्षेत्र जैन संस्कृति का आत्म-कल्याणकारी केन्द्र है। प्रत्येक वर्ष कार्तिक शुक्ल त्रयोदशी एवं चैत्र पूर्णिमा को दूर-दूर से जैन धर्मावलम्बी एकत्र होकर भगवान् पद्मप्रभ के तप और कैवल्य ज्ञान कल्याणक महोत्सव को धूम-धाम से मनाते हैं।

वर्द्धमान महावीर (540-468 ई.पू.) से लगभग 250 साल पहले अवतरित होनेवाले तेईसवें तीर्थङ्कर पार्श्वनाथ (877-777 ई.पू.) ने अपने जीवनकाल में कौशाम्बी की यात्रा की थी। कौशाम्बी में उनका समवसरण भी हुआ था। जैन-परम्परा में तीर्थङ्करों की धर्मोपदेश-सभा को 'समवसरण' कहा जाता है। इस धर्मसभा द्वारा कौशाम्बी के निवासियों को पार्श्वनाथ का उपदेशामृत प्राप्त हुआ था।

जैनियों द्वारा पभोसा में एक भव्य मन्दिर एवं विशाल धर्मशाला बनवाये गये हैं। गोयलगोत्री अग्रवाल जैन सेठ माणिकचन्द के पुत्र साहु होरीलाल ने कौशाम्बी नगर के

दिगम्बर जैन मन्दिर, पभोसा (कौशाम्बी)

बाहर जिनेन्द्र पद्मप्रभ के दीक्षा-कल्याणक-स्थल प्रभास पर्वत पर 1824 ई. में पार्श्वनाथ प्रतिमा प्रतिष्ठित करायी थी।[1]

वर्तमान समय में यहाँ 7 जैन मन्दिर हैं। पाँच तलहटी में और दो पभोसा की पहाड़ी पर। दूर-दूर से जैन श्रद्धालु यहाँ आकर अपनी श्रद्धा निवेदित करते हैं। तलहटी में स्थित मन्दिर संख्या 1 में प्राचीन जिन मन्दिर है, जिसमें ज़मीन से निकली कुछ प्राचीन जैन मूर्तियाँ भी हैं। ये मूर्तियाँ आस-पास के ग्रामीण किसानों द्वारा हल जोतने के दरम्यान प्राप्त हुई हैं। ऐसी मूर्तियों में आदिनाथ ऋषभदेव का सिंहासन उल्लेखनीय है। इस पाषाण प्रतिमा का ऊपरी भाग पूर्णतः खण्डित है। परन्तु सिंहासन पर बने हुए गैंडे के चिह्न (लांछन) को देखकर यह सहज ही अनुमान किया जा सकता है कि इस सिंहासन पर बीसवें तीर्थङ्कर मुनि सुव्रतनाथ की मूर्ति बनी रही होगी। मूर्ति के निचले भाग में दोनों किनारों पर यक्ष और यक्षिणी की मूर्तियाँ भी अंकित हैं।

आदिनाथ का सिंहासन (17वीं शताब्दी ई.)

यहाँ एक बड़ी पाषाण प्रतिमा पाँच बालयति की है, जिसमें बीच में पद्मासन में बैठे इक्कीसवें तीर्थङ्कर भगवान् नेमिनाथ की भूरे रंग की 2 फुट 7 इंच अवगाहनावाली प्रतिमा बनी हुई है। नीचे बायीं ओर गोमेद यक्ष और दायीं ओर अम्बिका देवी यक्षिणी हैं। यक्ष सुखासन की मुद्रा में विराजमान है। उसके तीन मुख और चार भुजाएँ हैं, जिनमें मुद्गर, दण्ड, फल और वज्र हैं। यक्षिणी की गोद में एक प्रियंकर पुत्र है। इनके ऊपर दोनों ओर एक-एक चँवरधारी स्थित हैं।

पाँच बालयति (16वीं शताब्दी ई.)
दिगम्बर जैन मन्दिर, पभोसा (कौशाम्बी)

जैन-मन्दिर संख्या 2 तीन शिखरों और तीन वेदियोंवाला एक नवनिर्मित मन्दिर है। मध्य वेदी पर तीर्थङ्कर पद्मप्रभ की गुलाबी रंग की पद्मासन में विराजमान विशाल मूर्ति है। बाकी दोनों वेदियों पर आठवें तीर्थङ्कर चन्द्रप्रभ और सोलहवें तीर्थङ्कर शान्तिनाथ की प्रतिमा स्थापित है। नवनिर्मित मन्दिर संख्या 3 में पद्मप्रभ की 9 फुट अवगाहना की पद्मासन में विराजमान प्रतिमा स्थापित है। मन्दिर संख्या 4 में वर्द्धमान महावीर को चन्दनबाला द्वारा पारण के लिए आहार दिये जाने सम्बन्धित दृश्य को दर्शाती मूर्तियाँ हैं। मन्दिर संख्या 5 में तीन चौबीसी मन्दिर हैं। इसके अतिरिक्त तलहटी में स्थित धर्मशाला में एक ऊँचा-सा मान-स्तम्भ भी स्थापित है।

तलहटी में बने दिगम्बर जैन मन्दिर के बाहर कुछ ही दूरी पर पहाड़ी पर चढ़ने के लिए सीढ़ियाँ शुरू हो जाती हैं। कुल 184 सीढ़ियाँ चढ़कर पभोसा पहाड़ी पर स्थित मन्दिर संख्या 6 तक पहुँचा जा सकता है। उसके पास ही मन्दिर संख्या 7 स्थित है। इनसे थोड़ा और ऊपर जाने पर तीर्थङ्कर पद्मप्रभ की तपस्थली और कैवल्य-ज्ञानस्थली तक पहुँचा जा सकता है।

कौशाम्बी में महावीर को चन्दना द्वारा आहार-दान

छठी शताब्दी ई.पू. में लिच्छवि-गणप्रमुख चेटक वृज्जि गणराज्य के अधीश्वर हुआ करते थे। महाराज चेटक की सात पुत्रियाँ थीं- त्रिशला, चेल्लना, प्रभावती, मृगावती, शिवावती, ज्येष्ठा और चन्दना। चेटक ने वैवाहिक सम्बन्धों का प्रयोग कूटनीतिक कवच के रूप में किया था। समकालीन सभी प्रमुख राजवंशों के साथ वैवाहिक सम्बन्धों के आधार पर उन्होंने कूटनीतिक मित्रता स्थापित की थी।

1) त्रिशला का विवाह ज्ञातृकवंशीय राजा सिद्धार्थ से हुआ था। वे महावीर की माता थीं।
2) चेल्लना का विवाह मगधराज बिम्बिसार से हुआ था। वे सम्राट् अजातशत्रु की माता थीं।
3) प्रभावती का विवाह सिन्धु-सौवीर नरेश उदायन से हुआ था।
4) मृगावती का विवाह वत्सनरेश शतानीक के साथ हुआ था। मृगावती वत्सनरेश उदयन की माता थी। उदयन लोक-कथाओं और भास के संस्कृत नाटक 'स्वप्नवासवदत्तम्' के नायक हैं। इस नाटक में उदयन और वासवदत्ता की प्रेम कहानी वर्णित है।
5) शिवावती का विवाह अवन्तिनरेश प्रद्योत के साथ हुआ था। चण्डप्रद्योत की एक अन्य पत्नी अंगारवती के गर्भ से उत्पन्न पुत्री वासवदत्ता का विवाह वत्सराज उदयन के साथ हुआ था।

चेटक की शेष दोनों पुत्रियों ज्येष्ठा और चन्दना ने किशोरावस्था में ही जैन धर्म की दीक्षा ले ली थी और वे दोनों आर्यिका बन गयी थीं। चन्दना (या चन्दनबाला या वसुमति) ने अपने जीवन में बहुत कष्ट उठाये।

पारण के लिए चन्दना से आहार ग्रहण करते वर्द्धमान महावीर
दिगम्बर जैन मन्दिर, पभोसा (कौशाम्बी)

एक दिन मनोवेग नामक विद्याधर ने उद्यान में खेलते समय कुमारी चन्दना का अपहरण कर लिया, लेकिन अपनी पत्नी के डर से उसने उसे वन में छोड़ दिया। वहाँ भीलराज के दुर्भाव से वनदेवता ने चन्दना की रक्षा की। फिर उसको भील की माँ ने संरक्षण दिया।

एक दिन कौशाम्बी के सेठ वृषभदत्त का एक सेवक मित्रवीर वहाँ आया। भीलराज ने मित्रवीर को वह बालिका सौंप दी। मित्रवीर ने कौशाम्बी पहुँचकर चन्दना को अपने सेठ को सौंप दिया। एक दिन वह कन्या सेठ वृषभदत्त (धनदत्त) को जल पिला रही थी।

सुन्दर तो वह थी ही। उसकी सुन्दरता को देखकर सेठानी भद्रा (मूला) को ऐसा लगा कि कहीं उसके पति चन्दना पर आसक्त न हो जायें। अतः दुर्भावनावश उसने चन्दना के केश मुँडवा दिये और उसके हाथों एवं पैरों में बेड़ियाँ डाल दीं। उसको खाने के लिए मिट्टी के कटोरे में कोदों का भात देने लगी।

एक दिन लोहे की जंजीरों में बँधी, सिर मुँड़ाये, भूखी-प्यासी चन्दना एक सूप में आधे-उबले उड़द के कुछ बाँकले लिये हवेली के दरवाजे पर खड़ी थी। अचानक उसको भगवान् महावीर के दर्शन प्राप्त हुए। बात यह है कि वर्द्धमान महावीर करीब छह महीने से निराहार रहकर विचरण कर रहे थे। उसी क्रम में वे कौशाम्बी आये। उनके आगमन का समाचार सुनकर ही चन्दना सेठ की हवेली के सामने खड़ी थी। कहते हैं, उस सती के शील के माहात्म्य से उसकी बेड़ियाँ स्वतः टूट गयीं। सिर पर घने केश आ गये, मिट्टी का बर्तन स्वर्ण-पात्र में बदल गया और कोदों का भात 'शालिधान्य[2] की खीर' बन गया।

चन्दना (चन्दन बाला) को देखकर भगवान् महावीर को अपने अभिग्रह (आखड़ी) की पूर्ति होती दिखायी पड़ी, इसलिए वे उसी के सामने आकर खड़े हो गये। चन्दना की दशा अकथनीय थी। ऐसा लगा मानो महादरिद्र को चिन्तामणि मिल गयी हो। भक्त को भगवान् मिल गये। वह धन्य हो गयी। बहरहाल, उसने अपना तुच्छ आहार भगवान् महावीर को अर्पित कर दिया।

चन्दना ने श्रद्धा-भक्ति सहित प्रभु को पारण के लिए उड़द और खीर का आहार दिया। महावीर ने चन्दना के उड़द और खीर से ही अपने दीर्घ अनशन व्रत का पारण[3] किया। उसी क्षण देवों ने आकाश से रत्नों और फूलों की वर्षा की। देव-दुदुम्भी बजने लगी। कौशाम्बी का जनसमुदाय इस अद्वितीय दृश्य को देखकर विस्मित और अभिभूत था। तभी कौशाम्बी की महारानी मृगावती को इस चमत्कारपूर्ण घटना की जानकारी मिली। उन्होंने वहाँ आकर अपनी छोटी बहन चन्दना को देखा तो वे विस्मित रह गयीं। फिर स्वजनों और परिजनों से चन्दना का मिलन हुआ। सेठ वृषभदत्त की सेठानी ने आकर चन्दना से क्षमा-याचना की। जैन-परम्परा में कौशाम्बी में हुए इस आहारदान की बड़ी महिमा है। सती चन्दना ने कौशाम्बी में आयोजित भगवान् महावीर के 'समवसरण' में आर्यिका दीक्षा ली। बाद में जैन संघ की प्रथम साध्वी और महावीर के आर्यिका-संघ की प्रमुख (गणिनी) बनने का सौभाग्य भी उसको प्राप्त हुआ, जिसमें 36000 आर्यिकाएँ थीं।[4]

बृहस्पतिमित्र और जैन धर्म

तीसरी शताब्दी ई. के लगभग मध्य में कुषाणों का पराभव होने के बाद मथुरा, अहिच्छत्र और कौशाम्बी में मित्रवंशीय राज्य की स्वतन्त्र सत्ता स्थापित हुई। उस कालखण्ड में पूर्वी एवं मध्य भारत में नाग राजवंश सबसे शक्तिशाली था। नाग यद्यपि

शैव धर्म के अनुयायी थे, तथापि धर्म के मामले में उनकी दृष्टि उदार थी। जैन अनुश्रुतियों में नाग जाति को विद्याधरों का वंशज कहा गया है। बाद में श्रमणधर्मी व्रात्य-क्षत्रियों में उनकी गिनती की जाने लगी।[5]

कौशाम्बी के समीप पिलक्खगुहा (प्लक्षगुहा) नामक एक गुफा थी। बुद्ध के जीवनकाल में वहाँ सन्दक नामक एक परिव्राजक रहता था। यहीं देवकट सोब्भ नामक एक प्राकृतिक जलकुण्ड था। आचार्य बुद्धघोष के अनुसार गुफा के द्वार पर पाकड़ (प्लक्ष) का एक पेड़ लगा हुआ था। उसी के कारण उस गुफा का नाम प्लक्ष गुफा (पिलक्ख-गुहा) पड़ा था। प्लक्ष-गुहा को आधुनिक पभोसा-पहाड़ी की गुफा से समीकृत किया जा सकता है जो कौशाम्बी से पश्चिम 5 किमी. दूर यमुना के तट पर है।

पभोसा की गुफा पभोसा-पहाड़ी के मुख्य भाग के ऊपर है। इसका आकार 2.7 × 1.4 मीटर और ऊँचाई 1 मीटर है। इसका दरवाजा 0.66 0.53 मीटर है और इसकी दो खिड़कियाँ 0.48 0.43 मीटर हैं। भीतर, दक्षिण पार्श्व में तकिया सहित एक प्रस्तर शय्या है।

मौर्य-काल के अन्तिम चरण में उत्तर-पंचाल जनपद की राजधानी अहिच्छत्र में शौनकायन नामक राजा ने अपनी स्वतन्त्र सत्ता स्थापित कर ली थी। इसी के आस-पास वत्स की राजधानी कौशाम्बी में और शूरसेन की राजधानी मथुरा में भी स्वतन्त्र राजसत्ताओं का उदय हुआ। इन तीनों राजवंशों में निकट का सम्बन्ध तो था ही, ये तीनों जैन धर्म के प्रश्रयदाता भी प्रतीत होते हैं। संयोगवश ये तीनों ही राजधानी नगर जैन आस्था के महत्त्वपूर्ण केन्द्र थे।

राजा शौनकायन के पुत्र बंगपाल की रानी त्रैवर्ण राजकन्या थी, इसलिए उसको तेवणी कहा जाता था। राजा बंगपाल और रानी तेवणी के पुत्र का नाम राजा भागवत था, जिसकी पत्नी वैहिदर राजकुमारी थी। इस वैहिदरी रानी से उत्पन्न राजा भागवत का पुत्र आषाढ़सेन था। आषाढ़सेन के समय में कौशाम्बी में आषाढ़सेन की बहन गोपाली का पुत्र बृहस्पतिमित्र राजा था। राजा आषाढ़सेन ने अपने शासन के दसवें वर्ष में अपने भानजे के राज्य की राजधानी कौशाम्बी के निकट जैनतीर्थ प्रभाषगिरि (पभोसा) के ऊपर काश्यपीय अर्हतों (जैन मुनियों) के लिए गुफा का निर्माण करवाया था। पभोसा की प्राचीन गुफा में महाराज आषाढ़सेन के दो गुहालेख अंकित हैं।

प्रथम शताब्दी ई.पू. के इस गुफा-अभिलेख के अनुसार गोपाली पुत्र बृहस्पतिमित्र के मामा आषाढ़सेन ने राजा उदक के शासन के दसवें वर्ष में काश्यपीय अर्हतों के लिए इस गुफा का निर्माण करवाया था। वर्द्धमान महावीर चूँकि काश्यप गोत्र के थे, इसलिए यह कहा जाता है कि जिन अर्हतों के लिए इस गुफा का निर्माण किया गया था, वे जैन थे।

प्रभाषगिरि यानी पभोसा में दो छोटी पहाड़ियाँ हैं, जो गंगा-यमुना की अन्तर्वेदी में एकमात्र पहाड़ी है। उत्तरी पहाड़ी के पूर्वी उपान्त पर एक प्राकृतिक जलाशय का प्रमाण भी मिलता है। यही बौद्ध साहित्य में उल्लिखित जलकुण्ड हो सकता है। उल्लेखनीय है कि पभोसा से जैन तीर्थङ्करों के अतिरिक्त कुबेर, सूर्य आदि हिन्दू देवताओं की पूर्व-मध्यकालीन मूर्तियाँ भी मिली हैं।

भगवान् महावीर का समवसरण भी यहाँ आया था। समवसरण में महावीर ने दिव्य ध्वनि द्वारा जैन धर्म की मान्यताओं की प्रतिष्ठा की थी, जिसमें लाखों लोगों ने जिनेश्वरी शिक्षा ग्रहण करके और रत्नत्रयी धर्म अपना करके आत्म-कल्याण किया था। तीर्थङ्करों की पुण्य भूमि होने के कारण प्रभाषगिरि पर अनेक मुनियों ने आत्म-अनुसन्धान करके अपने साथ ही लोक का भी कल्याण किया था।

पुरातन काल से ही यमुना का तट, प्रभाषगिरि के आस-पास की हरियाली और वहाँ की पर्वत-गुफा का शान्त वातावरण मुनियों और परिव्राजकों को सहज ही आकृष्ट करता रहा है। जैन जनश्रुतियों के अनुसार कौशाम्बी नगरी के ललित घट, समुद्रदत्त, वसुमित्र, नागदत्त, जिनदास आदि 32 राजकुमार मुनि बनकर यहाँ आये और यमुना के तट पर खड़े होकर विभिन्न प्रकार के तप करने लगे। दुर्भाग्यवश एक दिन अचानक यमुना नदी में भयंकर बाढ़ आ गयी। इसके फलस्वरूप उन सब मुनियों की जल-समाधि हो गयी। उन जैन मुनियों की स्मृति में यहाँ यमुना-तट पर 32 समाधियाँ बनी हुई हैं।

कौशाम्बी से बारह किलोमीटर पश्चिमोत्तर यमुना के तट पर स्थित प्रभाषगिरि को जैनियों के साथ ही हिन्दुओं का तीर्थ भी माना जाता है। इसको स्थानीय लोग पभोसा का पहाड़ कहते हैं। गंगा-यमुना के पूरे दोआब क्षेत्र में यह एकमात्र ऐसा पहाड़ है जो दो हिस्सों में विभाजित है। इसका एक हिस्सा जैनियों के छठे तीर्थङ्कर पद्मप्रभ के दीक्षा एवं कैवल्य का स्थान माना जाता है।

इस पहाड़ी को उदयगिरि (या उदय-शैल) भी कहा जाता है। जनश्रुतियों के अनुसार वत्स देश के राजा उदयन का जन्म इसी पहाड़ी पर हुआ था। कहते हैं, उदय-शैल पर जन्म लेने के कारण ही उसका नाम उदयन रखा गया था। इस पहाड़ी का दूसरा हिस्सा एक हिन्दू तीर्थ के रूप में प्रसिद्ध है। यहाँ मकर-संक्रान्ति के अवसर पर 'खिचड़ी का मेला' लगता है।

'महाभारत' के 'आदि पर्व' में वर्णित चेदिराज उपरिचर वसु का आख्यान इसी यमुना द्वीप से सम्बद्ध बताया जाता है। इस प्रकार से दो हिस्सों में विभाजित पहाड़ का दृश्य पूरे यमुना-तट पर अन्यत्र कहीं नहीं है। कहते हैं कि पहले यमुना नदी इस पहाड़ के पूर्वोत्तर से होकर बहती थीं, बाद में जनमेजय के नागयज्ञ के कारण यमुना प्रभाषगिरि के दक्षिण-पश्चिम से होकर प्रवाहित होने लगी। पहले ये दोनों पर्वत-भाग यमुना-द्वीप में स्थित हुआ करते थे। महाभारत के अनुसार वेदव्यास का जन्म और पालन-पोषण यमुना

द्वीप में हुआ था। द्वीप पर जन्म लेने के कारण ही उनको द्वैपायन कहा गया है। सम्भव है, वेद व्यास का जन्मस्थान यही हो।[6]

सन्दर्भ और टिप्पणी :

1. डॉ. ज्योतिप्रसाद जैन, प्रमुख ऐतिहासिक जैन पुरुष और महिलाएँ, पृ. 353
2. 'शालिधान्य' धान की एक सुगन्धित और महीन किस्म थी। यह प्रायः मगध क्षेत्र में पैदा होती थी। इससे उत्तम प्रकार का चावल तैयार होता था। (अधिक जानकारी के लिए देखें- कुमार निर्मलेन्दु कृत 'मगधनामा' का एक उपशीर्षक- प्राचीन मगध में खान-पान, पृ. 215)
3. व्रत या उपवास के बाद के पहले भोजन को 'पारण' कहा जाता है।
4. डॉ. ज्योतिप्रसाद जैन, प्रमुख ऐतिहासिक जैन पुरुष और महिलाएँ, पृ. 11-12
5. वही, पृ. 197
6. प्रभास नामक एक प्रसिद्ध तीर्थस्थान पश्चिमी भारत के सौराष्ट्र क्षेत्र में समुद्र-तट पर स्थित है। यह मूलतः एक शैव तीर्थ है, किन्तु बाद में उसके साथ वैष्णव परम्पराएँ भी जुड़ गयीं। बारह ज्योतिर्लिङ्गों में से प्रथम सोमनाथ सौराष्ट्र के प्रभासक्षेत्र में ही स्थित है। यह स्थान लकुलीश पाशुपत मत के शैवों का एक प्रमुख केन्द्र रहा है। शक-क्षहरात सामन्त उषवदात (ऋषभदत्त) के नासिक शिलालेख (दूसरी शताब्दी ई.) में भी इस तीर्थ का नाम आया है। प्रभास को प्रभासपत्तन या देवपत्तन भी कहा गया है और स्कन्दपुराण में इस तीर्थ को 'सोमनाथपट्टन' कहा गया है। प्रभास नामक यह स्थान सरस्वती और सागर के संगम पर स्थित है। कुरुक्षेत्र में प्राची-सरस्वती है, जबकि प्रभासक्षेत्र में प्रत्यक्-सरस्वती है। यानी सरस्वती नदी कुरुक्षेत्र में पूर्ववाहिनी है, जबकि प्रभास में पश्चिमवाहिनी है। कहते हैं, यहाँ प्रभास क्षेत्र में चन्द्र का क्षयरोग दूर हो गया था; और यहीं प्रभास क्षेत्र में ही श्रीकृष्ण ने अपना पार्थिव शरीर त्यागा था।

    विडम्बना यह है कि स्थानीय लेखकों द्वारा नामों की समानता के फलस्वरूप या कई बार जानकारी नहीं होने के कारण या फिर भावातिरेक में सौराष्ट्र स्थित प्रभास-क्षेत्र से जुड़ी घटनाओं को कौशाम्बी स्थित प्रभाष-क्षेत्र से सम्बद्धकर दिया जाता है। जरा नामक व्याघ (बहेलिया) के बाण से श्रीकृष्ण के वध का वृत्तान्त उन्हीं में से एक है। उल्लेखनीय है कि मगधराज जरासन्ध के आक्रमणों से त्रस्त होकर श्रीकृष्ण अपने बन्धु-बान्धवों सहित मथुरा त्यागकर द्वारका में जा बसे थे। द्वारकापुरी सौराष्ट्रक्षेत्र में ही स्थित है, इसलिए सौराष्ट्र स्थित प्रभास-क्षेत्र में श्रीकृष्ण के वध का वृत्तान्त अपेक्षाकृत अधिक विश्वसनीय प्रतीत होता है।

अध्याय 4

वत्सराज उदयन

वत्स राजवंश

वत्सदेश की उत्पत्ति का सम्बन्ध काशी के चन्द्रवंशी राजाओं से जोड़ा जाता है। काशी के राजा दिवोदास के पुत्र का नाम वत्स था। यद्यपि उसका मुख्य नाम द्युमान था, तथापि उसको प्रतर्दन, ऋतुध्वज और कुवलयाश्व भी कहा जाता था। ब्रह्माण्ड एवं वायु पुराणों में वत्स और प्रतर्दन को एक न कहकर वत्स को प्रतर्दन का पुत्र कहा गया है। वत्स ने काशी राज्य के प्रभाव में वृद्धि की और कौशाम्बी के आस-पास के इलाके को जीत लिया, जो वत्स या 'वत्स भूमि' के नाम से प्रसिद्ध हुए। प्रसिद्ध सम्राट् अलर्क इसी वत्स के पुत्र थे। महाभारत के युद्ध में वत्स लोगों ने पाण्डव पक्ष की ओर से कौरवों के विरुद्ध युद्ध किया था।

काशी के प्रभाव से अलग वत्सों का इतिहास कुरुवंशीय निचक्षु के समय से आरम्भ होता है। अर्जुन के पौत्र और परीक्षित के पुत्र का नाम जनमेजय था। जनमेजय के बाद वंशक्रम में शतानीक, अश्वमेधदत्त, अधिसीम कृष्ण और निचक्षु नामक राजा हुए। एक पौराणिक आख्यान के अनुसार गंगा की बाढ़ से हस्तिनापुर नगर के नष्ट हो जाने पर निचक्षु ने कौशाम्बी में अपना राज्य स्थापित किया। इस प्रकार वत्स राज्य पर पौरव-भारत राजवंश का अधिकार हुआ। पुराणों में निचक्षु के बाद 23 राजाओं के नाम आते हैं। इनमें से अधिकांश के बारे में कोई विशेष जानकारी उपलब्ध नहीं है। सम्भवतः इस तालिका में कुछ नाम उन राजकुमारों के भी हैं जो सिंहासन पर बैठे ही नहीं। लगता है कि कुछ समकालीन नरेशों को अनुवर्ती बताकर और उपशाखाओं के कुछ राजाओं को भी मुख्य वंश में जोड़कर इस तालिका को लम्बा कर दिया गया है।

इन राजाओं में से प्रथम, जिसके विषय में हमें कुछ निश्चित बातें ज्ञात हैं, वह पुराणों में वर्णित शतानीक द्वितीय हैं, जिसको परन्तप के नाम से भी जाना जाता है। पुराणों में उसके पिता का नाम वसुदान बताया गया है, जबकि संस्कृत नाटककार भास के अनुसार उसके पिता का नाम सहस्रानीक था। उसने विदेह राज्य की एक राजकुमारी से विवाह किया था। उसने अंग-नरेश दधिवाहन की राजधानी चम्पा पर आक्रमण भी

किया था। स्पष्ट है कि शतानीक परन्तप के समय में वत्स राज्य का प्रभाव बढ़ गया था। शतानीक का राज्यकाल 550 ई. पू. के आस-पास रखा जा सकता है।

छठी शताब्दी ईसा पूर्व के सोलह महाजनपदों की तालिका में वत्स का भी नाम आता है। इस राजवंश की सर्वाधिक उन्नति शतानीक के पुत्र उदयन के समय में हुई थी। कहा जाता है कि उदयन और गौतम बुद्ध का जन्म एक ही दिन हुआ था। वह बुद्ध का समकालीन होने के साथ ही अपने समय का एक प्रमुख व्यक्ति था। उसकी राजधानी कौशाम्बी अपनी समृद्धि के कारण उत्तरी भारत के प्रमुख नगरों में गिनी जाने लगी थी। इसी प्रकार वत्स राज्य उत्तरी भारत के चार बड़े राज्यों में से एक के रूप में प्रतिष्ठित हो गया था।

उदयन के साम्राज्य की सीमाएँ स्पष्ट रूप से ज्ञात नहीं हैं। उसका राज्य सम्भवतः गंगा और यमुना के दक्षिण में था; पूर्व में मगध तथा पश्चिम में अवन्ति से इसकी सीमाएँ मिली हुई थीं। हर्ष कृत 'प्रियदर्शिका' के अनुसार उदयन ने कलिंग को जीत करके अपने श्वसुर दृढ़वर्मा को अंग के सिंहासन पर पुनर्स्थापित किया था। 'कथासरित्सागर' में उसकी दिग्विजय का विस्तृत वर्णन है। किन्तु इन विवरणों की ऐतिहासिकता के सम्बन्ध में निश्चित रूप से कुछ कह पाना कठिन है। बहरहाल, एक जातक कथा से यह पता चलता है कि सुंसुमारगिरि के भग्ग (भर्ग) लोगों का राज्य भी वत्स राज्य के अधीन था।

छठी शताब्दी ई. पू. में मगध, अवन्ति, कोसल और वत्स भारत के सबसे महत्त्वपूर्ण राज्य थे। कहते हैं कि अवन्तिराज प्रद्योत की समरवाहिनी बहुत प्रचण्ड थी। अपनी विशाल सेना के कारण वह महासेन कहलाता था। उसके पड़ोसी शासक उससे भयाक्रान्त रहते थे। बहरहाल, प्रद्योत के नेतृत्व में अवन्ति राज्य की सीमा उत्तर की ओर फैलती हुई मथुरा तक आ पहुँची थी। वह अपने राज्य की सीमा मगध तक ले जाना चाह रहा था। मगध, कोसल और अवन्ति जैसे तीन समृद्ध एवं सशक्त राज्यों के त्रिकोण के मध्य में कौशाम्बी स्थित थी। उन तीनों राज्यों के परस्पर व्यापार का मार्ग भी कौशाम्बी से होकर गुजरता था। स्वाभाविक रूप से उस कालखण्ड में सामरिक और व्यापारिक दृष्टि से कौशाम्बी भारतवर्ष का सबसे महत्त्वपूर्ण नगर माना जाता था। उस समय वत्स के राजा उदयन स्वयं एक प्रतापी राजा थे।

यह स्वाभाविक था कि वत्स और अवन्ति के राजवंश अपनी शक्ति की स्पर्धा में परस्पर शत्रु बनें किन्तु उदयन के जीवनकाल में अवन्तिनरेश प्रद्योत भी वत्स पर आक्रमण करने का साहस न कर सके। लेकिन लगता है बाद में अवन्ति राज्य के प्रभाव में आकर वत्स राज्य उसमें मिल गया।

पुराणों में उदयन के बाद वहीनर, दण्डपाणि, निरमित्र और क्षेमक के नामों के साथ वत्स के राजाओं की सूची समाप्त होती है। इन राजाओं के विषय में कोई विशेष जानकारी उपलब्ध नहीं है। इनमें से वहीनर ही सम्भवतः बोधिकुमार के नाम से एक जातक-कथा

में और नरवाहन के नाम से 'कथासरित्सागर' में उल्लिखित है। पुराणों के अनुसार क्षेमक के साथ वत्स के राजवंश का अन्त हुआ। मगधनरेश शिशुनाग द्वारा अवन्ति राज्य की विजय के साथ ही वत्स राज्य भी मगध राज्य का अंग बन गया।[1]

'महाभारत' के 'आदि पर्व' (अध्याय 84) के अनुसार राजा कुशाम्ब द्वारा बसाये जाने के कारण इस नगर का नाम कौशाम्बी पड़ा था। परन्तु पाण्डववंशीय राजा निचक्षु (या नेमिचक्र) द्वारा हस्तिनापुर के स्थान पर कौशाम्बी को अपनी राजधानी बना लेने के बाद इस नगर की प्रसिद्धि बढ़ गयी। निचक्षु चन्द्रवंशीय राजा थे, जो हस्तिनापुर नरेश युधिष्ठिर की सातवीं पीढ़ी में उत्पन्न हुए थे। निचक्षु के वंशजों ने यहाँ कई पीढ़ियों तक राज्य किया। क्षेमक इस वंश का अन्तिम राजा था।

पौराणिक अनुश्रुतियों के अनुसार निचक्षु की 26वीं पीढ़ी में वत्सराज उदयन का जन्म हुआ था। इस प्रकार वत्सराज उदयन चन्द्रवंशीय राजा थे।[2] उदयन संस्कृत साहित्य के एक लोकप्रिय और विख्यात चरित्र हैं। कौटिल्य, कालिदास, बाणभट्ट, श्रीहर्ष, गुणाढ्य और भास जैसे संस्कृत के प्राचीन कवियों-लेखकों ने उनकी कीर्त्ति का बखान किया है।

भास कृत नाटक 'स्वप्नवासवदत्तम्' में उदयन को वैदेही-पुत्र कहा गया है।[3] पुराणों की राज-वंशावलियों के अनुसार उदयन को शतानीक का पुत्र बताया गया है। बौद्ध-ग्रन्थ 'मंजुश्रीमूलकल्प' और भास कृत 'प्रतिज्ञा-यौगन्धरायण' नाटक में भी यही कहा गया है। उदयन के पिता शतानीक महाभारत-युद्ध के पश्चात् पौरव-कुल के शतानीक द्वितीय थे। महाभारत के आदिपर्व (90/95) के अनुसार शतानीक प्रथम ने एक वैदेही (विदेह राज्य की कन्या) से विवाह किया था। शतानीक द्वितीय की भी किसी वैदेही से विवाह होना एक विलक्षण समता है। सम्भव है कि इतिहास से अनभिज्ञ किसी साधारण पण्डित ने महाभारत के लेख के कारण, शतानीक प्रथम और द्वितीय का भेद जाने बिना स्वप्नवासवदत्तम् नाटक की किसी मूल-प्रतिलिपि में कभी ऐसा पाठ अंकित कर दिया हो, जबकि स्वप्नवासवदत्तम् नाटक का मूल-पाठ वस्तुतः कुछ अन्य रहा हो।[4]

बहरहाल, 'प्रबन्धकोश' के रचयिता के मतानुसार शतानीक की पत्नी चेटकराज की कन्या मृगावती थी। उसके पुत्र का नाम उदयन था। उल्लेखनीय है कि चेटक वैशाली के राजा थे। बुद्ध-काल में विदेह का राज्य वैशाली के वृज्जियों के राज्य में विलीन हो गया था। इसके कारण कभी वैशाली प्रदेश को विदेह में भी गिन लिया जाता था। इस दृष्टि से शतानीक द्वितीय का विवाह भी वैदेही-कन्या से हुआ माना जा सकता है।

'कथासरित्सागर' में उदयन को शतानीक का पौत्र और 'सहस्रानीक' का पुत्र कहा गया है; किन्तु जैन गाथाओं में उदयन को शतानीक का पुत्र बताया गया है। जैन-परम्परा के अनुसार अतिसार से राजा शतानीक की मृत्यु हो गयी। उनके निधन के बाद अवन्तिराज चण्डप्रद्योत ने कौशाम्बी पर आक्रमण कर दिया। तब रानी मृगावती ने अपने पुत्र उदयन को राजगद्दी पर बैठाकर स्वयं सत्ता ग्रहण कर लिया। प्रद्योत के आक्रमण के

समय रानी मृगावती ने बड़ी धीरता, वीरता और बुद्धिमत्ता के साथ अपने राज्य, पुत्र और सतीत्व की रक्षा की थी। अपने पुत्र के जीवन और वत्स राज्य को निष्कण्टक करके और उसे मन्त्री युगन्धर के सुरक्षित हाथों में सौंपकर राजमाता मृगावती ने जैन धर्म की दीक्षा लेकर शेष जीवन एक तपस्विनी आर्यिका के रूप में व्यतीत किया था।[5]

उसका वह राजकुमार ही लोक-कथाओं का नायक, प्रद्योत-पुत्री वासवदत्ता का रोमांचक प्रेमी, गजविद्या-विशारद, अपनी हस्तिकान्त वीणा पर प्रियकान्त स्वरों का अप्रतिम साधक, कौशाम्बीनरेश उदयन था। जैन-ग्रन्थों में कहा गया है कि वह और उसकी प्रिया वासवदत्ता, दोनों महावीर के उपासक थे। जबकि बौद्ध-ग्रन्थों में उसको बौद्ध मतानुयायी कहा गया है।

सोमदेव कृत 'कथासरित्सागर' और क्षेमेन्द्र कृत 'बृहत्कथामंजरी' में भूलवश उदयन को सहस्रानीक का पुत्र और शतानीक का पौत्र लिखा गया है। इन ग्रन्थों के अनुसार सहस्रानीक का विवाह अयोध्यानरेश कृतवर्मा की कन्या मृगावती से हुआ था। यह बात सत्य हो सकती है कि मृगावती उदयन की माता हो। 'प्रबन्धकोश' के अनुसार चेटकराज की कन्या मृगावती शतानीक द्वितीय की पत्नी थी। परन्तु यह मृगावती अयोध्या के राजा कृतवर्मा की कन्या नहीं हो सकती। कृतवर्मा की कन्या शतानीक-प्रथम के पुत्र सहस्रानीक की पत्नी होगी।

'बृहत्कथाश्लोकसंग्रह' नामक ग्रन्थ में उदयन के पिता का नाम शतानीक लिखा हुआ है। 'कथासरित्सागर' का वृत्तान्त बहुत खण्डित प्रतीत होता है। उस वृत्तान्त में शतानीक प्रथम और द्वितीय का भेद नहीं कर पाने के कारण यह गड़बड़ी हुई है। विडम्बना यह है कि सोमदेव और क्षेमेन्द्र ने दोनों शतानीकों को एक कर दिया है। 'बृहत्कथाश्लोकसंग्रह' से स्पष्ट पता चलता है कि उदयन के पिता की मृत्यु के बाद पंचाल-राज आरुणि ने वत्स राज्य का बहुत बड़ा भाग जीत लिया। इसके विपरीत 'कथासरित्सागर' के अनुसार सहस्रानीक अपनी पत्नी के साथ हिमगिरि की ओर चला गया। जबकि 'प्रतिज्ञा यौगन्धरायण' के अनुसार उदयन की माता घर पर ही रही थीं। अतः यह निश्चित है कि दोनों शतानीकों को एक मानने के कारण ही यह भ्रमपूर्ण स्थिति उत्पन्न हुई। बहरहाल 'प्रतिज्ञा यौगन्धरायण' के मत को स्वीकार करते हुए यह मानना पड़ेगा कि पुराणों का वसुदान सम्भवतः 'प्रतिज्ञा यौगन्धरायण' का सहस्रानीक था।

महाराज उदयन के तीन भाई थे। उदयन और उनके प्रतापी पुत्र के विषय में मत्स्यपुराण में लिखा है कि वे दोनों भरतवंश के अन्त में होंगे।[6] आरुणि के आक्रमण के बाद में उदयन का राज्याभिषेक हुआ होगा। तब उसकी उम्र 20 से 24 वर्ष के मध्य रही होगी; और उस समय वह अविवाहित रहा होगा।

बौद्ध-ग्रन्थों के अनुसार मगधनरेश अजातशत्रु के राज्य के आठवें वर्ष में गौतम बुद्ध का महापरिनिर्वाण हुआ। अजातशत्रु का राज्यकाल लगभग 28 वर्ष था। उसके बाद दर्शक

राजा हुआ। दर्शक के राज्य-काल में पद्मावती का विवाह उदयन से हुआ। उधर बौद्ध-ग्रन्थ में उदयन को तथागत-बुद्ध का समकालीन बताया गया है। ह्वेनत्सांग ने भी लिखा है कि कौशाम्बी के राजा उदयन ने भगवान् बुद्ध की एक मूर्ति बनवायी थी। ह्वेनत्सांग द्वारा लिखे गये विवरण से स्पष्ट होता है कि बुद्ध की मृत्यु से बहुत पहले वह मूर्ति स्थापित करायी गयी थी। बौद्ध-ग्रन्थ 'मज्झिम-निकाय' के अनुसार जब कोसलराज प्रसेनजित् की आयु 80 वर्ष की थी, तब भगवान् बुद्ध की आयु भी 80 वर्ष की थी। अस्सी वर्ष की अवस्था में ही भगवान् बुद्ध का महानिर्वाण हुआ था। कथासरित्सागर में लिखा है कि जिस समय प्रसेनजित् वृद्ध था, उस समय उदयन का वासवदत्ता और पद्मावती से विवाह तो हो ही चुका था, उदयन के पुत्र नरवाहनदत्त का जन्म भी हो चुका था। इस स्थिति में उस समय दर्शक मगध का राजा नहीं हो सकता, क्योंकि बुद्ध के महापरिनिर्वाण के 20 वर्ष बाद दर्शक राजा बना था। स्वाभाविक रूप से तभी पद्मावती का उदयन से विवाह हुआ।

स्वप्नवासवदत्तम् नाटक से ऐसा प्रतीत होता है कि वासवदत्ता के विवाह के तीन-चार वर्ष बाद पद्मावती से उदयन का विवाह हुआ। ऐसी स्थिति में संस्कृत-ग्रन्थों और बौद्ध-ग्रन्थों में तथ्यगत विरोध दिखायी पड़ता है।

उदयन के राज्यारोहण के समय वत्स एक छोटा-सा राज्य था। उसके समीप ही पंचाल राज्य था, जहाँ का राजा आरुणि था। वह उदयन का कोई सम्बन्धी था। राजा शतानीक का निधन होते ही उसने उदयन के राज्य पर आक्रमण कर दिया। वत्स देश का राजकुल, मन्त्रिमण्डल और महामात्र-वर्ग दिवंगत महाराज की अन्त्येष्टि-क्रिया में व्यस्त और शोकाकुल थे। स्वाभाविक रूप से उस समय वे लोग राज्य की रक्षा के प्रति असावधान थे। इस अवसर का लाभ उठाते हुए आरुणि ने वत्स देश के कुछ भाग पर अधिकार कर लिया।

उदयन का मन्त्रिमण्डल बहुत प्रबल था। राज्य का सारा काम मन्त्रिमण्डल की देख-रेख में होता था। यौगन्धरायण महामात्य था। हर्षरक्षित (या वर्षरक्षित) और ऋषभ मन्त्री थे। रुक्मवान् उनका सेनापति था। वसन्तक राजा का सखा तथा पुरोहित था। बौद्ध-ग्रन्थ 'दिव्यावदान' में यौगन्धरायण, घोषिल और माकन्दिक को उदयन का अग्रामात्य बताया गया है।[7]

प्रधान अमात्य यौगन्धरायण राजभक्त, नीति-निपुण और वीर था। राजा के अन्तःपुर तक में उसका हस्तक्षेप था। राज्यहित के लिए वह महारानी तक को अपनी नीतियों के अनुसार चलाता था। कात्यायन उप-सेनापति था। हंसक उदयन का उपाध्याय था। जबकि हरिवर्मा कौशाम्बी का नगराध्यक्ष था।

अवन्ति के राजा चण्ड महासेन प्रद्योत और महारानी अंगारवती की पुत्री वासवदत्ता अनिन्द्य सुन्दरी थी। अवन्तिनरेश चाहते थे कि वत्सराज उदयन जैसे रूप, गुण, यौवन एवं समृद्धि से सम्पन्न वर के साथ अपनी कन्या का विवाह करके जातीय गौरव और

राजनैतिक लाभ एक साथ प्राप्त करें। लेकिन उन्हें आशंका थी कि उदयन यह सम्बन्ध स्वीकार करेंगे कि नहीं।

उदयन 'हस्तिकान्तशिल्प' में बहुत ही निपुण थे। हस्तिकान्त मन्त्र पढ़कर जब वे अपनी घोषवती नामक वीणा को बजाते थे, तो जंगल के भयंकर और उन्मत्त हाथी भी उनके वशीभूत हो जाया करते थे। अवन्तिनरेश ने यह सुन रखा था कि उदयन को वीणा बजाकर हाथी पकड़ने का व्यसन है। इसलिए उन्हें एक उपाय सूझा। अवन्तिराज का प्रधान अमात्य भरतरोहक था। अवन्तिराज के निर्देश पर अमात्य भरतरोहक ने अपने सखा शालंकायन को नागवन में भेजकर छल से वत्सराज उदयन को बन्दी बना लिया।

हुआ यह कि शालंकायन ने काठ का एक हाथी बनवाकर उसे ऊपर से रँग दिया और उस हाथी के अन्दर कुछ सैनिकों को बैठाकर उसे अवन्ति और कौशाम्बी के सीमावर्ती जंगल में छोड़ दिया। उस यन्त्र-चालित हाथी की विशेषताओं के बारे में एक झूठी खबर फैला दी गयी।

यह घटना उदयन के राज्याभिषेक के कुछ समय बाद की ही है। उन्होंने अपने वनरक्षकों से उस हाथी के बारे में सुना और तुरन्त ही उसको पकड़ने के लिए चल पड़े। वे यमुनातट पर स्थित नागवन में गये। वन में प्रवेश के समय वे 'सुन्दरपाटल' नामक घोड़े पर आरूढ़ थे। उनके साथ उनका सेनापति कात्यायन और थोड़े से सैनिक भी थे।

हस्तिकान्त मन्त्र पढ़कर जब उन्होंने अपनी गजविमोहिनी वीणा बजाना शुरू किया तब वह कृत्रिम हाथी वीणा की ध्वनि सुनकर उनकी ओर न आकर इधर-उधर भागने लगा। महाराज उदयन ने उसका पीछा किया। वत्सराज के सभी सैनिक इधर-उधर हो गये, परन्तु उदयन वीणा बजाते हुए उस हाथी का पीछा करते रहे। जब अवन्ति राज्य की सीमा में वह यन्त्र-चालित हाथी पहुँच गया तो उसके अन्दर से सशस्त्र योद्धा कूद पड़े और महाराज उदयन को बन्दी बना लिया। उदयन को बन्दी बनाकर उज्जयिनी लाया गया। महाराज प्रद्योत ने उन्हें बन्दीगृह में डाल दिया और अपनी योजना की सफलता के उपलक्ष्य में उन्होंने पूरे नगर में तीन दिनों तक उत्सव मनाने का आदेश दिया। तीन दिन बीत जाने के बाद उदयन ने वहाँ के रक्षकों से पूछा - "तुम्हारे राजा कहाँ हैं?"

तब रक्षकों ने कहा - "अपने शत्रु को बन्दी बना लिये जाने के उपलक्ष्य में हमारे राजा विजय के उल्लास में डूबे हैं।"

उदयन ने आवेश में आकर कहा कि "राजधर्म के अनुसार या तो शत्रु-राजा को छोड़ दिया जाना चाहिए या फिर उसका वध कर दिया जाना चाहिए।"

महाराज उदयन की यह बात उन रक्षकों ने अपने राजा प्रद्योत से जाकर कही। प्रद्योत ने बन्दीगृह में आकर उदयन से कहा कि "बात तो तुमने ठीक कही है। मैं तुम्हें छोड़ भी सकता हूँ, लेकिन एक काम करना होगा?"

"वह क्या?" उदयन ने पूछा।

"तुम्हें वीणा सिखानी होगी।"

"सिखा दूँगा, किन्तु मुझे गुरु मानकर तुम्हें मेरा अभिवादन करना होगा।"

"यह असम्भव है।" प्रद्योत ने क्रोध से काँपते हुए कहा।

"तब तो मैं वीणा बजाना नहीं सिखा पाऊँगा।"

"ऐसे में तुम्हारी मुक्ति सम्भव नहीं है।"

इसकी मुझे चिन्ता नहीं है। बन्दी हूँ, इसलिए तन तुम्हारे अधीन है, चाहे कुछ भी करो! किन्तु मन से मैं सदा स्वाधीन रहूँगा।"

उदयन की बातें सुनकर प्रद्योत को चिन्ता हुई कि अब क्या किया जाये? कुछ सोचकर उसने कहा कि यदि मेरे अतिरिक्त कोई दूसरा अभिवादन करे तो क्या तुम उसे वीणा बजाना सिखा दोगे? उदयन के स्वीकार कर लेने पर उसने कहा कि हमारे घर में एक कुबड़ी कन्या रहती है वही तुमसे वीणा सीखेगी। वह नेपथ्य में बैठेगी और तुम बाहर बैठकर उसे शिक्षा दे सकोगे। उदयन से यह तय करने के बाद प्रद्योत ने अपनी पुत्री वासवदत्ता से कहा कि "बेटी, हमारे यहाँ एक व्यक्ति आया है। वह कोढ़ी है, लेकिन वीणा बजाने में अद्वितीय है। तुम्हें वीणा सिखाने के लिए मैंने उसे नियुक्त कर दिया है। वह तुम्हें दिखायी नहीं देगा। तुम पर्दे की ओट में बैठकर वीणा-वादन सीखना।

इसके बाद उदयन ने वासवदत्ता को शिक्षा देना प्रारम्भ किया। उसे जो मन्त्र-स्वर बताता यदि वह ठीक से उच्चारण नहीं कर पाती तो उदयन उसे दुबारा बताते थे। एक दिन कई बार बताने पर भी वासवदत्ता का मन्त्रोच्चारण शुद्ध नहीं हुआ, तो झल्लाकर उदयन ने कहा - "अरी, मोटे-मोटे ओंठोंवाली कुबड़ी इस तरह बोल!"

अपने लिये कुरूप और कुबड़ी जैसे सम्बोधन सुनकर वासवदत्ता को क्रोध आ गया और उसने कहा कि "रे, दुष्ट कोढ़ी, क्या मैं तुम्हें कुबड़ी दिखती हूँ? यह कहते हुए उसने परदा हटा दिया। परदा हटने के बाद वे दोनों एक-दूसरे को देखकर विस्मित रह गये। उदयन ने देखा कि यह तो रूप-यौवन की साक्षात् देवी है; और वासवदत्ता ने भी देखा कि यह कोढ़ी नहीं, बल्कि कामदेव का अवतार है। बहरहाल, भेद खुल गया, पर किसी अन्य को यह बात पता न चली। वीणावादन के स्थान पर अब प्रेम का पाठ शुरू हो गया। और फिर एक दिन दोनों प्रेमी, पंछी के जोड़े की तरह, अवन्ति के पिंजड़े से निकलकर कौशाम्बी के मुक्त आकाश में आ गये।[8]

दरअसल, यौगन्धरायण के प्रयास से महाराज उदयन अवन्तिकुमारी वासवदत्ता का हरण करके उसको वहाँ से कौशाम्बी ले आने में सफल हुए। फिर कौशाम्बी में ही उदयन और वासवदत्ता का विधिवत् विवाह हुआ। महाराज चण्ड प्रद्योत ने भी अपने ज्येष्ठ पुत्र गोपालक को अनेक उपहारों के साथ इस विवाहोत्सव में भाग लेने को भेजा। उस समय तक राजमाता जीवित थीं।

वासवदत्ता से विवाह हो जाने के परिणामस्वरूप उदयन का पक्ष राजनैतिक दृष्टि से प्रबल होने लगा। अब चण्ड महासेन उसके हितैषी बन गये। यौगन्धरायण वैवाहिक सम्बन्धों के माध्यम से इस प्रबलता को अधिकाधिक दृढ़ बनाना चाहता था। उसने महारानी वासवदत्ता को एक अभूतपूर्व त्याग करने के लिए सहमत किया। उन दिनों महाराज दर्शक मगध के शासक थे। उनकी पद्मावती नामक एक रूपवती बहन थी। यौगन्धरायण की नीति के कारण उसका विवाह उदयन से हो गया।

साहित्यिक स्रोतों के आधार पर यह माना जाता है कि उदयन राजकाज में कम ही रुचि लेते थे। पंचाल-राज आरुणि ने वत्स के बहुत बड़े भाग पर कब्जा कर रखा था। वत्स देश का मन्त्रिमण्डल आरुणि से बदला लेना चाहता था। परिस्थितियाँ वत्स के अनुकूल थीं। अवन्तिराज चण्ड प्रद्योत और मगधराज दर्शक वत्सराज उदयन के सम्बन्धी बन चुके थे। वत्स देश के मन्त्रिमण्डल के आग्रह पर उन दोनों ने अपनी सेनाएँ भेजीं। पंचाल पर आक्रमण कर दिया गया। आरुणि की पराजय हुई और उसको बन्दी बना लिया गया। इस प्रकार, उदयन को उसका खोया हुआ प्रदेश ही नहीं मिला बल्कि कुछ नये भूभाग पर भी उनका अधिकार हो गया।

उदयन और बौद्ध धर्म

प्राचीन भारतीय साहित्य और इतिहास में उदयन का नाम बहुत ही प्रसिद्ध है। वे गौतम बुद्ध के समकालीन थे। उदयन के पुत्र का नाम वहीनर था। बौद्ध-ग्रन्थ 'ललित विस्तर' के अनुसार वत्सराज उदयन अजित केशकम्बलिन के उच्छेदवाद के पक्षधर थे। कहते हैं कि शुरू में वे बौद्ध धर्म के परम विरोधी थे। उस समय पिण्डोल नामक एक प्रसिद्ध बौद्ध धर्माचार्य थे। एक दिन वे कौशाम्बी में धर्म सम्बन्धी उपदेश दे रहे थे। संयोगवश राजा उदयन गहरी नींद में थे। इस स्थिति का लाभ उठाकर राजपरिवार की कुछ स्त्रियाँ आचार्य का उपदेश सुनने के लिए उस जगह चली गयीं। बाद में जब राजा को यह बात पता चली तब उन्होंने आचार्य पिण्डोल के साथ दुर्व्यवहार किया। बौद्ध-ग्रन्थों में राजा उदयन के बौद्ध-विरोधी स्वभाव सम्बन्धी कई किस्से मिलते हैं।

एक बार महात्मा बुद्ध वाराणसी से चलकर कौशाम्बी आये। संयोगवश उसी समय राजा उदयन एक युद्ध-अभियान पर जाने के लिए नगर-द्वार से बाहर निकल रहे थे। बुद्ध को देखते ही वे क्रोध से तमतमा उठे। उनको लगा कि बुद्ध उनको युद्ध-अभियान पर जाने से रोकेंगे। लेकिन बुद्ध ने ऐसा कुछ नहीं किया। वे शान्त खड़े रहे। इसके बावजूद राजा ने खिन्न होकर बुद्ध को मारने के लिए एक बाण चला दिया। बहरहाल, बुद्ध के अलौकिक प्रभाव से उस बाण की दिशा बदल गयी; और अचानक वह अदृश्य हो गया। इस दिव्य चमत्कार को देखने के बाद राजा उदयन के स्वभाव में अप्रत्याशित बदलाव

आया। उसको अपने किये पर पछतावा हुआ। फिर महात्मा बुद्ध के व्यक्तित्व से प्रभावित होकर वे उनके पक्के अनुयायी बन गये। अन्त में घोषिताराम विहार के भिक्षु पिण्डोल ने उदयन को बौद्ध धर्म की दीक्षा दी। कौशाम्बी से प्राप्त एक अभिलेख में घोषिताराम विहार का उल्लेख मिलता है।

इस घटना के बाद धीरे-धीरे कौशाम्बी के अनेक नागरिक बौद्ध धर्म के अनुयायी बन गये। महात्मा बुद्ध धर्म-साधना के क्षेत्र में मध्यम-मार्ग के प्रचारक थे। उनके आडम्बर-रहित सरल-सहज विचारों ने वहाँ के गरीब-अमीर सभी लोगों को समान रूप से प्रभावित किया। कौशाम्बी के घोषित नामक के एक सेठ (श्रेष्ठि) ने महात्मा बुद्ध के विश्राम के लिए एक बौद्ध-मठ (आराम) बनवाया, जो घोषिताराम बौद्ध-विहार के नाम से प्रसिद्ध हुआ। घोषिताराम का तात्पर्य है घोषित द्वारा बनवाया गया आराम या संघाराम। कौशाम्बी में किये गये पुरातात्त्विक उत्खनन के दौरान यमुना नदी के किनारे इस संघाराम के भग्नावशेष प्राप्त हुए हैं। घोषिताराम बौद्ध-विहार के खँडहरों से भिक्षु-संघ के धार्मिक जीवन पर पर्याप्त प्रकाश पड़ता है।

आनन्द का उदयन को उपदेश

पालि विनयपिटक के अनुसार भगवान् बुद्ध के प्रिय शिष्य आनन्द का उदयन से वार्त्तालाप हुआ था। उदयन की रानियों ने भी भिक्षु आनन्द से भेंट की थी। यह घटना कौशाम्बी पर पंचाल-आक्रमण के तुरन्त बाद हुई होगी। तब उदयन की दोनों रानियाँ विद्यमान रही होंगी और भगवान् बुद्ध के महा-निर्वाण को कई वर्ष बीत चुके होंगे।

उदयन-सम्बन्धी प्रेमकथाओं में उसकी कई रानियों के नाम मिलते हैं। ये वैवाहिक सम्बन्ध उसके राजनैतिक प्रभाव एवं कुशल नीति के परिचायक हैं। अवन्तिनरेश प्रद्योत की राजकन्या वासवदत्ता के साथ उसके प्रणय एवं विवाह की कथा धम्मपद अट्ठकथा में भी दी गयी है। उसकी अन्य रानियाँ थीं श्यामावती (सामावती), कुरु के एक ब्राह्मण की पुत्री मागन्धी (मागन्दिया) तथा मगधनरेश दर्शक की बहन पद्मावती। हर्ष कृत 'प्रियदर्शिका' में अंगनरेश दृढ़वर्मन् की पुत्री आरण्यिका के साथ उसके विवाह का उल्लेख है। 'रत्नावली' में वासवदत्ता की परिचारिका सागरिका के साथ उसके प्रेम की कथा है। बौद्ध-ग्रन्थ 'दिव्यावदान' के अनुसार जब उदयन ने विद्रोही कार्वटिक पर आक्रमण किया तभी राजभवन में आग लग जाने के कारण रनिवास की 500 स्त्रियों सहित उदयन की प्रेमिका श्यामावती भी उसमें जल गयीं।

कालिदास की रचनाओं में उदयन

वत्सराज उदयन एक सौम्य, सहृदय, शिष्ट और लोकप्रिय राजा रहे हैं। उत्तर कोसल नामक प्रदेश के राम तथा मथुरा प्रदेश के कृष्ण के बाद भारतीय इतिहास में

तीसरा लोकप्रिय नायक वत्सराज उदयन ही था, जिसकी चर्चा छठी शताब्दी ई. पू. से लेकर आज तक अर्थात् 2500 वर्षो से निरन्तर होती चली आ रही है। कालिदास ने पाँचवीं शताब्दी ई. में रचित 'मेघदूत' में इस बात का उल्लेख किया है कि अवन्ति देश के गाँवों में वहाँ के वृद्ध कथा-कोविद उदयन की लोक-प्रसिद्ध कथा सामान्य ग्रामीण जनों के बीच सुनाया करते थे।

प्राप्यावन्तीनुदयन कथा-कोविद-ग्राम-वृद्धान्
पूर्वोद्दिष्टामनुसर पुरीं श्रीविशालां विशालाम्।
स्वल्पीभूते सुचरितफले स्वर्गिणां गां गतानां
शेषैः पुण्यैर्हृतमिव दिवः कान्तिमत्खण्डमेकम्।।

(कालिदास, मेघदूत, श्लोक सं. 32)

रामावतार त्यागी ने 'मेघदूत' के इस श्लोक का हिन्दी काव्यानुवाद निम्नवत् किया है-

पहुँच अवन्ति विशाला का पथ गहना तुम
हैं जहाँ सभी उदयन-गाथाओं से परिचित
लगता पितृ धरा पर शेष पुण्य द्वारा
लाये दिव्य स्वर्ग की ही झाँकी किंचित्।

अवन्ति देश का वर्णन करते हुए 'मेघदूत' में आगे लिखा गया है कि उदयन और वासवदत्ता सम्बन्धी कथाएँ सुनाकर वहाँ के लोग अतिथियों का मन बहलाया करते थे।

प्रद्योतस्य प्रियदुहितरं वत्सराजोऽव जह्रे
हैमं तालद्रुमवनमभूदत्र तस्येव राज्ञः।
अत्रोद्भ्रान्तः किल नलगिरिः स्तम्भमुत्पाट्यदर्पाद्
इत्यागन्तून् रमयति जनो यत्र बन्धूनभिज्ञः।।

(कालिदास, मेघदूत, श्लोक सं. 35)

रामावतार त्यागी ने 'मेघदूत' के इस श्लोक का हिन्दी काव्यानुवाद निम्नवत् किया है-

यहीं चण्ड की कन्या का
उदयन ने हरण किया था
नलगिरि ने हो मत्त स्वर्ण
का खम्भ उखाड़ लिया था

लोगों को दोहराते
पाओगे ऐसी घटनाएँ
हृदय अतिथियों का
बहलाते कहकर यही कथाएँ।।

कालिदास के उपर्युक्त उल्लेख से यह पता चलता है कि गुप्तकाल में वत्सराज उदयन की कथा अवन्ति देश में इतनी प्रचलित थी कि वहाँ के गाँव-गिराँव के लोग भी उससे सुपरिचित थे। सातवीं शताब्दी ई. में बाणभट्ट ने उदयन की चर्चा इन शब्दों में की है- **'उदयनमिवानन्दितवत्सकुलम्'**

सोमदेव कृत कथासरित्सागर में इस तथ्य का उल्लेख है कि गुणाढ्य कृत वृहत्कथा में उदयन की सम्पूर्ण कथा विस्तारपूर्वक कही गयी है- 'वत्सराजचरितश्चवृहत्कथायां विस्तरेण वर्णितम्।' उसी के आधार पर कथासरित्सागर में 'उदयन वत्सराज' की कथा विस्तृत रूप से कही गयी है।

श्रीहर्ष कृत 'रत्नावली' की प्रस्तावना में कहा गया है कि उदयन भारतीय साहित्य के एक लोक-प्रसिद्ध कथानायक हैं।[9] 'रत्नावली' में एक प्रेमी के रूप में उदयन का वर्णन किया गया है। उसका प्रेम इतना उदात्त है कि वह उसमें अपना अहंभाव भी खो देता है। वह सागरिका के रूप-सौन्दर्य के प्रति आकृष्ट है। महारानी वासवदत्ता को जब यह बात मालूम होती है तब वह उससे क्षमायाचना करता है। वह वासवदत्ता को यह कहकर बात को टालना चाहता है कि सागरिका के प्रति उसका प्रेम-व्यवहार मात्र मनोरंजन के लिए है। बहरहाल, यह सच है कि वह वासवदत्ता के प्रति बहुत उदार है। सागरिका के प्रति प्रेमासक्त होने के बावजूद वह यह नहीं चाहता है कि वासवदत्ता के हृदय को किसी प्रकार का आघात लगे। और अन्त में वासवदत्ता की स्वीकृति के बाद ही वह सागरिका से विवाह करता है।

उनकी कथा भारत में पुरातन काल से लेकर वर्तमान तक धर्मप्रचारकों, साहित्यकारों तथा लोकजनों के बीच निरन्तर चर्चित रही है। उदयन की कथा अपनी लोकप्रियता के कारण बौद्ध जातकों से शुरू होकर आधुनिक काल तक साहित्य के रचनादर्श का एक आधार बनी हुई है। उदयन-सम्बन्धी कथा-सन्दर्भों को सामान्यतः पाँच श्रेणियों में बाँटकर जाना-समझा जा सकता है-

1. बौद्ध जातकों तथा जैन-धर्म के ग्रन्थों में वर्णित उदयन-कथा।
2. नाटककार भास कृत 'स्वप्नवासवदत्तम्' एवं 'प्रतिज्ञा यौगन्धरायण' की उदयन-कथा।
3. श्रीहर्ष कृत 'प्रियदर्शिका' एवं 'रत्नावली' तथा अनंगहर्ष कृत 'तापसवत्सराज' की उदयन-कथा।
4. गुणाढ्य कृत वृहत्कथा, सोमदेव कृत कथासरित्सागर, क्षेमेन्द्र कृत वृहत्कथामंजरी तथा ग्यारहवीं शताब्दी के कवि सोड्ढल कृत उदयसुन्दरी कथा का उदयन सन्दर्भ।
5. आधुनिक हिन्दी नाट्य-परम्परा में उदयन की कथा।

बौद्ध-जातकों एवं जैन-ग्रन्थों की उदयन-कथा

कहते हैं कि गौतम बुद्ध और उदयन का जन्म एक ही दिन हुआ था। उदयन की नगरी कौशाम्बी बौद्ध-धर्म का एक महत्त्वपूर्ण केन्द्र थी। उदयन के समय में गौतम बुद्ध अक्सर कौशाम्बी आते-जाते रहते थे। यहाँ के घोषित नामक एक प्रसिद्ध श्रेष्ठि (सेठ) ने घोषिताराम नाम का एक सुन्दर उद्यान बुद्ध के निवास के लिए बनवाया था। घोषिताराम के निकट ही अशोक का बनवाया हुआ 150 हाथ ऊँचा स्तूप था। महाकवि अश्वघोष ने अपने 'बुद्धचरित' महाकाव्य में गौतम बुद्ध के कौशाम्बी प्रसंगों की चर्चा की है। शुरू में उदयन पर बौद्ध-धर्म का कोई प्रभाव नहीं पड़ा था। वे वैदिक धर्म के प्रति निष्ठावान् थे, लेकिन उन्होंने अपने राज्य में बौद्ध धर्म के प्रति भी उदार दृष्टिकोण अपनाया था। वे धार्मिक दृष्टि से उदार एवं न्यायप्रिय राजा थे। सम्भवतः वैदिक धर्म के प्रति उनकी निष्ठा से क्षुब्ध होकर बौद्ध जातक-कथाओं में उनके निन्दित कर्मों के उदाहरण दिये गये हैं। प्राचीन जैन-ग्रन्थ उदयन के प्रति तटस्थ हैं, जबकि बौद्ध-ग्रन्थों में उनके प्रति पूर्वाग्रह देखने को मिलता है।

'स्वप्नवासवदत्तम्' एवं 'प्रतिज्ञा यौगन्धरायण' की उदयन-कथा

भास संस्कृत साहित्य के प्राचीनतम नाटककार हैं। उन्होंने उदयन-सम्बन्धी कथात्मक यथार्थ को अपनी नाट्यकृतियों में यथावत् उतारने की चेष्टा की। इन नाट्यकृतियों में उदयन एक धीरोदात्त एवं धीरललित नायक के गुणों से युक्त है।[10] वह वादन-कला का मर्मज्ञ है। वह अपनी घोषवती नामक वीणा को बजाकर उन्मत्त हाथी को वश में करने में समर्थ है। कथा-नायिका वासवदत्ता उसके गुणों से प्रभावित होने के कारण उसके प्रति पूर्णतः समर्पित है-

महासेनदुहिता शिष्या देवी च मे प्रिया ।
कथं सा न मया शक्या स्मर्तुं देहान्तरेष्वपि।।

श्रीहर्ष कृत 'रत्नावली' में उदयन को यद्यपि एक विलासी राजा के रूप में चित्रित किया गया है, तथापि वह उच्छृंखल और अपने कार्यों के प्रति उदासीन नहीं है। यदि अमात्य यौगन्धरायण कूटनीतिक प्रपंच नहीं रचता तो वह दूसरा विवाह स्वप्न में भी नहीं करता। इसके अतिरिक्त अपने अमात्यों पर उसका प्रभावी नियन्त्रण भी है। वैसे भास के 'स्वप्नवासवदत्तम्' नाटक से यदि तुलना की जाये तो यह स्पष्ट होता है कि 'स्वप्नवासवदत्तम्' में वर्णित उदयन बहुत गम्भीर है। भास ने उसके उदात्त गुणों का चित्रण किया था, जबकि 'रत्नावली' में उसको एक प्रेमी के रूप में प्रस्तुत किया गया है। उदयन के जीवनचरित को लेकर नाटक लिखनेवाले परवर्ती नाटककारों तथा कथाकारों ने उसे

धीरोदात्त के स्थान पर एक धीरललित नायक बना दिया। आचार्य राजशेखर ने ठीक ही कहा है -

भासनाटकचक्रेऽपिच्छेकैः क्षिप्ते परीक्षितुम्।
स्वप्नवासवदत्तस्य दाहकोऽभून्न पावकः।। (काव्यमीमांसा)

'प्रियदर्शिका', 'रत्नावली' तथा 'तापसवत्सराज' की उदयन-कथा

भास कृत नाटकों में उदयन के व्यक्तित्व में धीरोदात्त एवं धीरललित नायक के गुणों का मणिकाञ्चन संयोग देखने को मिलता है। लेकिन बाद के नाटककारों ने उसे पूर्णतः धीरललित नायक बना दिया। प्रियदर्शिका की गुप्त-प्रेमकथा और उदयन के मन में रत्नावली के प्रति प्रणयमोह- इन दोनों की स्वीकृति वासवदत्ता को देनी पड़ती है। यही स्थिति 'तापसवत्सराज' की भी है। परकीया नायिका से गुप्त-प्रेम और फिर उससे विवाह उदयन के व्यक्तित्व को धीरललित नायक की श्रेणी में ला खड़ा करता है। ऐसा प्रतीत होता है कि कालिदास कृत 'मेघदूत' की वह उक्ति उदयन-कथा के सन्दर्भ मे व्यापक रूप से प्रचलित हो गयी थी और उसकी प्रणय-कथा प्रसिद्ध हो चुकी थी। रत्नावली का एक श्लोक उदयन के सम्पूर्ण व्यक्तित्व के साक्ष्य के रूप मे दिखायी पड़ता है-

मनश्चलं प्रकृत्येव दुर्लभं च तथापि मे।
कामेनैतत् कथं विद्धं समं सर्वे शिलीमुखैः।।

संस्कृत कथा-साहित्य में उदयन

गुणाढ्य कृत 'बृहत्कथा', सोमदेव कृत 'कथासरित्सागर', क्षेमेन्द्र कृत 'बृहत्कथामंजरी' तथा सोड्ढल कृत 'उदयसुन्दरी कथा' आदि कृतियों में उदयन की प्रेम-कथाएँ वर्णित हैं। इन कथात्मक कृतियों के कारण वे एक आदर्श प्रणयनायक के रूप में ढल गये। नाट्यशास्त्रीय शब्दावली में यह कहा जा सकता है कि छठी शताब्दी ई.पू. से लेकर बारहवीं शताब्दी ई. तक वत्सराज उदयन पूरी तरह धीरललित नायक बने रहे।

आधुनिक हिन्दी नाट्य-परम्परा में उदयन

हिन्दी साहित्य में उदयन से सम्बन्धित दो नाटक आधुनिक काल में लिखे गये- जयशंकर प्रसाद कृत 'अजातशत्रु' और पं. लक्ष्मीनारायण मिश्र कृत 'वत्सराज नाटक'। 'अजातशत्रु' में उदयन प्रसंग का मूल सूत्र बौद्ध जातक-कथाओं पर आधारित है। वहाँ उसे राजपुत्र के स्थान पर एक औरस ऋषिपुत्र कहा गया है। उसका चरित्र भी वीणावादन, मद्यपान एवं स्त्री-सौन्दर्य में डूबा दिखायी देता है। पं. लक्ष्मीनारायण मिश्र कृत वत्सराज नाटक दरअसल भास कृत स्वप्नवासवदत्तम् की परम्परा से जुड़ा है और यहाँ नाटककार

उदयन का एक उदात्त चरित्र प्रस्तुत करता है। इस नाटक के अन्तिम यानी तृतीय अंक में त्याग और संन्यास को भारतीय आर्य संस्कृति का श्रेष्ठतम मूल्य बताया गया है; और नाटककार ने उदयन एवं वासवदत्ता के चरित्र में उनको प्रतिष्ठित किया है। पं. लक्ष्मीनारायण मिश्र कृत वत्सराज नाटक जयशंकर प्रसाद द्वारा प्रस्तुत उदयन-सम्बन्धी कथा-योजना की कलुषता को एक निर्मल रूप देता है।

जयशंकर प्रसाद कृत 'अजातशत्रु' में उदयन और वररुचि

महाभारत-युद्ध के पौराणिक काल के बाद इन्द्रप्रस्थ के पाण्डवों की प्रभुता कम होने पर बहुत दिनों तक कोई सम्राट् नहीं हुआ। भिन्न-भिन्न जातियाँ अपने-अपने देशों में शासन करती थीं। बौद्धों के प्राचीन ग्रन्थों में ऐसे 16 राष्ट्रों का उल्लेख है। प्रायः उनका वर्णन भौगोलिक क्रम के अनुसार न होकर जातीयता के अनुसार किया गया है। उनके नाम हैं - अंग, मगध, काशी, कोसल, वृजि, मल्ल, चेदि, वत्स, कुरु, पंचाल, मत्स्य, शूरसेन, अश्मक, अवन्ति, गन्धार और कम्बोज। उस काल में जिन लोगों से बौद्धों का सम्पर्क और सम्बन्ध था, इनमें उन्हीं के नाम हैं। जातक-कथाओं में शिवि, सौवीर, मद्र, विराट और उदयान का भी नाम आया है, किन्तु वे महत्त्वपूर्ण नहीं थे। उस समय जिन छोटी-से-छोटी जातियों, गणों और राष्ट्रों का सम्बन्ध बौद्ध धर्म से हुआ, उन्हें प्रधानता दी गयी, जैसे 'मल्ल' आदि। उस समय के बौद्ध-ग्रन्थों में वर्णित राष्ट्रों में से चार प्रमुख राष्ट्रों का प्रचुर वर्णन है - कोसल, मगध, अवन्ति और वत्स।

वैदिक हिंसापूर्ण यज्ञों और पुरोहितों के एकाधिपत्य से साधारण जनता के हृदय में विद्रोह उमड़ रहा था। उसी के फलस्वरूप जैन-बौद्ध धर्मों का प्रादुर्भाव हुआ। चरम अहिंसावादी जैनधर्म के बाद बौद्धधर्म का प्रादुर्भाव हुआ। वह हिंसामय 'वेद-वाद' और पूर्ण अहिंसावादी जैन-दीक्षाओं के 'अति-वाद' से बचता हुआ एक मध्यवर्ती नया धर्म मार्ग था। सम्भवतः इसीलिए धर्म-चक्र-प्रवर्तन के समय गौतम बुद्ध ने अपने धर्म को 'मध्यमा प्रतिपदा' कहा; और इस धार्मिक क्रान्ति ने भारत के विभिन्न राज्यों को परस्पर सन्धि-विग्रह के लिए बाध्य किया।

बौद्ध-ग्रन्थों में उदयन के पिता का नाम 'परन्तप' मिलता है। 'कथासरित्सागर' के अतिरिक्त 'मरन परिदीपितउदेनिवस्तु' नामक आख्यायिका में भी गरुड़ पक्षी द्वारा उदयन की माता को उदयगिरि की गुफा में ले जाये जाने और तहाँ एक मुनि-कुमार द्वारा उनकी रक्षा और सेवा करने का उल्लेख है। बहुत दिनों तक इसी प्रकार साथ रहते-रहते मुनि से उसको प्रेम हो गया और उसी से वह गर्भवती हुई। उदयगिरि (कलिंग) की गुफा में जन्म होने के कारण लड़के का नाम उदयन पड़ा। मुनि ने उसे हाथी को वश में करने की विद्या सहित कुछ अन्य सिद्धियाँ दीं। एक वीणा भी मिली। कथासरित्सागर के अनुसार, प्राण बचाने पर वह वीणा उसे नागराज ने दी थी। वीणा द्वारा हाथियों और शबरों

की सेना एकत्र करके उसने कौशाम्बी को हस्तगत किया और उसको अपनी राजधानी बनाया। लेकिन वृहत्कथा के आदि आचार्य वररुचि का जन्मस्थान कौशाम्बी है। इस कारण उदयन के प्रति उनका विशेष पक्षपात दिखायी देता है। अपने आख्यान के नायक को कुलीन बनाने के लिए उन्होंने उदयन को पाण्डव वंश का लिखा है। उनके अनुसार उदयन गाण्डीवधारी अर्जुन की सातवीं (?) पीढ़ी में उत्पन्न सहस्रानीक का पुत्र था।[11] बौद्ध-ग्रन्थों के अनुसार 'परन्तप' के क्षेत्रज पुत्र उदयन की कुलीनता नहीं प्रकट होती, परन्तु वररुचि ने लिखा है कि इन्द्रप्रस्थ नष्ट होने पर पाण्डव-वंशियों ने कौशाम्बी को राजधानी बनाया। इस प्रकार वररुचि ने सहस्रानीक से कौशाम्बी के राजवंश का आरम्भ माना है। कहते हैं कि इसी उदयन ने अवन्तिका को जीतकर उसका नाम उदयपुरी या उज्जयनपुरी रखा।[12] कथासरित्सागर में उदयन के बाद नरवाहनदत्त का ही वर्णन मिलता है। लगता है, एक-दो पीढ़ी चलकर उदयन का राज्य मगध में विलीन हो गया। किन्तु विष्णुपुराण की एक प्राचीन प्रति से कुछ नयी बातों का पता चलता है।

> **"तस्यापि, जन्मेजयश्रुतसेनोप्रसेनभीमसेनाः पुत्राश्चत्वारो भविष्यन्ति।। 1।।**
> **तस्यापरः शतानीको भविष्यति योऽसौ...विषयविरक्तचित्तो... निर्वाणमाप्यति।। 2।।**
> **शतानीकादश्वमेधदत्तो भविता।**
> **तस्मादप्यधिसीमकृष्णः अधिसीमकृष्णात् नृचक्षुः**
> **यो गंगयापहृते हस्तिनापुरे कौशाम्ब्याम् निवत्स्यति।"**

(विष्णु पुराण, चतुर्थ अंक, 21वाँ अध्याय)

इसके बाद 17 राजाओं के नाम हैं। फिर "ततोप्यपरः शतानीकः तस्माच्च उदयनः उदयनादहीनरः" लिखा है।

इससे दो बातें स्पष्ट होती हैं। पहली यह कि शतानीक कौशाम्बी नहीं गये, बल्कि निचक्षु नामक पाण्डव-वंशीय राजा हस्तिनापुर नगर के गंगा में बह जाने के फलस्वरूप कौशाम्बी गये। उनकी 26वीं पीढ़ी में उदयन हुए। सम्भवतः उनके पुत्र अहीनर (या वहीनर) का ही नाम कथासरित्सागर में नरवाहनदत्त लिखा गया है।

दूसरी यह कि शतानीक को इस अध्याय के दोनों स्थानों पर 'अपरशतानीक' लिखा गया है। 'अपरशतानीक' का विषय-विरागी (विरक्त) हो जाना लिखा है। सम्भवतः यह शतानीक उदयन के पहले का कौशाम्बी का राजा है। अथवा बौद्धों की कथा के अनुसार इसकी रानी का क्षेत्रज पुत्र उदयन है, किन्तु वहाँ इस राजा का नाम परन्तप है। जन्मेजय के बाद जो 'अपरशतानीक' आता है, वह भ्रम-सा प्रतीत होता है, क्योंकि जन्मेजय ने अश्वमेध यज्ञ किया था, इसलिए जन्मेजय के पुत्र का नाम अश्वमेधदत्त होना कुछ संगत प्रतीत होता है। अतएव कौशाम्बी में इस दूसरे शतानीक की ही वास्तविक स्थिति ज्ञात

होती है, जिसकी स्त्री किसी प्रकार (गरुड़ पक्षी द्वारा) हरी गयी। उस राजा शतानीक के विरागी हो जाने पर उदयगिरि की गुफा में उत्पन्न उदयन, अपने बाहुबल से, कौशाम्बी का राजा हो गया। इसके बाद कौशाम्बी के सिंहासन पर क्रमशः अहीनर (नरवाहनदत्त), खण्डपाणि, नरमित्र और क्षेमक - ये चार राजा बैठे। इसके बाद कौशाम्बी के राजवंश या पाण्डव-वंश का अवसान होता है।

कथासरित्सागर में उदयन की दो रानियों के ही नाम मिले हैं- वासवदत्ता और पद्मावती। किन्तु प्राचीन बौद्ध-ग्रन्थों में उसकी तीसरी रानी मागन्धी का भी उल्लेख है। वासवदत्ता उसकी बड़ी रानी थी जो अवन्ति के चण्डमहासेन की कन्या थी। महासेन चण्ड का नाम प्रद्योत भी था, क्योंकि मेघदूत में "प्रद्योतस्य प्रियदुहितरं वत्सराजोऽत्र जह्रे" और किसी प्रति में "चण्डस्यात्र प्रियदुहितरं वत्सराजो विजह्रे" ये दोनों पाठ मिलते हैं। बौद्ध-ग्रन्थों में अवन्ति के राजा का नाम प्रद्योत मिलता है। कथासरित्सागर के एक श्लोक से एक भ्रम और भी उत्पन्न होता है। वह यह है-"ततश्चण्डमहासेनप्रद्योतो पितरो द्वयो देव्योः" तो क्या प्रद्योत पद्मावती के पिता का नाम था? किन्तु प्रद्योत और चण्डमहासेन एक ही व्यक्ति हैं, क्योंकि भास ने अवन्ति के राजा का नाम प्रद्योत ही लिखा है, और 'स्वप्नवासवदत्तम्' में उसने यह दिखाया है कि मगध की राजकुमारी पद्मावती को वह अपनी पुत्रवधू बनाना चाहता था।[13]

उदयन की दूसरी रानी पद्मावती के पिता के नाम को लेकर भी मतभेद है। यह तो निर्विवाद है कि वह मगधराज की कन्या थी, क्योंकि कथासरित्सागर में भी यही लिखा है, किन्तु बौद्ध-ग्रन्थों में उसका नाम श्यामावती लिखा गया है। बौद्धधर्म का उपदेश सुनने के कारण और मागन्धी के उकसाने पर उदयन श्यामावती पर बहुत क्रुद्ध हुए। यहाँ तक कि उसे जला डालने का भी प्रयास हुआ था। भास की 'स्वप्नवासवदत्तम्' में इस रानी के भाई का नाम दर्शक लिखा गया है। पुराणों में भी अजातशत्रु के बाद दर्शक, दर्भक और वंशक - इन कई नामों से अभिहित एक राजा का उल्लेख मिलता है। किन्तु महावंश आदि बौद्ध-ग्रन्थों में केवल अजातशत्रु के पुत्र उदयाश्व का ही नाम उदयिन या उदयभद्रक के रूपान्तर में मिलता है। 'अजातशत्रु' नाटक की भूमिका में जयशंकर प्रसाद ने यह अनुमान व्यक्त किया है कि पद्मावती अजातशत्रु की बहन थी और भास ने सम्भवतः (कुणीक के स्थान पर) अजात के दूसरे नाम दर्शक का उल्लेख किया है, जैसा कि भास ने चण्डमहासेन के लिए प्रद्योत नाम का प्रयोग किया है।[14]

यदि पद्मावती अजातशत्रु की कन्या हुई, तो इन बातों पर भी विचार करना होगा कि जिस समय बिम्बिसार मगध में, अपनी वृद्धावस्था में राज्य कर रहा था, उस समय पद्मावती का विवाह हो चुका था। प्रसेनजित् उसका समवयस्क था। वह बिम्बिसार का साला था। कलिंगदत्त ने प्रसेनजित् को अपनी कन्या देनी चाही थी, किन्तु स्वयं उसकी कन्या कलिंगसेना ने प्रसेनजित् को वृद्ध देखकर उदयन से विवाह करने का निश्चय किया था।

इधर बौद्ध-ग्रन्थों में लिखा है कि "गौतम ने अपना नौवाँ चातुर्मास्य कौशाम्बी में, उदयन के राज्य-काल में, व्यतीत किया और 45 चातुर्मास्य करके उनका निर्वाण हुआ।" ऐसा भी कहा जाता है कि अजातशत्रु के राज्याभिषेक के नौवें या आठवें वर्ष में गौतम का निर्वाण हुआ। इससे प्रतीत होता है कि गौतम बुद्ध के 35वें या 36वें चातुर्मास्य के समय अजातशत्रु सिंहासन पर बैठा। तब तक वह बिम्बिसार का प्रतिनिधि या युवराज मात्र था। बाद में अजातशत्रु ने अपने पिता को अलग करके, प्रतिनिधि रूप से, बहुत दिनों तक राज किया था। इस बात से क्षुब्ध होकर गौतम बुद्ध ने राजगृह आना-जाना बन्द कर दिया था। 35वें चातुर्मास्य में 9 चातुर्मास्यों का समय घटा देने से निश्चय होता है कि अजातशत्रु के सिंहासन पर बैठने के 26 वर्ष पहले उदयन ने पद्मावती और वासवदत्ता से विवाह कर लिया था और वह एक स्वतन्त्र शक्तिशाली राजा था। इन बातों को देखने से यही प्रतीत होता है कि मगध की राजकुमारी पद्मावती अजातशत्रु की बड़ी बहन थी, जो बिम्बिसार की बड़ी रानी कोसला (वासवी) के गर्भ से उत्पन्न हुई थी।

सन्दर्भ एवं टिप्पणी :

1. काशी नागरी प्रचारिणी सभा हिन्दी विश्वकोश, (भाग 10), पृ. 375-376
2. भारतीय इतिहास एवं परम्परा में उदयन नामक दो प्रसिद्ध राजा हुए हैं - वत्सराज उदयन और मगधराज उदयन। विष्णु पुराण में वत्सराज उदयन से भिन्न, एक अन्य, उदयन का उल्लेख है; और उन्हें दर्भक (दर्शक) का पुत्र बताया गया है। इनका सम्बन्ध मगध देश से था। ब्रह्माण्ड और वायु पुराणों में इनका नाम उदयिन मिलता है, जबकि भविष्य पुराण में इन्हें उदयाश्व कहा गया है। मगधराज उदयन दरअसल अजातशत्रु के पुत्र थे। मगधराज अजातशत्रु ने गंगा नदी के किनारे पुष्पपुर नामक नगर की स्थापना की थी, जो कि कालान्तर में पाटलिपुत्र के नाम से प्रसिद्ध हुआ। उदयन ने अपनी राजधानी राजगृह से हटाकर पाटलिपुत्र स्थानान्तरित की थी। वर्तमान में यह नगर पटना कहलाता है।

   ऋग्वेद में कण्व के वंशज (या पुत्र) वत्स का उल्लेख एक गायक के रूप में हुआ है। पंचविंशब्राह्मण के अनुसार मेधातिथि के समक्ष अपने वंश की शुद्धता प्रदर्शित करने के लिए वत्स को अग्निपरीक्षा देनी पड़ी थी, जिसमें वे सफल भी हुए थे। वत्स को एक उपगोत्र (वत्स गोत्र) का प्रवर्तक भी माना गया है। परन्तु ऋग्वेद या पंचविंशब्राह्मण में वर्णित वत्स का प्रश्नगत वत्सदेश या कौशाम्बी से कोई सम्बन्ध नहीं है।
3. "सदृशमेतद् वैदेहीपुत्रस्य।" भास कृत नाटक 'स्वप्नवासवदत्तम्' गणपति शास्त्री का संस्करण, 1924 ई. (भारतवर्ष का इतिहास, पं. भगवद्दत्त पृ. 244 पर उद्धृत)
4. पं. भगवद्दत्त, भारतवर्ष का इतिहास, (द्वितीय संस्करण, 1946 ई.) पृ. 244
5. डॉ. ज्योतिप्रसाद जैन, प्रमुख ऐतिहासिक जैन पुरुष और महिलाएँ, पृ. 11
6. ततो भरतवंशान्ते भूत्वा वत्सनृपात्मजः। (मत्स्य पुराण, 4/19)
7. प्रो. अँगने लाल, संस्कृत बौद्ध साहित्य में इतिहास एवं संस्कृति, पृ. 75
8. देवदत्त शास्त्री, कौशाम्बी के अन्तःपुर का कला-विलास, पृ. 2-5
9. 'लोके हारि च वत्सराजचरितम्।' (श्रीहर्ष कृत रत्नावली, 1/6)

10. संस्कृत नाट्य परम्परा में नायक के चार भेद बताये गये हैं- धीरललित, धीरशान्त, धीरोदात्त और धीरोद्धत। निश्चिन्त स्वभाव का, कलाओं से प्रेम रखनेवाला, कोमल स्वभाववाला तथा सुखी नायक धीरललित होता है। 'स्वप्नवासवदत्ता' एवं 'रत्नावली' का नायक उदयन और 'मालविकाग्निमित्र' का अग्निमित्र इसके उदाहरण हैं। धीरोदात्त नायक भावनाओं पर अधिकार रखनेवाला, गम्भीर, क्षमाशील, अपने मुँह से अपनी प्रशंसा न करनेवाला, स्थिर-चित्त, विनयी तथा दृढ़व्रती होता है। 'उत्तररामचरित' के नायक राम और 'नागानन्द' के नायक जिमूतवाहन इसके उदाहरण हैं।

11 अर्जुन की सातवीं पीढ़ी में उदयन का होना किसी भी दृष्टि से सही नहीं माना जा सकता है, क्योंकि अर्जुन के समकालीन जरासन्ध के पुत्र सहदेव से लेकर शिशुनाग वंश से पहले के बार्हद्रथ वंश के 22 राजा मगध के सिंहासन पर बैठ चुके थे। उसके बाद शिशुनाग-वंश के राजा सिंहासन पर बैठे, जिनमें से छठे और सातवें राजा उदयन के समकालीन थे। तो क्या जितने समय में एक वंश में तीस पीढ़ियाँ गुजरीं, उतने ही समय में दूसरे वंश में मात्र सात पीढ़ियाँ गुजरीं? यह मानने योग्य बात नहीं है। सम्भवतः इसी विषमता को ध्यान में रखकर श्री गणपति शास्त्री ने उदयन के लिए "अभिमन्योः पञ्चविंश सन्तानः" इत्यादि लिखा है। श्री गणपति शास्त्री के अनुसार वत्सराज उदयन पाण्डु-पुत्र अर्जुन की 26वीं पीढ़ी में उत्पन्न हुए थे। यही मत सही प्रतीत होता है। दरअसल, अर्जुन की सातवीं पीढ़ी में निचक्षु नामक राजा हुए थे; और निचक्षु के समय में ही पाण्डव-वंशियों की राजधानी हस्तिनापुर से कौशाम्बी स्थानान्तरित की गयी थी।

12. इस जनश्रुति से यह संकेत मिलता है कि उदयन द्वारा विजित अवन्तिका यानी 'उज्जयन' नगर ही आगे चलकर उज्जैन कहलाया।

13. जैकोबी ने 'स्वप्नवासवदत्ता' के अपने अनुवाद में अनुमान किया कि यह प्रद्योत चण्डमहासेन का पुत्र था, किन्तु जैसा कि प्राचीन राजाओं में देखा जाता है, यह दरअसल अवन्ति के राजा का मुख्य नाम था। उसका राजकीय नाम चण्डमहासेन था। बौद्धों के लेख से प्रसेनजित् के एक दूसरे नाम 'अग्निदत्त' का भी पता लगता है। उल्लेखनीय है कि बिम्बिसार 'श्रेणिक' और अजातशत्रु 'कुणीक' के नाम से भी विख्यात थे।

14. 'दर्शक' नामक मगध के राजा का उल्लेख पुराणों में मिलता है और भास ने भी अपने नाटक में वही नाम लिखा है। लेकिन समय का व्यवधान देखने से; और बौद्ध-ग्रन्थों में उसका नाम न मिलने से; यही लगता है कि प्रायः जैसे एक ही राजा को बौद्ध, जैन और पौराणिक लोग भिन्न-भिन्न नाम से पुकारते हैं, वैसे ही दर्शक, कुणीक और अजातशत्रु- ये एक ही व्यक्ति के नाम हैं; ठीक वैसे ही जैसे बिम्बिसार के लिए दो अन्य नाम भी मिलते हैं- विन्ध्यसेन और श्रेणिक। उल्लेखनीय है कि प्रोफेसर गैगर 'महावंश' के अनुवाद में बड़ी दृढ़ता से अजातशत्रु और उदयाश्व (उदयिन्) के बीच में दर्शक नामक किसी राजा के होने का विरोध करते हैं।

अध्याय 5

सोमदेव कृत 'कथासरित्सागर' में कौशाम्बी

सहस्रानीक और मृगावती की कथा

स्वर्ग के समान सुन्दर वत्स नामक एक देश में कौशाम्बी नामक एक नगर था। वहाँ के राजा शतानीक पाण्डवों के वंश में पैदा हुए थे।

तस्या राजा शतानीकः पाण्डवान्वयसम्भवः।
जनमेजयपुत्रोऽऽभूतपौत्रो राज्ञः परीक्षितः।।

(कथासरित्सागर, द्वितीय लम्बक, प्रथम तरंग, 6)

निस्सन्तान होने के कारण शतानीक अक्सर दुःखी रहते थे। एक बार शाण्डिल्य मुनि के आश्रम में जाकर उन्होंने उनसे अपना दुःख दूर करने की प्रार्थना की। मुनि ने उसकी रानी विष्णुमती को अभिमन्त्रित खीर खाने के लिए दिया। उसके फलस्वरूप रानी ने एक पुत्र को जन्म दिया। सहस्रानीक नामक वह बालक आगे चलकर एक शक्तिशाली राजा बना।

एक बार देवासुर संग्राम में देवराज इन्द्र को वत्सराज की सहायता की आवश्यकता प्रतीत हुई। उनका सन्देश लेकर मातलि वत्सराज शतानीक के पास पहुँचे। इन्द्र के अनुरोध को स्वीकार करके शतानीक अपने राज्य का दायित्व मन्त्री युगन्धर और सेनापति सुप्रतीक को सौंपकर मातलि के रथ पर बैठकर स्वर्गलोक जा पहुँचे। परन्तु वहाँ असुरों के विरुद्ध युद्ध करते हुए उसकी मृत्यु हो गयी। पिता के निधन के बाद सहस्रानीक वत्स के सिंहासन पर बैठे।

कुछ समय बाद इन्द्र ने सहस्रानीक को भी स्वर्ग आने का न्यौता दिया। वह भी मातलि के रथ पर चढ़कर स्वर्ग गये। वहाँ नन्दन वन में देवताओं को अप्सराओं के साथ आमोद-प्रमोद करते देखकर उसके मन में भी स्त्री के प्रति आकर्षण पैदा हुआ। उसके मनोभाव को समझकर इन्द्र ने उसे बताया कि उसके योग्य एक युवती धरती पर पैदा हो चुकी है।

इन्द्र ने कहा कि "एक बार मैं ब्रह्मा के पास गया। विधूम नामक वसु भी मेरे साथ चला गया। जब हम लोग वहाँ पहुँचे तभी अलम्बुषा नामक एक अप्सरा ब्रह्मा से मिलने

के लिए आयी। अलम्बुषा और वसु दोनों एक-दूसरे के प्रति आकर्षित हो गये। ब्रह्मा को उनका यह आचरण ठीक नहीं लगा। उनके संकेत पर मैंने अलम्बुषा और वसु को मनुष्य-योनि में पैदा होने का शाप दे दिया। वसु तो सहस्रानीक के रूप में तुम ही हो और अलम्बुषा अयोध्या में कृतवर्मा की कन्या मृगावती के रूप में पैदा हुई है। मृगावती से ही तुम्हारा विवाह होना है।" यह जानने के बाद राजा सहस्रानीक मृगावती के लिए आतुर रहने लगे। शीघ्र ही इन्द्र ने सहस्रानीक को मातलि के साथ उनके देश भेज दिया। स्वर्ग से वापसी के दौरान रास्ते में कुछ कहने के लिए तिलोत्तमा नामक अप्सरा ने उन्हें पुकारा। परन्तु मृगावती के ध्यान में डूबे सहस्रानीक उसकी बात न सुन सके। इस बात से क्षुब्ध होकर तिलोत्तमा ने शाप दिया कि "जिसके ध्यान में डूबकर तुमने मेरी बात की उपेक्षा की है, तुम्हें चौदह साल तक उसका वियोग सहना पड़ेगा।" यह शाप मातलि ने तो सुना, किन्तु राजा ने नहीं सुना।

अपने देश पहुँचकर सहस्रानीक ने राजा कृतवर्मा के पास मृगावती के साथ विवाह का प्रस्ताव भेजा। कृतवर्मा ने अपनी रानी कलावती की सलाह लेकर मृगावती का विवाह सहस्रानीक के साथ कर दिया। इधर सहस्रानीक के मन्त्री युगन्धर के यौगन्धरायण नामक एक पुत्र और सेनापति सुप्रतीक के रुक्मवान् नामक एक पुत्र पैदा हुए। राजा के परम मित्र के घर भी एक पुत्र हुआ, जिसका नाम वसन्तक रखा गया। उधर सहस्रानीक की रानी मृगावती भी गर्भवती हुईं।

गर्भवती मृगावती के मन में एक दिन आदमी के रक्त में स्नान करने की इच्छा (दोहद) हुई। रानी की इच्छा की पूर्ति के लिए उसने रंग से एक जलाशय को लाल करवा दिया। रानी उसमें नहाने लगी। एक बड़ा शिकारी पक्षी रानी को मांस का टुकड़ा समझकर ऊपर उड़ा ले गया। यह समाचार सुनकर राजा मूर्च्छित हो गया। उसकी चेतना लौटने के बाद मातलि ने उसको बताया कि तिलोत्तमा के शाप के कारण ऐसा हुआ है।

उस पक्षी ने रानी को ले जाकर उदयाचल पहाड़ पर छोड़ दिया। वहाँ एक अजगर ने रानी को खाना चाहा, लेकिन एक व्यक्ति ने आकर अजगर को मार दिया। रानी बहुत दुःखी थी। वह अपने प्राण देने के लिए एक पागल हाथी के सामने जाकर खड़ी हो गयी। लेकिन हाथी ने उसका कोई अहित नहीं किया। रानी पति को याद करके रोने लगी। फूल चुनने के लिए आये एक बालक ने उसे देख लिया। वह उसको अपने गुरु जमदग्नि के आश्रम में ले गया। मुनि जमदग्नि ने रानी को सान्त्वना दी। रानी आश्रम में रहने लगी और समय आने पर उसने एक सुन्दर पुत्र को जन्म दिया। पुत्र के जन्म के समय आकाशवाणी हुई कि यह बालक उदयन के नाम से प्रसिद्ध होगा और विद्याधरों का राजा बनेगा।

मुनि जमदग्नि ने बालक उदयन को क्षत्रिय धर्म की पूरी शिक्षा दी। एक दिन रानी ने अपने हाथ का कंगन उदयन के हाथ में पहना दिया। उस कंगन पर राजा सहस्रानीक का नाम खुदा हुआ था।

बालक उदयन ने जंगल में एक मदारी को साँप पकड़ते हुए देखा। उसने मदारी से उस साँप को छोड़ देने का आग्रह किया। मदारी ने कहा कि "मेरा पहला साँप मर गया है, इसलिए मैंने इसको पकड़ लिया है। मेरा जीवन इसी पर निर्भर है। मैं यदि इसे छोड़ दूँगा तो तमाशा कैसे दिखाऊँगा और यदि तमाशा नहीं दिखा पाया तो खाऊँगा क्या?" उदयन ने अपने हाथ का कंगन मदारी को देकर साँप को मुक्त करा दिया। मदारी कंगन को लेकर चला गया; और वह साँप मुक्त होते ही एक पुरुष में बदल गया जिसके हाथ में एक वीणा थी। उस पुरुष ने उदयन को बताया कि "मैं वासुकि का बड़ा भाई वसुनेमि हूँ। तुमने मेरे प्राण की रक्षा की है इसलिए मैं तुम्हें यह वीणा, ताम्बूल और कभी न मुरझानेवाली एक माला भेंट करता हूँ। वसुनेमि ने उदयन को कभी मलिन न पड़नेवाले तिलक के लगाने की विधि भी बतायी। यह सब चीजें लेकर उदयन अपनी माँ के पास लौट गया। उधर वह मदारी उस कंगन को बेचने के लिए कौशाम्बी नगर गया। कंगन पर राजा सहस्रानीक का नाम देखकर सैनिक उसे राजदरबार में ले गये। वहाँ उस मदारी ने पूरा वृत्तान्त सुना दिया। उसी समय आकाशवाणी हुई कि रानी मृगावती अपने पुत्र उदयन के साथ उदयाचल पर जमदग्नि मुनि के आश्रम में है। उसको मिले शाप की अवधि पूरी हो गयी है। इसलिए अब रानी को ले आना चाहिए। यह आकाशवाणी सुनकर राजा तुरन्त ही मदारी और कुछ सैनिकों के साथ उदयाचल की ओर चल पड़ा।

जमदग्नि के आश्रम में पहुँचकर राजा सहस्रानीक ने महर्षि को प्रणाम किया; और फिर मृगावती एवं उदयन को लेकर कौशाम्बी लौट आया। कुछ समय बाद राजा ने उदयन को युवराज और यौगन्धरायण, रुक्मवान् और वसन्तक को मन्त्री बनाकर अपने को राजकाज से धीरे-धीरे अलग कर लिया। आगे चलकर उदयन वत्स देश के राजा बने। उदयन के सिंहासनारूढ़ होते ही आकाशवाणी हुई कि यह सम्पूर्ण पृथ्वी का सम्राट् बनेगा। इसके बाद सहस्रानीक और मृगावती तपस्या करने के लिए हिमाचल की ओर चले गये।

उदयन की कथा

वत्स के राजसिंहासन पर बैठने के बाद राजा उदयन भोग-विलास में रम गया। उसने शासन की जिम्मेदारी अपने मन्त्रियों को सौंप रखी थी। वह मदिरा पीने, नृत्य देखने, वीणा बजाने, शिकार खेलने और हाथियों की कुश्ती करवाने में मग्न रहता। वह उज्जयिनी के राजा चण्डमहासेन की पुत्री वासवदत्ता से विवाह करने का इच्छुक था। उदयन की प्रसिद्धि के दृष्टिगत चण्डमहासेन स्वयं भी यही चाहता था कि उसकी कन्या का विवाह उदयन से हो।

चण्डमहासेन ने अपने मन में यह योजना बनायी कि जब उदयन हाथियों का शिकार करने के लिए जंगल में आये तब उसको बन्दी बना लिया जाये। फिर उसको महल में लाकर वासवदत्ता को संगीत की शिक्षा देने को कहा जाये। मन में यह विचार करते हुए वह देवी के मन्दिर में गया और वहाँ उसने उदयन को प्राप्त करने का वर माँगा। तभी आकाशवाणी हुई कि उसकी इच्छा पूरी होगी। उसके बाद चण्डमहासेन ने मन्त्रियों से सलाह करके उदयन के पास अपना दूत भेजा। कौशाम्बी नगर पहुँचकर दूत ने उदयन से कहा कि "अवन्ति की राजकुमारी वासवदत्ता आपसे संगीत सीखना चाहती है, इसलिए उन्होंने आपको अपने यहाँ बुलाया है। यदि आप उससे प्रेम करते हैं तो उज्जयिनी चलिये।" मन्त्रियों से परामर्श करके उदयन ने दूत से कहा कि "यदि तुम्हारी राजकुमारी को संगीत सीखने की इच्छा है, तो अपने राजा से कहो कि वे उसे हमारे यहाँ भेज दें।"

फिर उदयन ने अपने मन्त्री से पूछा कि "यदि चण्डमहासेन को बन्दी बनाकर यहाँ बुलवाया जाये तो कैसा रहेगा?" मन्त्री ने कहा कि चण्डमहासेन एक ओर शक्तिशाली राजा है, दूसरी ओर वह अपनी पुत्री का विवाह आपसे करना चाहता है, इसलिए उससे शत्रुता की जगह मित्रता करना उचित होगा।

उधर, उदयन का सन्देश पाकर चण्डमहासेन ने उसको पकड़कर मँगवाने की एक नयी योजना बनायी। उदयन को हाथियों के शिकार का शौक था। चण्डमहासेन ने एक बनावटी हाथी बनवाया जिसके पेट में कई सैनिक छिपकर बैठ सकते थे। उस हाथी को उस वन में छोड़ दिया गया जहाँ उदयन शिकार खेलने आया करता था। उदयन के सेवकों ने एक नये ढंग के हाथी को देखा। तुरन्त यह सूचना राजा को दी गयी। राजा ने प्रसन्न होकर उस सेवक को पुरस्कार दिया। और फिर मन्त्रियों और ज्योतिषियों के मना करने पर भी वह उस हाथी का शिकार करने चल पड़ा। वह हाथी कहीं भीड़ देखकर भाग न जाये, इसलिए उसने अपने सैनिकों को दूर छोड़ दिया और स्वयं अपनी वीणा लेकर उसके पास पहुँचा। वह वीणा बजाने लगा। शीघ्र ही वह तन्मय हो गया। उसे यह पता न चला कि वह हाथी बनावटी है। इसी बीच हाथी के भीतर बैठे सैनिक हथियार सहित बाहर निकल पड़े और उदयन को बन्दी बना करके चण्डमहासेन के पास ले गये। चण्डमहासेन ने उदयन का बड़ा स्वागत-सत्कार किया और संगीत की शिक्षा लेने के लिए वासवदत्ता को उसके पास भेजा। उसके रूप को देखकर उदयन अपनी गिरफ्तारी की बात भूल गया।

इधर जब उदयन के बन्दी बनाये जाने का समाचार कौशाम्बी पहुँचा तो वहाँ की प्रजा चण्डमहासेन के राज्य पर आक्रमण करने के लिए आतुर हो गयी। लेकिन मन्त्री रुक्मवान् ने उन्हें समझा-बुझाकर ऐसा करने से रोक दिया। मन्त्री यौगन्धरायण ने कहा कि इस समय आक्रमण करना तो ठीक नहीं है, लेकिन मैं वहाँ जाकर महाराज को मुक्त कराने का प्रयत्न करूँगा। राज्य का भार उसने मन्त्री रुक्मवान् पर छोड़ा और स्वयं वसन्तक को साथ लेकर उज्जयिनी के लिए निकल पड़ा। रास्ते में उसे वत्सराज उदयन

का मित्र राजा पुलिन्दक मिला। उससे यौगन्धरायण ने कहा कि वह उदयन को लेकर इसी मार्ग से लौटेगा। उस समय पुलिन्दक अपनी सेना के साथ वहाँ तैयार रहें।

यौगन्धरायण उज्जयिनी में सबसे पहले महाकाल के मरघट पर पहुँचा। वहाँ एक ब्रह्मराक्षस मिला, जिससे उसकी मित्रता हो गयी। ब्रह्मराक्षस के सुझाव पर यौगन्धरायण ने अपना रूप एक वृद्ध, गंजे, कुबड़े और बड़े-बड़े दाँतवाले पागल जैसा बना लिया; और अपने साथी वसन्तक को बड़े तोंदवाला बना दिया। यौगन्धरायण की आज्ञा से वसन्तक राजभवन की ओर चला गया। यौगन्धरायण नगर में यहाँ-वहाँ हँसी के खेल-तमाशे दिखाने लगा। एक दिन वह राजा के महल के पास अपना तमाशा दिखा रहा था। उसे देखकर रानियाँ बहुत प्रसन्न हुईं और वासवदत्ता ने भी उसको अपने महल में बुलाया। वहाँ उसने उदयन को एक बन्दी के रूप में देखा। उसने उदयन की ओर कुछ संकेत किये, जिससे उदयन ने उसे पहचान लिया। फिर उसने योग के प्रभाव से अपने को दूसरों की नजरों से छिपा लिया। तभी उदयन ने पूजा की सामग्री लाने के बहाने वासवदत्ता और उसकी सखियों को दूसरी ओर भेज दिया। एकान्त हो जाने पर यौगन्धरायण ने उदयन को लोहे की बेड़ी काटने और वीणा के प्रभाव से वासवदत्ता को अपने अधीन करने का उपाय बताया। फिर उसने वसन्तक को भी वहाँ बुला लिया। जब वासवदत्ता सरस्वती की पूजा के लिए सामग्री ले आयी, तब दक्षिणा के लिए ब्राह्मण के रूप में वसन्तक उसके सामने उपस्थित हो गया। वसन्तक का रूप देखकर वह अपनी हँसी न रोक सका। वासवदत्ता और उसकी सहेलियाँ भी हँसने लगीं। वसन्तक से वासवदत्ता ने पूछा, "तुम क्या काम कर सकते हो?" वसन्तक ने कहा कि "मैं मनोरंजक कथाएँ सुना सकता हूँ।" तब वासवदत्ता ने उसे एक मनोरंजक कथा सुनाने के लिए कहा। वसन्तक ने एक ऐसी कथा सुनायी जिसको सुनकर उदयन के प्रति वासवदत्ता का आकर्षण और बढ़ गया।

एक दिन यौगन्धरायण ने उदयन से कहा कि "चण्डमहासेन आपके साथ वासवदत्ता का विवाह करने के बाद ही आपको मुक्त करना चाहते हैं। लेकिन इससे आपका अपमान होगा। इसलिए आप यहाँ से वासवदत्ता का हरण करके उसे ले जाइये। इसकी योजना भी मैंने तैयार कर ली है। मैंने आषाढ़क नामक महावत को धन देकर उससे भद्रवती नामक हथिनी को माँग लिया है। आप हाथियों की देखभाल करनेवाले कर्मचारी को मदिरा पिलाकर बेसुध कर दीजिये; और फिर वासवदत्ता को उस हथिनी पर बैठाकर भगा ले जाइये। मैं म्लेच्छराज पुलिन्दक के पास जा रहा हूँ। मैं उसकी सेनाओं को तैयार रखूँगा।"

यौगन्धरायण यह समझाकर चला गया। उदयन ने वासवदत्ता को सारी बातें समझा दीं। वह साथ चलने को तैयार भी हो गयी। एक दिन वासवदत्ता, उसकी सहेली कंचनमाला, अपनी वीणा, हथियार और वसन्तक को लेकर उदयन हाथी पर सवार होकर वहाँ से भाग निकला। जिन पहरेदारों ने उन्हें रोकने की कोशिश की, उन्हें मार दिया गया।

चण्डमहासेन को भी इसकी सूचना मिली। अवन्ति के राजकुमार पालक ने उदयन का पीछा किया। लेकिन राजकुमार गोपालक ने उसे समझा-बुझाकर लौटा लिया।

राजा उदयन जब विन्ध्याचल के रास्ते से जा रहा था, तब दोपहर के समय भद्रवती हथिनी को प्यास लगी। लेकिन वहाँ पानी पीते ही उसके प्राण निकल गये। उदयन और वासवदत्ता हथिनी भद्रवती के मरने पर बहुत दुखी हुए। अचानक आकाशवाणी हुई- "मेरा वास्तविक नाम मायावती है और मैं विद्याधरों के वंश की हूँ। शापवश मैं हथिनी हो गयी थी। अब मैं शाप-मुक्त हो गयी हूँ। जिस तरह मैंने तुम्हारी सेवा की है, उसी तरह भविष्य में तुम्हारे पुत्र के काम भी आऊँगी। और हाँ, वासवदत्ता भी कोई सामान्य स्त्री न होकर एक देवी है।"

आकाशवाणी सुनकर उदयन को बहुत खुशी हुई। शीघ्र ही वसन्तक, पुलिन्दक और यौगन्धरायण उदयन के पास आ गये। सेनापति रुक्मवान् भी वत्सराज्य की बड़ी सेना लेकर राजा के स्वागत के लिए आ गये। विन्ध्याचल पर्वत पर चारों ओर सैनिक-ही-सैनिक दिखायी दे रहे थे। तभी यौगन्धरायण का एक मित्र उज्जयिनी से आया और उसने बताया कि चण्डमहासेन राजा उदयन से बहुत प्रसन्न हैं। उन्होंने अपने सन्देश के साथ अपना एक दूत भी भेजा है। यह जानकर राजा उदयन, वासवदत्ता सहित वहाँ उपस्थित सभी को बहुत प्रसन्नता हुई।

उदयन और वासवदत्ता

जब उदयन विन्ध्याचल पर रुका हुआ था, तभी चण्डमहासेन के दूत उनके पास आये और अभिवादन करने के बाद उन्होंने अवन्तिराज का सन्देश सुनाते हुए कहा कि "राजकुमारी वासवदत्ता का हरण करने के बावजूद वे आपसे अप्रसन्न नहीं हैं। वे तो स्वयं ही वासवदत्ता का विवाह आप ही से करना चाहते थे। अभी वासवदत्ता के भाई गोपालक आ रहे होंगे। वह आपके साथ वासवदत्ता का विधिपूर्वक विवाह करायेंगे। आप उनकी प्रतीक्षा कीजिये।" परन्तु उदयन वहाँ नहीं रुके। वह वासवदत्ता के साथ कौशाम्बी की ओर चल पड़े। उनके पहुँचने पर कौशाम्बी नगरी में आनन्द छा गया।

कुछ ही देर बाद पुलिन्दक के साथ गोपालक भी आ गया। उदयन ने उनका राजकीय सत्कार किया। वासवदत्ता भी अपने भाई के आने से बहुत प्रसन्न हुई। अगले दिन गोपालक ने विधिवत् विवाह करा कर अपनी बहन वासवदत्ता को उदयन को सौंप दिया।

उदयन ने इस अवसर पर पुलिन्दक और गोपालक के साथ एक लिखित मैत्री-सन्धि की। आये हुए अतिथियों के स्वागत-सत्कार का दायित्व यौगन्धरायण और रुक्मवान् पर था। धीरे-धीरे सब लोग विदा हो गये और उदयन वासवदत्ता के साथ आनन्दपूर्वक रहने लगे।

कुछ दिनों बाद विजय में प्राप्त हुई एक राजकुमारी को गोपालक ने वासवदत्ता को भेंट कर दिया। वह बहुत सुन्दर थी। इसलिए वासवदत्ता उसे उदयन की दृष्टि से बचाकर रखती थी। उसका वास्तविक नाम तो बन्धुमती था, लेकिन वासवदत्ता ने उसका नाम बदलकर मंजुलिका रख दिया था।

एक बार उदयन की दृष्टि मंजुलिका पर पड़ गयी। उस समय वसन्तक भी उसके साथ था। राजा ने मंजुलिका के साथ गान्धर्व-विवाह कर लिया। वासवदत्ता को भी इस बात का पता चल गया। उसने मंजुलिका को किसी गुप्त स्थान पर बन्द कर दिया। उसने वसन्तक को भी बन्दी बना लिया। उदयन इससे बहुत परेशान रहने लगा और उसने वासवदत्ता की सखी सांकृत्यायिनी से कहा कि, "किसी प्रकार वासवदत्ता को मनाकर मंजुलिका को मुझसे मिलवा दो।" सांकृत्यायिनी ने वासवदत्ता को मना लिया। बाद में वासवदत्ता ने उस राजकुमारी को राजा उदयन को भेंट कर दिया; और वसन्तक को भी मुक्त कर दिया। इसके बाद वासवदत्ता और उदयन आनन्दपूर्वक रहने लगे।

लावणक की कहानी

उदयन राजकाज का भार महामन्त्री यौगन्धरायण और सेनापति रुक्मवान् पर डालकर निश्चिन्त हो गये। उसका अधिकांश समय वीणा की झंकार सुनने, मदिरा पीने और अपनी पत्नी के साथ बीतने लगा। एक दिन यौगन्धरायण ने रुक्मवान् से कहा कि "इस पाण्डववंशीय राजा की वंश-परम्परा में चक्रवर्ती सम्राट् होते आये हैं। इसलिए हम लोगों को चाहिए कि कोई ऐसा उपाय करें जिससे हमारा राजा भी सारी धरती का शासक बन जाये। ऐसा करने पर हमारा मन्त्री होना सार्थक होगा। हमें कोई उपाय करना चाहिए। मगध का राजा हमारा वैरी है, लेकिन वह बहुत शक्तिशाली है। उसकी पुत्री पद्मावती बहुत सुन्दर है। यदि पद्मावती का उदयन के साथ विवाह करा दिया जाये तो मगध का राजा हमारा मित्र बन जायेगा और युद्ध में हमारी सहायता करेगा। ऐसा करने पर उदयन को चक्रवर्ती सम्राट् बनाने में कोई कठिनाई नहीं होगी। लेकिन पहले वासवदत्ता को कहीं छिपाना पड़ेगा और घर में आग लगाकर अफवाह फैलानी पड़ेगी कि वासवदत्ता जलकर मर गयी है, क्योंकि वासवदत्ता के रहते हुए उदयन राजकुमारी पद्मावती की तरफ आकृष्ट नहीं हो सकते हैं।

यौगन्धरायण की बात सुनकर रुक्मवान् ने कहा कि इस तरह राजा के साथ विश्वासघात करने से हम लोग किसी संकट में फँस सकते हैं। परन्तु रुक्मवान् ने यौगन्धरायण के दृढ़ निश्चय को देखकर अपना सहयोग देने का वचन दिया। उसने यह सलाह भी दी कि वासवदत्ता के भाई गोपालक को भी इस योजना में शामिल कर लेना चाहिए। तदनुसार गोपालक को बुलाकर उन्हें पूरी योजना समझा दी गयी। उसने शंका करते हुए कहा कि "वासवदत्ता के बिना राजा उदयन जीवित कैसे रहेंगे?" तब

यौगन्धरायण ने समझाया कि "जब तुमको प्रसन्न देखेंगे तो समझेंगे कि शायद वासवदत्ता मरी नहीं है; और वे दुविधा में रहेंगे। कार्य पूरा होने पर उन्हें वासवदत्ता मिल जायेगी।" यह सुनकर गोपालक सहमत हो गया।

यह तय हुआ कि मगध के पास लावणक नामक देश में शिकार के बहाने उदयन को ले जाया जाये। वह आखेट के लिए प्रसिद्ध स्थान भी है। वहाँ घर में आग लगाकर वासवदत्ता की मृत्यु का समाचार फैला दिया जाये और रात में ही वासवदत्ता को पद्मावती के पास भेज दिया जाये।

योजना के अनुसार मन्त्रिगण राजा उदयन के पास गये। उन्होंने राजा से कहा कि "हमारे पड़ोस में लावणक नामक प्रदेश आखेट के लिए एक उपयुक्त स्थान है। मगध भी उसके पास में है। इस कारण कभी-कभी राज्य में गड़बड़ भी हो जाती हैं। इसलिए हमें वहाँ चलना चाहिए।"

राजा उदयन सब बात जानकर वासवदत्ता के साथ वहाँ जाने के लिए तैयार हो गये। इसी समय देवर्षि नारद वहाँ आ पहुँचे। राजा ने उनका स्वागत किया। नारद ने वासवदत्ता को विद्याधरों के राजा की माता बनने का आशीर्वाद दिया और उदयन के गले में कल्पतरु के फूलों की माला पहनायी। फिर नारद उदयन से बोले कि "वासवदत्ता को देखकर मुझे तुम्हारे पूर्वज पाण्डवों की याद आ गयी। उनके द्रौपदी नाम की स्त्री थी। मैंने उन्हें उपदेश दिया था कि स्त्री से कभी शत्रुता न करना, क्योंकि आपस में झगड़ा करने के बुरे परिणाम निकलते हैं। मेरे उपदेश को तुम्हारे पूर्वजों ने मान लिया था। तुम भी अपने मन्त्रियों की बात पूरी तरह मानना। यदि तुम्हारे ऊपर कोई विपत्ति आये तब भी विचलित न होना। उसके बाद तुम बहुत समृद्धिशाली होनेवाले हो।" यह उपदेश देकर नारद जी चले गये। तब मन्त्रियों ने सोचा कि उनका काम जरूर सफल होगा और वे बड़ी तत्परता से अपने काम में जुट गये।

अवन्तिका की कहानी

इसके बाद यौगन्धरायण और अन्य मन्त्री वासवदत्ता और उदयन को साथ लेकर लावणक पहुँचे। मगध के राजा को जब राजा उदयन के सेना-सहित लावणक आने की सूचना मिली तब उसने सोचा कि कहीं वे उसके देश पर आक्रमण करने तो नहीं आ रहे हैं? उसने अपना दूत उदयन के पास भेजा। यौगन्धरायण ने मगधराज के दूत का स्वागत किया और फिर उसे आश्वस्त करके सादर लौटा दिया।

उदयन वहाँ रोज शिकार खेलने जाया करता था। एक दिन उसके जाने के बाद मन्त्रियों ने अपनी पूरी योजना वासवदत्ता के सामने रखी। वासवदत्ता ने अपने पति का हित समझकर उनकी बात मान ली और पति-वियोग सहने के लिए तैयार हो गयी। उसके बाद यौगन्धरायण के सुझाव पर वसन्तक ने एक काने बालक का वेश धारण किया।

वासवदत्ता अवन्तिका नामक एक ब्राह्मणी बनी और यौगन्धरायण ने एक वृद्ध ब्राह्मण का रूप बनाया; और फिर सबको साथ लेकर मगध की ओर चल पड़ा। इधर रुक्मवान् ने खाली महल को आग लगवा दी और वसन्तक के साथ वासवदत्ता के जलकर मर जाने की खबर फैला दी।

उधर यौगन्धरायण सबको साथ लेकर राजकुमारी पद्मावती के बगीचे में पहुँचा। पद्मावती ने उसे वृद्ध ब्राह्मण समझकर अपने पास बुलाया और पूछा कि "तुम्हारे साथ कौन-कौन है?" यौगन्धरायण ने कहा "ये मेरे पुत्र और पुत्री हैं। मेरी पुत्री का पति दुराचारी है। वह इसे छोड़कर कहीं बाहर चला गया है। मैं उसकी खोज में जा रहा हूँ। अतः आप मेरी पुत्री और पुत्र को आश्रय देने की कृपा करें।" पद्मावती ने उसकी बात मान ली। तब यौगन्धरायण लौट गया। पद्मावती ने अवन्तिका को बड़े स्नेह के साथ अपने पास रखा। अवन्तिका के दिव्य रूप को देखकर वह सोचती थी कि जिस तरह द्रौपदी ने राजा विराट के यहाँ अपने दिन काटे थे सम्भवतः उसी तरह यह मेरे यहाँ दिन काट रही है।

एक बार अवन्तिका ने कभी न सूखनेवाला तिलक और कभी न मुरझानेवाली माला बनाकर पद्मावती को भेंट की। इन दोनों अद्‌भुत चीजों को देखकर पद्मावती की माँ ने पद्मावती से पूछा कि "इनको बनानेवाला कौन है?" पद्मावती ने बताया कि उसके पास अवन्तिका नाम की एक ब्राह्मणी रहती है। उसी ने ये चीजें बनायी हैं। तब पद्मावती की माँ ने कहा कि '"ऐसी कला जाननेवाली कोई साधारण स्त्री नहीं हो सकती। अवश्य ही वह कोई देवी है। कभी-कभी देवी-देवता भी भले आदमियों की परीक्षा लेने के लिए रूप बदलकर आ जाया करते हैं।" इसके बाद पद्मावती अवन्तिका का विशेष ध्यान रखने लगी। इस तरह अवन्तिका के वेश में वासवदत्ता सुख से रहने लगी।

इधर लावणक में जब उदयन आखेट करके लौटे; और उन्हें पता चला कि वासवदत्ता आग में जलकर मर गयी, तो शोक से वे बेसुध हो गये। वे अपनी जान देने तक की बात सोचने लगा। लेकिन तुरन्त ही उन्हें नारद की बात याद आयी। देवर्षि नारद ने कहा था कि वासवदत्ता के गर्भ से विद्याधरों के राजा का जन्म होगा। उसने यह भी देखा कि गोपालक और यौगन्धरायण को विशेष दुख नहीं है, तो वह सोचने लगा कि शायद वासवदत्ता जीवित ही हो। उधर गोपालक ने अपने पिता चण्डमहासेन को इस रहस्य की सूचना भेज दी थी। इससे चण्डमहासेन की चिन्ता भी दूर हो गयी। दूसरी ओर जब मगध के राजा ने यह सुना कि वासवदत्ता की मृत्यु हो गयी है तो उसने पद्मावती का विवाह उदयन के साथ करने का निश्चय कर लिया। उचित समय पर उसने यह सन्देश उदयन के पास भिजवा दिया। यौगन्धरायण ने उत्तर भिजवाया कि "महाराज को यह सम्बन्ध स्वीकार है। वे सातवें दिन विवाह के लिए आयेंगे।"

सातवें दिन उदयन मगध पहुँचे। शुभ मुहूर्त्त में पद्मावती के साथ उनका विवाह हुआ। यह देखकर वासवदत्ता बहुत उद्विग्न हुई। लेकिन वसन्तक ने समझाया कि यह

विवाह तो मगध के राजा को अपना मित्र बनाने के लिए किया गया है। तब जाकर उसका मन कुछ शान्त हुआ।

विवाह-सम्बन्ध स्थापित होने के बाद मगध के राजा और उदयन के बीच मित्रता की सन्धि भी हुई। यौगन्धरायण ने मगधनरेश से शीघ्र ही उदयन के साथ पद्मावती को विदा करने का अनुरोध किया। उसे डर था कि कहीं उदयन की दृष्टि वासवदत्ता पर न पड़ जाये और इस प्रकार बना-बनाया सब खेल बिगड़ जाये। लेकिन जब उदयन पद्मावती को विदा कराकर लावणक चले तो वासवदत्ता भी आ गयी। नगर में पहुँचकर वह अपने भाई गोपालक के यहाँ चली गयी।

एक दिन पद्मावती और उदयन बैठे हुए थे। तभी दूत ने आकर पद्मावती को बताया कि अवन्तिका गोपालक के घर पहुँच गयी है। पद्मावती ने कहा कि "उसे मेरे पास भेज दो, क्योंकि एक ब्राह्मण उसको मुझे सौंप गया है। मैं उसे अपने से दूर नहीं रखना चाहती।" पद्मावती की आज्ञा पाकर जब दूत चले गये तब उदयन ने पूछा कि "यह न मुरझानेवाले फूलों की माला और कभी न सूखनेवाला तिलक किसने बनाकर तुम्हें दिये हैं?" पद्मावती ने पूरी कहानी सुनाकर कहा कि "यह वही अवन्तिका है जिसने ये चीजें तैयार की हैं। वह इस समय गोपालक के घर है।" राजा उदयन के मन में सन्देह हुआ। वह तुरन्त ही गोपालक के घर गया। वहाँ उसने अपने मन्त्रियों और गोपालक के साथ वासवदत्ता को देखा। उसे देखते ही वह तो अचेत हुआ ही, वासवदत्ता भी मूर्च्छित हो गयी। चेतना लौटने पर वे रोने लगे। पद्मावती भी आ पहुँची; और वह भी रोने लगी। अन्ततः यौगन्धरायण ने रहस्योद्घाटन किया कि "इसमें वासवदत्ता का कोई दोष नहीं है। मगधराज की मित्रता के बाद आपके चक्रवर्ती सम्राट् बनने का मार्ग प्रशस्त हो गया है।" पद्मावती ने तो यहाँ तक कह दिया कि "वासवदत्ता की पवित्रता को प्रमाणित करने के लिए मैं आग में प्रवेश कर सकती हूँ।"

उधर वासवदत्ता अग्नि-परीक्षा देने के लिए तैयार हो गयी। यौगन्धरायण ने कहा कि "जो स्त्री केवल प्यार करती है, वह उतनी अच्छी नहीं होती जितनी अच्छी वह स्त्री होती है, जो पति को प्यार करने के साथ ही अवसर आने पर उसके हित के लिए कठोर बन जाती है और कष्ट भी सहती है। इसी तरह मन्त्रियों का काम भी राज्य के कल्याण के लिए काम करना है, राजा की जी-हजूरी करना नहीं। हमने जो प्रयत्न किया था, उसका उद्देश्य यही था कि मगध के राजा आपके मित्र बन जायें और आप पूरी पृथ्वी के सम्राट् हो जायें। इस कार्य में वासवदत्ता ने आपका हित देखकर जो कुछ किया, उसे अपराध नहीं कहा जा सकता।"

यौगन्धरायण ने हाथ में जल लेकर कहा कि "यदि वासवदत्ता पवित्र है और यदि मैं राजा का हितैषी हूँ, तो देवतागण इसकी घोषणा करें। अन्यथा मैं अपने प्राण त्याग दूँगा।" तभी आकाशवाणी हुई- "उदयन! सौभाग्यवश तुम्हें यौगन्धरायण जैसा मन्त्री मिला

है। जहाँ तक देवी वासवदत्ता की बात है वे निर्दोष है।" यह आकाशवाणी सुनकर उदयन बहुत प्रसन्न हुए। वे पूरी पृथ्वी के सम्राट् बन गये; और वासवदत्ता एवं पद्मावती के साथ सुखपूर्वक रहने लगे।

इधर मगध के राजा ने उदयन के पास अपना दूत भेजकर यह कहलवाया कि "पद्मावती के साथ आपका विवाह कराने में आपके मन्त्रियों ने हमें धोखा दिया है। लेकिन अब ऐसा उपाय करना चाहिए जिससे आगे कोई अप्रिय बात न हो।" उदयन ने दूत को पद्मावती के पास भेज दिया। पद्मावती से दूत ने कहा कि "ये लोग तुम्हें धोखा देकर तुम्हारे साथ विवाह कर लाये हैं। तुम्हारा पति वासवदत्ता को अधिक चाहता है।" पद्मावती ने दूत से कहा कि "तुम मेरे माता-पिता से जाकर कह देना कि वत्सराज और वासवदत्ता दोनों ही मुझसे प्रेम करते हैं। वासवदत्ता तो मुझे अपनी बहन समझती है। अगर वे मुझे सुखी रखना चाहते हैं तो राजा उदयन से मधुर सम्बन्ध रखें।" पद्मावती का यह सन्देश लेकर दूत वापस मगध चला गया।

जब मगधराज ने अपने दूतों से सुना कि वासवदत्ता पद्मावती से बहुत स्नेह करती है, तब वे बहुत प्रसन्न हुए। इसके बाद मगधराज ने उनको बड़े सम्मान के साथ विदा किया। तभी चण्डमहासेन का दूत वहाँ आया। उसने बताया कि "चण्डमहासेन आपका समाचार जानकर बहुत प्रसन्न हैं। उन्होंने कहलवाया है कि जब तक यौगन्धरायण जैसे मन्त्री आपके पास हैं, तब तक आपको कोई कठिनाई नहीं हो सकती। अपने ससुर के दूत की बात सुनकर राजा उदयन बहुत प्रसन्न हुए। उन्होंने दूत को सत्कार के साथ विदा किया और कौशाम्बी की तरफ चलने के लिए तैयार हो गये।

दूसरे दिन मन्त्रियों के साथ वत्सराज उदयन ने लावणक से कौशाम्बी की ओर प्रस्थान किया। नगर पहुँचने पर बन्दियों और चारणों ने वत्सराज उदयन के लिए स्वागत गान किया। कौशाम्बी नगर में कई दिनों तक उत्सव मनाया गया।

उदयन का दिग्विजय अभियान

दूसरे दिन एक ब्राह्मण ने आकर उदयन को बताया कि दुष्ट ग्वालों ने उसके बेटे के पैर काट डाले हैं। राजा ने तुरन्त उनमें से कुछ ग्वालों को पकड़वाकर बुलवाया और उनसे ब्राह्मण के बेटे के पैर काटे जाने का कारण पूछा। उन्होंने उत्तर दिया, "हम लोग एक जंगल में रहते हैं। वहाँ एक ग्वाला है, जो पत्थर पर बैठकर अपने को राजा बताता है। हम लोग उसको अपना राजा मानकर उसके सामने सिर झुकाते हैं। यह ब्राह्मण-पुत्र उधर से ही गुजर रहा था। इसने हमारे कहने के बावजूद हमारे राजा को प्रणाम नहीं किया और तब हमने अपने राजा के आदेश पर इसके पैर काट डाले। हमने अपने राजा की आज्ञा का पालन किया है।" यह सुनकर यौगन्धरायण ने राजा से अकेले में कहा, "जिस पत्थर

पर इन ग्वालों का राजा बैठता है, उसके नीचे शायद कोई खजाना दबा हुआ है। उसी के प्रभाववश वह ग्वाला इन पर शासन करता है।''

राजा उदयन उन ग्वालों को साथ लेकर उस जंगल में गये, जहाँ वह पत्थर रखा था। पत्थर के नीचे खुदाई करायी गयी। वहाँ अचानक एक यक्ष प्रकट हुआ। उसने उदयन को बताया कि यहाँ आपके पूर्वजों का खजाना और सिंहासन दबा हुआ है। आप उसे अपने साथ ले जाइये। राजा सब वस्तुओं को अपने राजभवन ले आया। दूसरे दिन यौगन्धरायण ने परीक्षा लेने के लिए राजा को उस सिंहासन पर बैठने का अनुरोध किया। लेकिन राजा ने कहा कि "मेरे पूर्वज सारी पृथ्वी पर विजय प्राप्त करने के बाद इस सिंहासन पर आसीन हुए थे। जब तक मैं पृथ्वी को जीत नहीं लूँगा, तब तक मैं इस सिंहासन पर नहीं बैठूँगा।'' यौगन्धरायण यह सुनकर बहुत प्रसन्न हुआ और बोला, "महाराज अब दिग्विजय की तैयारी कीजिये। पहले आप पूर्व की ओर जाइये, क्योंकि पूर्व दिशा सबसे श्रेष्ठ बतायी गयी है। इस ओर ही प्रतिदिन सूर्य का उदय होता है। भागीरथी भी इस दिशा की ओर बहती हुई जाती हैं और देवराज इन्द्र भी इसी दिशा में निवास करते हैं। आपके पूर्वज भी दिग्विजय के लिए सबसे पहले पूर्व दिशा की ओर ही गये थे। आपके पूर्वज गंगातट पर हस्तिनापुर में रहते थे। राजा शतानीक देश से ज्यादा पुरुषार्थ को प्रबल मानते थे। इसलिए वह कौशाम्बी में आकर बस गये थे।''

उदयन ने सहमत होते हुए कहा कि ''तुम्हारी बात सही है। चक्रवर्ती सम्राट् बनने में देश का प्रभाव उतना काम नहीं आता है जितना पुरुषार्थ काम आता है। पुरुषार्थी व्यक्ति ही लक्ष्मी पर विजय प्राप्त करता है।

यौगन्धरायण ने उदयन से कहा कि दिग्विजय के क्रम मे सबसे पहले अपने पुराने शत्रु काशीनरेश ब्रह्मदत्त को जीतिये; और फिर पूर्व की ओर बढ़िये। इससे सहमत होकर उदयन ने दिग्विजय के लिए सेना को तैयार रहने की आज्ञा दी। वासवदत्ता का भाई गोपालक भी दिग्विजय में सहयोग देने के लिए आ गया। राजा ने उसका सम्मान किया और भेंट में उसको विदेह का राज्य सौंप दिया। सेना को सुसंगठित करने का दायित्व सिंहवर्मा को सौंपा गया था। इस कार्य के लिए उसको चन्देली का राज्य पुरस्कारस्वरूप दिया गया। म्लेच्छराज पुलिन्दक को भी इस दिग्विजय-यात्रा में सहयोग देने के लिए निमन्त्रित किया गया। दिग्विजय की तैयारी की सूचना पाकर उदयन के शत्रु चिन्ता में पड़ गये। यौगन्धरायण ने काशी में अपने भेदिये भेजकर राजा ब्रह्मदत्त का पता लगाने का प्रयास किया। उसके बाद राजा उदयन पद्मावती और वासवदत्ता को साथ लेकर एक विशाल सेना सहित दिग्विजय के लिए निकल पड़े।

उधर यौगन्धरायण के दूतों ने काशी में जाकर अपना काम शुरू कर दिया। उनमें से एक गुरु बना और बाकी सब चेले। उन चेलों ने सारे नगर में यह बात फैला दी कि उनका गुरु सर्वज्ञ है। यही नहीं, यदि वह किसी से कह देता था कि जाओ तुम्हारे घर

में आग लग जायेगी, तो चेले छिपकर ठीक समय पर उसके घर में आग लगा आते थे। इस तरह वह सारे नगर में प्रसिद्ध हो गया। काशीनरेश का एक मित्र भी उससे बहुत प्रभावित हुआ। यहाँ तक कि उसकी सेवा करते हुए वह भी चेलों के साथ ही रहने लगा। इस व्यक्ति से ही उन्हें गुप्त बातों का पता चल जाया करता था। जिस मार्ग से राजा उदयन सेना-सहित काशी की ओर आ रहा था, उस मार्ग पर काशिराज के मन्त्री योगकैण्डक ने पानी, फल-फूल और वृक्षों को विषाक्त बना दिया। उसने ऐसी नर्तकियाँ उदयन की सेना में भेज दीं, जो सैनिकों को विष देकर मार देने में निपुण थीं। यौगन्धरायण ने यह भेद अपने भेदियों से जान लिया। इसलिए उसने मार्ग के फल-फूल आदि को विषनाशक ओषधियों से शुद्ध करवाया और किसी भी स्त्री का सेना में आना प्रतिबन्धित कर दिया। जिन पुरुषों पर उसे सन्देह होता था, वह उनका वध करवा देता था। इस तरह काशिराज के मन्त्री की योजना विफल हो गयी। प्रारम्भ में राजा ब्रह्मदत्त ने उदयन की सेना से युद्ध करने का प्रयत्न किया। किन्तु शीघ्र ही उसने हार मान ली और भेंटस्वरूप बहुत-सी सामग्री उनको दी।

काशी पर विजय पाने के बाद राजा उदयन सेना-सहित पूर्व दिशा के राजाओं को परास्त करता हुआ समुद्र के किनारे आकर रुका। वहाँ उसने एक विजयस्तम्भ स्थापित किया। कलिंग देश के रहनेवालों ने उसको अनेक उपहार दिये। फिर उदयन ने महेन्द्र पर्वत को जीतकर दक्षिण दिशा की ओर प्रस्थान किया। कावेरी नदी को पार करके उसने चोल देश को जीता। फिर रेवा नदी के पार बसी उज्जयिनी नगरी में जाकर रुका। वहाँ के राजा चण्डमहासेन ने उसका स्वागत किया। वासवदत्ता भी अपने पिता से मिलकर बहुत प्रसन्न हुई। कुछ दिन रहने के बाद उदयन उज्जयिनी की सेना लेकर पश्चिम दिशा की ओर बढ़ा। वहाँ उसने लाट देश पर विजय प्राप्त की। फिर वह उत्तर में गया। वहाँ म्लेच्छों को मारकर उसने सिन्ध के राजा पर विजय प्राप्त की। फिर उसने पारस के राजा को युद्ध में मारा और उस देश को अपने अधीन किया। यह सब जानकर कामरूप का राजा स्वयं ही उसके शरणागत हो गया। उसने बहुत-से हाथी भेंट में दिये।

इस तरह चारों दिशाओं को जीतता हुआ राजा उदयन मगध पहुँच गया। मगध के राजा उदयन के श्वसुर और पद्मावती के पिता थे। उन्होंने उदयन के स्वागत में एक उत्सव मनाया। वासवदत्ता को फिर से प्रकट रूप में देखकर मगधनरेश बहुत खुश हुए। उत्सव समाप्त होने के बाद उदयन मगध से लावणक आ गया।

लावणक में सेना विश्राम करने के लिए रुकी। एक दिन उदयन ने यौगन्धरायण से कहा कि "जो राजा पराजित हो चुके हैं, उनमें कोई और तो सिर नहीं उठायेगा, लेकिन काशिराज ब्रह्मदत्त पर मुझे सन्देह है। वह कुटिल है और किसी भी समय उपद्रव कर सकता है।" यौगन्धरायण ने कहा कि "अब वह सिर नहीं उठायेगा। उसके हार जाने के बाद भी आप उससे सम्मानपूर्वक मिले थे। फिर भी यदि वह कोई अनुचित कार्य करेगा,

तो उसी का अहित होगा, क्योंकि अच्छा काम करनेवाले को अच्छा फल मिलता है और बुरा काम करनेवाले को बुरा फल मिलता है।

नरवाहनदत्त का जन्म

एक दिन राजा उदयन अपने मन्त्रियों के साथ बैठे हुए थे। तभी वासवदत्ता वहाँ आयी और बोली कि "आजकल मुझे अक्सर अपने गर्भ की रक्षा की चिन्ता सताती है। कल रात मुझे स्वप्न में एक दिव्य पुरुष दिखायी पड़े, जिनके शरीर पर भस्म लगी थी, बड़ी-बड़ी जटाएँ थीं, उनके मस्तक पर चन्द्रमा चमक रहा था और उनके हाथ में त्रिशूल था। उस दिव्य पुरुष ने मुझसे कहा कि "तुम चिन्ता मत करो। मैं तुम्हारे गर्भ का रक्षक हूँ।" इतना कहकर वे दिव्य पुरुष चले गये।

कुछ दिनों के बाद मन्त्रियों और अन्य राजकर्मचारियों के पुत्र पैदा हुए। रुक्मवान् के पुत्र का नाम हरिशिख, यौगन्धरायण के पुत्र का नाम मरुभूति, वसन्तक के पुत्र का नाम तपन्तक तथा प्रधान प्रतिहार नित्योदित के पुत्र का नाम गोमुख रखा गया। उसी समय आकाशवाणी हुई कि "उदयन का होनेवाला पुत्र चक्रवर्ती सम्राट् होगा। इन मन्त्रियों के पुत्र ही उसके मन्त्री और सहायक बनेंगे।"

समय आने पर वासवदत्ता ने एक सुन्दर पुत्र को जन्म दिया। पूरे वत्स राज्य में खुशी छा गयी। तभी आकाशवाणी हुई कि यह राजपुत्र कामदेव का अवतार है और इसका नाम नरवाहनदत्त है। यह अपने पराक्रम से विद्याधरों का राजा बनकर चक्रवर्ती सम्राट् बनेगा। फिर आकाश से फूलों की वर्षा हुई और दुन्दुभी का स्वर गूँज उठा। विद्याधर भी आकाश में आकर हर्ष व्यक्त करने लगे। धरती से लेकर आकाश तक उत्सव मनाया गया।

अध्याय 6

प्राचीन संस्कृत नाटकों में कौशाम्बी

प्राचीन संस्कृत साहित्य में वत्स देश और कौशाम्बी की पृष्ठभूमि पर पाँच प्रमुख नाटकों की रचना की गयी थी। उनमें से दो नाटक भास द्वारा रचे गये थे- 'प्रतिज्ञा यौगन्धरायण' तथा 'स्वप्नवासवदत्ता'। महाकवि भास ने तीसरी शताब्दी ई. में संस्कृत भाषा में इन दोनों नाटकों की रचना की थी। श्रीहर्ष द्वारा भी उसी पृष्ठभूमि पर दो नाटकों की रचना की गयी- 'रत्नावली' और 'प्रियदर्शिका'। इनके अतिरिक्त अनंगहर्ष मायुराज द्वारा 'तापसवत्सराज' नामक नाटक की रचना की गयी। उक्त नाटकों के माध्यम से वत्सराज उदयन के विषय में समुचित जानकारी तो मिलती ही है, वत्स देश और उसकी राजधानी कौशाम्बी के वैभव और महत्त्व का पर्याप्त परिचय भी प्राप्त होता है।

भास कृत 'प्रतिज्ञा यौगन्धरायण' की कथा

वत्स देश के प्रसिद्ध राजा उदयन का जन्म राजर्षि भरत के वंश में हुआ था। वे युवा, स्वस्थ, कान्तिमान, आखेट-प्रेमी और सप्ततन्त्री वीणा के अद्‌भुत वादक थे। वे घोषवती वीणा बजाकर मत्त हाथी को भी वश में करने में समर्थ थे। कौशाम्बी उनकी राजधानी थी। वहाँ के लोग उनको बहुत आदर और स्नेह देते थे। यद्यपि राजकाज में उनकी सहायता के लिए कई कुशल मन्त्री थे, तथापि यौगन्धरायण मन्त्रियों में सर्वश्रेष्ठ थे। उनकी सूझ-बूझ और राजभक्ति अद्‌भुत थी।

समकालीन अनेक राजा उदयन के पराक्रम से प्रभावित थे। मगध, काशी, अंग, सौराष्ट्र, मिथिला, शूरसेन आदि प्रदेशों के राजा उनसे सद्‌भावपूर्ण सम्बन्ध बनाये रखने के इच्छुक थे। परन्तु अवन्ति के राजा महासेन चण्डप्रद्योत को उदयन के बढ़ते यश से क्षोभ हो रहा था। अवन्ति और वत्स पड़ोसी राज्य थे। महासेन प्रद्योत भी एक प्रतापी राजा था। बहुत-से शासक उसके शरणागत थे। वह चाहता था कि उदयन भी उसके समक्ष सिर झुकायें। महासेन प्रद्योत और उसके मन्त्री भरतरोहक ने उदयन को नीचा दिखाने का प्रयत्न किया, लेकिन वे सफल न हुए। अन्त में भरतरोहक ने एक जाल रचा।

एक दिन उदयन मन्त्री रुक्मवान् और कुछ सैनिकों को लेकर आखेट करने के लिए निकले। उनको वेणुवन सहित चार वनों को पारकर नागवन पहुँचना था। इधर कौशाम्बी

में, अमात्य यौगन्धरायण को अपने गुप्तचरों से यह सूचना मिली कि एक बनावटी नीले हाथी की रचना करके प्रद्योत के सैनिकों ने राजा उदयन को छलने की योजना बनायी है। यौगन्धरायण ने इस कपटजाल के प्रति सतर्क करने के लिए वत्सराज के पास एक दूत भेजने का प्रबन्ध किया। लेकिन तब तक बहुत देर हो चुकी थी।

हंसक महाराज उदयन के साथ छाया के समान रहनेवाला अनुचर था। यौगन्धरायण ने जब यह सुना कि वह अकेला ही कौशाम्बी लौट आया है तो उनको चिन्ता हुई। उन्होंने हंसक को बुलाकर पूछा कि "क्या महाराज नागवन नहीं गये?" उसने बताया कि वे तो कल ही चले गये थे। तब अमात्य ने कहा कि "हम लोग ठगे गये। मुझे लगता है कि महाराज बन्दी बना लिये गये हैं।" तब हंसक ने उसकी पुष्टि करते हुए यौगन्धरायण को उदयन के बन्दी बनाये जाने सम्बन्धी पूरा वृत्तान्त कह सुनाया।

वेणुवन पहुँचकर सैनिकों को वहीं ठहराकर, चन्द सैनिकों के साथ उदयन नागवन गये। मदगन्धीर पर्वत से एक कोस पहले ही हाथियों का एक झुण्ड दिखायी पड़ा। हाथियों के झुण्ड से निकलकर एक पैदल सिपाही ने महाराज उदयन के पास आकर बताया कि उसने एक नीला हाथी देखा है। उसे बतौर इनाम सौ स्वर्ण-मुद्राएँ देते हुए उदयन ने कहा कि निश्चय ही यह वही विशाल हाथी है जिसका वर्णन हस्तिशिक्षा में नील-कुवलय शरीर नाम से आया है। उदयन ने कहा कि उसको केवल वीणा की सहायता से ही वश में किया जा सकता है।

तभी दो चमकते हुए दाँतोंवाला वह बनावटी हाथी केवल सौ धनुष की दूरी पर दिखायी पड़ा। महाराज ने घोड़े से उतरकर देवताओं को प्रणाम किया और उन्होंने हाथ में वीणा ले ली।

"फिर क्या हुआ?"

"फिर उस नकली हाथी का भेद खुल गया। उस विशालकाय नकली हाथी के भीतर से अवन्ति के महामात्य और सैकड़ों सशस्त्र सैनिक निकल पड़े।"

"महाराज ने अद्‍भुत पराक्रम दिखाया। लेकिन शत्रु-दल की विशाल संख्या के कारण अन्ततः थक गये। हमारे सभी सैनिक मारे गये। मैं अकेला बच पाया। स्वामी के कारण ही मेरी रक्षा हुई। कुछ देर बाद जब स्वामी आहत होकर घोड़े से धरती पर गिर गये, तब शत्रुओं ने उन्हें बन्दी बना लिया।"

"एक दुष्ट ने तो अचेत पड़े स्वामी की हत्या करने के उद्देश्य से अपनी तलवार खींच ली। परन्तु अवन्ति के एक अमात्य शालंकायन ने वहाँ पहुँचकर उसे ऐसा करने से रोक दिया। उसने स्वामी का उपचार किया और घावों के कारण अन्य सवारी पर चल सकने में असमर्थ जानकर स्वामी को पालकी पर बिठाकर महासेन प्रद्योत की राजधानी उज्जयिनी ले चला।"

"और हंसक, तुम स्वामी के साथ क्यों नहीं गये?"

"आर्य, मुझे शालंकायन ने आज्ञा दी कि मैं यह समाचार कौशाम्बी पहुँचा दूँ।"

फिर महाराज ने मुझसे कहा कि "जाओ, यौगन्धरायण से मिलो।"

"सारे सचिव-मण्डल को छोड़कर स्वामी ने अकेले मेरा नाम लिया?"

"जी हाँ।"

"मुझ पर स्वामी की विशेष कृपा है। परन्तु आज तक मैंने स्वामी के अन्न और राजसम्मान का ऋण नहीं चुकाया है।"

फिर यौगन्धरायण ने कहा कि "उस शत्रु राजा प्रद्योत के नगर में, उसके कारागार में अथवा वनप्रान्त में, स्वयं बन्धन में पड़कर भी मैं स्वामी से मिलूँगा। उस अभिमानी अवन्तिराज की कैद से निकालकर मैं स्वामी को राज्य-सिंहासन पर फिर आसीन कराऊँगा, तब उनकी प्रशंसा का अधिकारी बनूँगा।"

इस बीच उदयन के बन्दी बना लिये जाने का समाचार राजप्रासाद में फैल चुका था। सब दुखी और अधीर थे। लेकिन राजमाता ने जो सन्देश यौगन्धरायण के पास भेजा, उससे उनके धैर्य और उनकी बुद्धिमत्ता का पता लगता है। उन्होंने कहा, "संकट के समय जो अधीर नहीं होता, दुख पड़ने पर जो हताश नहीं होता, मारे जाने पर भी जो प्राण नहीं छोड़ता, वही सच्चा बुद्धिमान् है। यौगन्धरायण मेरे बेटे का मित्र पहले है, मन्त्री बाद में। वही मेरे बेटे को छुड़ाकर लायेगा।"

उसने राजमाता के स्नेहपूर्ण सन्देश को पाकर यह प्रतिज्ञा की कि "यदि राहु से ग्रस्त चन्द्रमा की भाँति, शत्रु-सेना से ग्रस्त स्वामी को मैं छुड़ाकर न ले आऊँ, तो मेरा नाम यौगन्धरायण नहीं।"

यौगन्धरायण ने यह प्रतिज्ञा ली ही थी कि ब्राह्मण-भोज में पागल के वेश में आये किसी अतिथि ने अट्टहास करते हुए कहा कि, "जी भरकर खाइये! इस राजकुल का अभ्युदय होनेवाला है।" यह कहने के साथ ही वह अपना वेश छोड़कर अदृश्य हो गया। एक ब्राह्मण ने वे वस्त्र लाकर यौगन्धरायण को दिये और यह बताया कि छद्मवेश में भगवान् व्यास पधारे थे। उस कथन के निहितार्थ को समझकर अमात्य ने छोड़े हुए उस वस्त्र को पहन लिया। उसने कहा कि "मेरा तो रूप ही बदल गया! अब मुझे स्वामी के पास पहुँचा ही समझो।"

(अंक 2)

उधर अवन्ति की राजधानी उज्जयिनी में महासेन प्रद्योत की सुन्दर कन्या वासवदत्ता विवाह के योग्य हो चुकी थी। महासेन और उनकी रानी को यह चिन्ता थी कि वासवदत्ता को योग्य वर मिले।

विवाह का प्रस्ताव करनेवाले राजाओं की कोई कमी नहीं थी। उस समय भी ऐसा ही प्रस्ताव लेकर काशिराज के उपाध्याय जैवन्ति उज्जयिनी में राज-अतिथि के रूप में ठहरे हुए थे। राजप्रासाद में प्रायः प्रतिदिन अनुकूल गोत्रों के राज-वंशों से कन्यादान के लिए

दूतों का आना-जाना लगा रहता था। लेकिन महासेन न किसी को अंगीकार करते थे, न कोई उत्तर देते थे। लगता था कि वे किसी ऐसे वर की ओर से प्रस्ताव आने की प्रतीक्षा कर रहे हों, जिसके लिए इस वधू का विधान किया गया है।

आर्य जैवन्ति के प्रस्ताव पर महारानी अंगारवती से परामर्श करने के लिए महासेन उनकी प्रतीक्षा कर रहे थे। वे यह भी सोच रहे थे कि, ''मेरे घोड़ों के खुरों से उठी हुई धूल को अन्य शासक अपने मुकुटों पर धारण करते हैं, लेकिन वत्सराज मेरे सामने नतमस्तक नहीं हुए।''

रानी के आते ही महासेन ने पूछा, ''वासवदत्ता कहाँ है?''

''वह उत्तरा वैतालिकी के पास नारदीय वीणा सीखने गयी है। उसे वीणा सिखाने के लिए एक आचार्य बुला दीजिये न!'' रानी ने कहा।

''अब उसके विवाह का समय आ गया है तो आचार्य आकर क्या करेंगे! अब पति ही उसे शिक्षा देगा।''

''क्या अभी से मेरी पुत्री विवाह-योग्य हो गयी?''

''अरे, प्रायः तुम्हीं तो कहती हो कि उसे पति को सौंप दीजिये।''

''अच्छा! तो उसे किसे सौंपने का निश्चय किया है?''

महासेन और रानी के बीच यह बातचीत चल ही रही थी कि कंचुकी[1] ने क्षमा माँगते हुए प्रवेश किया और बताया कि वह एक शुभ समाचार देना चाहता है। रानी वहाँ से चलने को थी, लेकिन महासेन ने कहा- ''बैठो! शुभ समाचार सुनने की अधिकारिणी तुम भी हो।''

कंचुकी ने कहा- ''अमात्य शालंकायन ने वत्सराज को बन्दी बना लिया है।''

अविश्वास के स्वर में महासेन ने पूछा, ''उदयन को?''

''और क्या?''

''अरे, शतानीक के पुत्र को?''

''हाँ, महाराज, उन्हीं को।''

''सहस्रानीक के पौत्र को?''

''जी हाँ, उन्हीं को।''

''गान्धर्व विद्या जाननेवाले कौशाम्बी के स्वामी को?''

''जी हाँ, उन्हीं को।''

''वत्सराज ही है न?''

''और क्या, महाराज, वही हैं।''

''तो क्या यौगन्धरायण मर गया?''

''नहीं, वह कौशाम्बी में है।''

''यदि ऐसा है तो फिर वत्सराज बन्दी नहीं हुआ होगा।''

"महाराज क्षमा करें! मैं वृद्ध भी हूँ और ब्राह्मण भी। आज तक मैंने आपके आगे कभी असत्य नहीं कहा है।"

तभी महासेन को पता चला कि रथ पर वत्सराज को आगे बिठाकर शालंकायन स्वयं आ गये हैं। "आज से मेरी अक्षौहिणी सेना सुख से विश्राम करे!" यह कहकर उन्होंने सन्तोष प्रकट किया।

अवन्तिराज ने अमात्य को आज्ञा दी कि यद्यपि वत्सराज युद्ध में पराजित शत्रु हैं, तथापि उनको आदर सहित उनके पास लाया जाये।

महासेन प्रद्योत इस अवसर को अपने जीवन का सबसे सुखद समय मान रहे थे। उन्होंने उदयन को राजोचित आदर दिये जाने की आज्ञा दी; और कंचुकी को यह आदेश दिया कि वत्सराज को देखने के लिए आये हुए लोगो में से किसी को हटाया न जाये।

उधर रानी अंगारवती के मन में एक अन्य विचार आ रहा था। उन्हें लग रहा था कि वासवदत्ता के वर की खोज पूरी हो गयी है। उन्होंने महासेन से पूछा, "अनेक राजकुलों के लोग अपने यहाँ सम्बन्ध करने के लिए आये, लेकिन इसने अभी तक कोई प्रस्ताव नहीं भेजा?"

तब महासेन ने कहा कि "देवि, वह मेरी महासेन की उपाधि को ही महत्त्व नहीं देता, तो सम्बन्ध जोड़ने की बात कैसे करता!"

तभी अवन्तिराज का अभिवादन करते हुए शालंकायन ने वहाँ प्रवेश किया। "भरत-कुल में चली आयी वत्सराज की यह घोषवती वीणा सचमुच देखने योग्य है।" यह कहकर उसने उदयन से छीनी गयी वीणा महासेन को भेंट कर दी। यह प्रसिद्ध वीणा मदमत्त हाथियों को वश में करने में समर्थ थी। महासेन ने इस वीणा को राजकुमारी वासवदत्ता को दिये जाने का आदेश दिया।

महासेन ने यह भी कहा- "उदयन को कई घाव लगे हैं। उसकी देखभाल की जाये; और बीते हुए युद्ध की चर्चा उसके सामने न हो। पहले तो उसके अभिमान को देखते हुए मैं अप्रसन्न था, लेकिन उसे बन्दी देखकर मेरा रोष समाप्त हो गया है। अब मुझे उसके शीघ्र स्वस्थ होने की चिन्ता है।"

(अंक 3)

उदयन को मुक्त कराने की प्रतिज्ञा करके यौगन्धरायण शान्त नहीं बैठ सकता था। वह मुक्ति के लिए उपाय कर रहा था। पागल का छद्म वेश बनाकर वह स्वयं तो उज्जयिनी पहुँचा ही रुक्मवान् को और वत्सराज के अन्तरंग साथी वसन्तक और सैकड़ों स्वामिभक्त एवं चतुर कौशाम्बी-निवासियों को अपने साथ ले आया। वे सब उज्जयिनी नगर में फैलकर अपने-अपने दायित्व का पालन करने लगे। इसकी भनक मिलते ही मन्त्री भरतरोहक ने उदयन के बन्दीगृह की सुरक्षा-व्यवस्था दृढ़ कर ली थी।

छद्म-वेश धारण किये यौगन्धरायण, रुक्मवान् और वसन्तक किसी निर्जन स्थान पर मिलकर परामर्श किया करते थे और किसी व्यक्ति को पास आता देखते ही तितर-बितर हो जाते थे। उनकी योजना यह थी कि जिस हाथी नलागिरी के छल से वत्सराज पकड़े गये थे, उसी के बहाने उन्हें मुक्त कराया जाये। नलागिरी को यदि क्रुद्ध कर दिया जाये और वह अपने रक्षकों के वश में न रहे तो प्रद्योत बाध्य होकर हाथी को अपनी वीणा द्वारा वश में करने के लिए उदयन से अनुरोध करेगा। फिर उदयन नलागिरी पर आसन जमाकर बैठ जायेंगे और उसको इतने वेग से चलायेंगे कि शत्रु-दल उसका पीछा करने की कल्पना ही करता रहेगा और वह विन्ध्यगिरि को पारकर, वन को लाँघते हुए, अपनी राजधानी कौशाम्बी पहुँच जायेंगे।

यौगन्धरायण वसन्तक के माध्यम से अपने स्वामी की खबर रखता था। उसे मालूम हुआ कि वसन्तक ने स्वामी से बातचीत की है; और उन्हें अपने सामने चतुर्दशी का स्नान भी कराया है।

यौगन्धरायण ने वेसन्तक से कहा कि ''जाकर स्वामी से फिर मिलो और उनसे कहो कि कल ही यहाँ से निकल भागना है। नलागिरी के रहने, नहाने, खाने, सोने के सभी स्थानों पर समुचित ओषधियाँ बिखेर दी गयी हैं। इस प्रकार वह मन्त्र और ओषधियों के प्रभाव से व्यामोहित कर दिया गया है। गज अग्नि की ज्वाला से डर जाते हैं, इसलिए गजशाला के पास ही साधारण स्थिति का जो एक घर है, उसे जला देने का प्रबन्ध भी कर दिया गया है। हाथी को एकदम व्याकुल करने के लिए देवमन्दिरों में शंख और दुन्दुभी रखवा दिया गया है। इस सब से होनेवाले शोर के बीच प्रद्योत बाध्य होकर वत्सराज की शरण में सहायता के लिए आयेगा। वही घोषवती वीणा को प्राप्त करके बन्धनमुक्त होने का अनुकूल अवसर होगा।''

वसन्तक कुछ सोच में पड़ गया। तब रुक्मवान् ने पूछा कि ''अब क्या सोच रहे हो?''

''यही कि कहीं यह प्रयत्न विफल न हो जाये।''

यौगन्धरायण ने विफलता का कारण जानना चाहा। तब उसने कहा कि ''वत्सराज की अपनी ही कार्य-प्रणाली से।'' यह कहते हुए वसन्तक ने भेद की यह बात बतायी कि ''पिछली कालाष्टमी को राजपुत्री वासवदत्ता भगवती यक्षिणी के स्थान पर गयी थीं। अविवाहिता होने के कारण वह खुली पालकी में थी। कंचुकी आदि को भी उसने अपने साथ नहीं लिया था। उनके साथ केवल एक धाय थी। जल की नाली के फूट जाने के कारण वह राजमार्ग से न जाकर बन्दीगृह के द्वार के सामने से होकर गयीं। उस दिन स्वामी कारागार के रक्षक को प्रभावित करके बन्दीगृह के द्वार पर निकल आये थे।''

''फिर क्या हुआ?'' यौगन्धरायण और रुक्मवान् ने एक साथ पूछा।

"कन्धा बदलने के लिए कहारों ने पालकी वहीं रोक रखी थी। इसलिए स्वामी ने राजपुत्री को गौर से देखा।"

"फिर?" यौगन्धरायण ने पूछा।

"फिर क्या? उस दिन से बन्दीगृह ही प्रमदवन बन गया है; और स्वामी वहीं प्रेमलीला में मग्न हैं।"

यौगन्धरायण ने चिन्तित स्वर में रुक्मवान् से कहा कि "फिर तो लगता है, बुढ़ापा इसी वेश में कटेगा।"

वसन्तक बीच में ही बोल उठा- "स्वामी ने यह भी कहा है कि यौगन्धरायण से कहना कि उनकी योजना मुझे अच्छी नहीं लगी। बच निकलने की बात तो ठीक है, पर हमें प्रद्योत के मान-अपमान की चिन्ता भी होनी चाहिए।"

"क्या विडम्बना है!" यौगन्धरायण ने कहा, "यह तो स्वजनों को कष्ट देनेवाली बात हुई। देश-काल का विचार किये बिना स्वामी को रागरंग सूझा है। और हमारी दुविधा यह है कि इस प्रकार कामाभिभूत होने के बावजूद अपने स्वामी को छोड़ें कैसे!"

"तब तो बन्दीगृह से स्वामी और अन्तःपुर से राजकन्या दोनों को निकालिये।" वसन्तक ने उकसाया।

आर्य यौगन्धरायण बोले, "तो यह मेरी दूसरी प्रतिज्ञा है कि घोषवती वीणासहित स्वामी को मुक्त कराते हुए उस बड़े नेत्रोंवाली वासवदत्ता का हरण न करूँ तो यौगन्धरायण मेरा नाम नहीं।"

(अंक 4)

उज्जयिनी में बन्दी होने के बावजूद उदयन राजपुत्री वासवदत्ता को शिष्या के रूप में वीणा-वादन की शिक्षा देने लगते हैं। दोनों के बीच परस्पर आकर्षण बढ़ता जाता है। जब यौगन्धरायण की पूर्व-योजना के अनुसार नलागिरी गज प्रमत्त होता है, तो उसे वश में करने के लिए उदयन से अनुरोध किया जाता है; और वह उसे वश में कर भी लेते हैं। इसके बाद उदयन को बन्दीगृह में नहीं रखा जाता है।

यौगन्धरायण अपनी दोनों प्रतिज्ञाओं के प्रति संकल्पित है। उसकी योजना है कि वत्सराज के प्रति आसक्त वासवदत्ता को, उसी की हथिनी भद्रवती पर बिठाकर उदयन एक नियत अवसर पर कौशाम्बी के लिए निकल चलें। कौशाम्बी से लाये गये विश्वासी अनुचर उज्जयिनी में गुप्तचर के रूप में सक्रिय हो जाते हैं।

यौगन्धरायण का एक अनुचर भद्रवती का परिचारक बन जाता है। एक दिन प्रातःकाल जब वासवदत्ता के जलक्रीड़ा का समय हुआ, भद्रवती का परिचारक गायब था। वासवदत्ता का भट गात्रसेवक का नाम लेकर पुकारता रहा। भट को पता चला कि

गात्रसेवक कण्डिल सूँडी के यहाँ मदिरा पी रहा है। फिर भट ने गात्रसेवक को नशे में झूमते हुए देखा।

भट ने कहा, "जल्दी भद्रवती को ले आओ।"

गात्रसेवक ने कहा कि "मैंने तो उसका अंकुश गिरवी रख दिया।"

"स्वभाव से सीधी भद्रवती को अंकुश क्यों चाहिए? जाओ, उसे ले आओ।"

फिर उसने कहा कि "मैंने तो उसकी अर्द्ध-चन्द्रमाला गिरवी रख दी।"

"भद्रवती तो फूलों से भी संजायी जा सकती है।"

फिर उसने कहा कि "मैंने तो उसका घण्टा भी गिरवी रख दिया।"

"जलक्रीड़ा के समय भद्रवती का घण्टे से क्या प्रयोजन? भद्रवती को ले आओ।"

"अरे, मैंने तो भद्रवती को भी गिरवी रख दिया।"

भट और गात्रसेवक की बातचीत चल ही रही थी कि सामने हल्ला हुआ। गात्रसेवक ने कहा कि "कण्डिल सूँडी का घर तोड़कर भद्रवती भाग रही है।" लेकिन भट बोला कि "यह तो वत्सराज कुमारी वासवदत्ता को लेकर भाग रहे हैं।"

"स्वामी की यात्रा निर्विघ्न सम्पन्न हो!" गात्रसेवक ने हर्षध्वनि की।

"और पीओ, देखा अपने नशे का परिणाम?"

"कैसा नशा! हम सब तो स्थान-स्थान पर नियुक्त आर्य यौगन्धरायण के गुप्तचर हैं।"

नगर में कोलाहल मच गया। सैनिक भाग-दौड़ करने लगे। तभी पागल का वेश त्यागकर यौगन्धरायण भद्रवेश में दिखायी पड़े। किसी भट ने कहा, "यह सब क्या है? ऐसा लग रहा है मानो सारी कौशाम्बी ही यहाँ आ गयी है।"

तभी यौगन्धरायण को अवन्ति के सैनिकों ने घेर लिया। उन्होंने उस आक्रमण को तलवार की सहायता से रोक दिया। लेकिन विजयसुन्दर गज के दाँत पर आघात करते हुए उनकी तलवार टूट गयी; और तब वे पकड़ लिये गये।

घायल यौगन्धरायण अपनी योजना की सफलता से सन्तुष्ट थे। उनको शस्त्रागार में ठहराया गया। एक भट ने कहा- "अमात्य की आज्ञा है कि बेड़ियाँ हटा दी जायें।"

"जान पड़ता है भरतरोहक मुझे देखना चाहता है।" यौगन्धरायण ने कहा।

भरतरोहक ने आते ही कहा, "अब तक आपका नाम ही सुन रखा था। आज देखने का अवसर मिला है। परन्तु आर्य यौगन्धरायण, अग्नि को साक्षी करके उन्होंने महासेन की पुत्री को शिष्या के रूप में ग्रहण किया था। उसे बिना दान प्राप्त किये, हरण करके ले जाने की यह प्रवृत्ति क्या उचित है?"

तब यौगन्धरायण ने कहा कि "भरत-वंश में उत्पन्न और सुप्रसिद्ध वत्सदेश के अधिपति हमारे महाराज बिना विवाह किये किसी स्त्री को शिक्षा कैसे देते?"

"आज भी महासेन ने वत्सराज का समुचित सत्कार किया, यह क्यों नहीं देखते। नलागिरी को पकड़ने के लिए उन्हें मुक्त किया था; और फिर उसके बाद तुम्हारे स्वामी को क्यों नहीं बन्दी बनाया?"

"निन्दा के भय से।"

"शास्त्रों के अनुसार पराजित शत्रु के साथ कैसा व्यवहार किया जाना चाहिए?" भरतरोहक ने पूछा।

"वध।" यौगन्धरायण ने संक्षेप में उत्तर दिया।

"यदि वत्सराज वध के योग्य थे तो हम लोगों ने उनका सत्कार क्यों किया?"

"यह समझकर कि इसके परिणामस्वरूप आपके महाराज भी सुरक्षित नहीं रहेंगे।"

"क्या आप ऐसा समझते हैं?"

यह तीखा तर्क-वितर्क चल ही रहा था कि अन्तःपुर से रोने का स्वर सुनायी दिया। भरतरोहक ने कंचुकी से कहा, "देखो, यह कैसा कोलाहल है?"

कंचुकी ने लौटकर बताया कि "शोक से आकुल रानी अंगारवती राजप्रासाद से कूदकर प्राण देने जा रही थीं। तब महासेन ने उनसे कहा कि तुम्हारी पुत्री का विवाह क्षत्रियोचित धर्म से ही सम्पन्न हुआ है। इस प्रसन्नता के अवसर पर तुम दुखी क्यों हो। यहाँ वत्सराज और वासवदत्ता के चित्र को रखकर विवाह-विधि पूरी की जाये। बस, तभी से स्त्रियाँ मंगलमय कौतुक कर रही हैं।"

यौगन्धरायण ने कहा कि यह प्रसन्नता की बात है कि महासेन को यह सम्बन्ध स्वीकार है।"

भरतरोहक ने पूछा कि "आर्य यौगन्धरायण, अब हमारे महाराज आपके लिए क्या प्रिय कार्य करें?"

तब यौगन्धरायण ने सन्तोष व्यक्त करते हुए कहा कि "महासेन मुझसे प्रसन्न हैं, और क्या चाहिए?"

भास कृत 'स्वप्नवासवदत्तम्' की कथा

इस नाटक में वत्सराज उदयन और मगध की राजकुमारी पद्मावती के विवाह की कहानी तो है ही, उदयन की पहली रानी वासवदत्ता के अनन्य प्रेम की कहानी भी है और वत्स राज्य के मन्त्री यौगन्धरायण की अनुपम स्वामिभक्ति का वर्णन भी।

प्राचीनकाल में वत्स नामक एक प्रसिद्ध राज्य था। उसकी राजधानी थी कौशाम्बी। उदयन वहाँ के राजा थे। उनकी रानी वासवदत्ता उज्जैन के राजा प्रद्योत 'चण्डमहासेन' की पुत्री थीं। एक बार उदयन के एक शत्रु राजा आरुणि ने कौशाम्बी पर आक्रमण करके वत्स राज्य पर अधिकार कर लिया। यौगन्धरायण और रुक्मवान् जैसे योग्य मन्त्रियों के

बावजूद उदयन की हार हुई और वे लावणक में रहने लगे। लावणक वत्सराज्य के भीतर ही मगध की सीमा पर बसा एक छोटा-सा जनपद था।

उदयन तो वासवदत्ता के प्रेम और शिकार खेलने में मग्न रहते थे लेकिन उनके मन्त्रिगण रात-दिन अपने राज्य को फिर से जीतने का उपाय सोचने में लगे रहते थे। अन्ततः अमात्य यौगन्धरायण ने एक योजना बनायी। 'स्वप्नवासवदत्तम्' नाटक में उसी योजना का वर्णन किया गया है। कथा इस प्रकार है-

(अंक 1)

मगध की राजधानी राजगृह के निकट एक तपोवन था। मगध की राजमाता महादेवी वहीं रहती थीं। उनकी पुत्री पद्मावती उनसे मिलने आया करती थी। एक बार जब वह उनसे मिलकर वापस राजगृह लौट रही थी तो रास्ते में एक आश्रम में ठहरी। इसी समय वत्सराज की रानी वासवदत्ता और मन्त्री यौगन्धरायण भी वहाँ आये। यौगन्धरायण संन्यासी के वेश में थे और वासवदत्ता मालवा की स्त्रियों की पोशाक पहने हुए थीं। उसका नया नाम था- आवन्तिका। उस समय मगध के राजपुरुष 'हटो-हटो' कहकर वहाँ एकत्र लोगों को हटा रहे थे। वासवदत्ता इस तिरस्कार से दुखी हुई, परन्तु यौगन्धरायण ने उनको समझाते हुए कहा कि "अनजाने में तो देवताओं का भी तिरस्कार हो जाता है।"

तभी कंचुकी ने आकर राजपुरुषों को लोगों के साथ दुर्व्यवहार करने से रोक दिया। कंचुकी से ही यौगन्धरायण को जानकारी मिली कि ये मगध की राजकुमारी पद्मावती हैं। उसने मन-ही-मन सोचा कि 'यही पद्मावती हैं, जिनके बारे में हमारे ज्योतिषियों ने भविष्यवाणी की है कि यह हमारी रानी होंगी। तभी दासियों के साथ राजकुमारी वहाँ आ पहुँची। मुनि-पत्नियों ने उसका स्वागत किया। उसकी बातें सुनकर वासवदत्ता ने सोचा कि राजकुमारी सुन्दर होने के साथ ही मधुरभाषिणी भी है। उसके मन में भी राजकुमारी के प्रति बहन-जैसा स्नेह पैदा हुआ। तभी तापसी ने दासी से पूछा, "पद्मावती का अभी किसी राजकुमार से विवाह-सम्बन्ध हुआ या नहीं?"

दासी ने कहा, "उनके विवाह की बातचीत उज्जैन के राजा प्रद्योत के पुत्र के साथ चल रही है। पर अभी तक बात पक्की नहीं हुई है।" वासवदत्ता को यह जानकर प्रसन्नता हुई कि पद्मावती उसकी भाभी होने जा रही थी।

तभी पद्मावती ने कंचुकी से कहा, "मैंने मुनिजन के दर्शन कर लिये हैं। यहाँ के तपस्वियों से निवेदन कर दें कि उन्हें जो कुछ चाहिए वह हमारी ओर से दिया जायेगा।

इस अवसर का लाभ उठाकर यौगन्धरायण ने राजकुमारी से निवेदन किया, "यह मेरी छोटी बहन आवन्तिका है। इसका पति परदेस गया हुआ है। कुछ दिनों के लिए मैं इसे आपके पास छोड़ना चाहता हूँ।"

कंचुकी ने यह सुनकर पद्मावती से कहा, "धरोहर की रक्षा करना तो तप, धन और प्राण देने से भी कठिन कार्य है।"

परन्तु राजकुमारी ने कहा कि, "माँगनेवाले को मनचाहा देने की घोषणा करने के बाद इसकी प्रार्थना स्वीकार करनी ही पड़ेगी।"

यह सुनकर यौगन्धरायण को खुशी हुई और उसने वासवदत्ता से राजकुमारी के पास जाने को कहा। वह बेमन से उनके पास गयी। राजकुमारी ने उसका स्वागत किया। उसके रूप-गुण आदि को देखकर सबने समझा कि वह बड़े घर की बेटी है।

अचानक एक राहगीर ब्रह्मचारी वहाँ आ पहुँचा। वह लावणक में रहता था, लेकिन वहाँ एक दुर्घटना हो गयी थी, जिसके कारण उसे लौटना पड़ा। उसने बताया कि राजा उदयन वहीं रहते थे। एक दिन वह शिकार खेलने गये हुए थे। इधर गाँव में आग लग गयी और उनकी रानी वासवदत्ता उसमें जलकर मर गयीं। रानी को बचाने के प्रयास में मन्त्री यौगन्धरायण भी जलकर मर गये। आखेट से लौटने के बाद राजा बहुत दुखी हुए। रानी के गहनों को छाती से लगाकर वे रोते-रोते अचेत हो गये।

यह सुनकर वासवदत्ता को बहुत दुख हुआ। यौगन्धरायण ने ब्रह्मचारी से पूछा कि "क्या किसी मन्त्री ने राजा को सान्त्वना नहीं दी?"

ब्रह्मचारी ने कहा कि मन्त्री रुक्मवान् ने राजा को शान्त किया। वह राजा को उस गाँव से ले गया। उनके वहाँ से जाते ही वह गाँव उजड़ गया। इसलिए मैं भी वहाँ से चला आया।"

यह बताकर ब्रह्मचारी वहाँ से चला गया। कुछ देर बाद यौगन्धरायण ने भी राजकुमारी और वासवदत्ता से विदा ली। राजकुमारी भी तापसी को प्रणाम करके सबके साथ घर लौट गयी।

(अंक 2)

वासवदत्ता अब पद्मावती के पास रहने लगी और धीरे-धीरे उनमें प्रीति बढ़ने लगी। एक दिन वासवदत्ता को दासी ने बताया कि पद्मावती उज्जैन के राजा प्रद्योत के पुत्र से विवाह नहीं करना चाहती। वासवदत्ता ने पूछा, "तो किससे करना चाहती है?" दासी ने उत्तर दिया, "वत्सराज उदयन से।"

यह सुनकर वासवदत्ता चौंक गयी! उसने पूछा, "क्यों? उसमें ऐसा क्या गुण है?"

दासी बोली कि "वे बड़े ही स्नेही और दयालु हैं।" यह सुनकर वासवदत्ता मन-ही-मन बहुत प्रसन्न हुई और बोल उठी कि "वह राजा बड़ा ही सुन्दर है।

पद्मावती ने पूछा कि "आप उस राजा को कैसे जानती हैं?"

वासवदत्ता पहले तो घबरायी, पर तुरन्त ही स्थिति को सँभालते हुए उसने कहा, "उज्जैन के लोग ऐसा कहा करते हैं कि राजा उदयन बहुत सुन्दर हैं।"

पद्मावती बोली, "आपका कहना ठीक है। उज्जैन में राजा उदयन को सभी जानते हैं।"

इसी समय राजकुमारी की धाय ने आकर सूचना दी कि पद्मावती की सगाई वत्सराज उदयन से हो गयी है। वासवदत्ता सहसा बोल उठी, "हाय, यह तो अनुचित है।"

धाय ने पूछा, "इसमें अनुचित क्या है?"

वासवदत्ता ने बात को सँभालते हुए कहा- " राजा द्वारा दूसरे विवाह के लिए इतनी जल्दी तैयार हो जाना अनुचित लगता है।"

धाय ने कहा कि, "आर्ये, बड़े लोग विचारवान् होते हैं। उनको समझा-बुझाकर रास्ते पर लाया जा सकता है।"

वासवदत्ता ने फिर पूछा, "क्या उदयन ने स्वयं आकर पद्मावती से विवाह करने की इच्छा प्रकट की थी?" धाय ने बताया, "नहीं, राजा उदयन ने स्वयं विवाह करने की इच्छा प्रकट नहीं की। वे तो किसी अन्य काम से राजगृह आये हैं। उनके कुल, रूप और गुणों को देखकर मगधनरेश ने अपनी बहन उनको दी है।"

इस उत्तर से वासवदत्ता समझ गयी कि इसमें उदयन का कोई दोष नहीं है। तभी दासी ने आकर सूचना दी कि पद्मावती का विवाह आज ही होगा। यह समाचार पाकर वे सब तुरन्त ही राजभवन में चले गये।

विवाह की तैयारियाँ शुरू हो गयीं। सब प्रसन्न थे, पर वासवदत्ता बहुत दुखी थी। अमात्य यौगन्धरायण के आदेश के कारण वह न कुछ कह सकती थी, न कर सकती थी। वह विवाह की भीड़-भाड़ से दूर प्रमदवन में चली गयी और वहाँ बैठकर अपने भाग्य पर विचार करने लगी। लेकिन एक दासी उसे ढूँढ़ती हुई वहाँ भी आ पहुँची। वह जयमाला बनाने के लिए फूल लायी थी। उसने वासवदत्ता से कहा कि, "आप बड़े घर की बेटी हैं, पद्मावती से आपको लगाव भी है। इसलिए आप यह वरमाला गूँथ दीजिये।"

मन मसोसकर माला गूँथते हुए वह सोचने लगी कि "यह कैसे संकट की घड़ी है? मेरे पति भी पराये हो गये!"

(अंक 3)

विवाह के बाद एक दिन पद्मावती अपनी सखियों के साथ प्रमदवन गयी। बातचीत के क्रम में उसने कहा कि, "न जाने देवी वासवदत्ता भी महाराज को उतना ही चाहती थी जितना मैं चाहती हूँ?"

इस पर वासवदत्ता ने कहा कि वह तो तुमसे भी अधिक चाहती थी। पद्मावती ने चौंककर पूछा, "यह बात तुम कैसे जानती हो?"

वासवदत्ता पहले तो घबरायी, लेकिन शीघ्र ही सँभलकर उसने कहा- ''यदि वह कम चाहती तो स्वजनों को छोड़कर उनके साथ कैसे चली जाती?''

इसी तरह वीणा सीखने की बात चली तो पद्मावती ने बताया एक दिन मैंने उनसे कहा था कि ''मैं आपसे वीणा बजाना सीखूँगी, तो वह कुछ बोले ही नहीं। जान पड़ता है तब उनको वासवदत्ता की याद आ गयी थी।''

उसी समय विदूषक वसन्तक के साथ महाराज उदयन भी वहाँ आ गये। उन्हें देखकर पद्मावती सखियों के साथ चमेली के कुंज में चली गयी, क्योंकि वासवदत्ता का यह नियम था कि वह किसी पुरुष के सामने नहीं आयेगी। महाराज बाहर ही एक शिला पर बैठकर पद्मावती की प्रतीक्षा करने लगे। मगर धूप तेज थी इसलिए वसन्तक ने कहा कि ''चमेली के कुंज में चलकर बैठा जाये।''

उन्हें आते देखकर पद्मावती घबरा गयी। दासी ने तुरन्त चमेली की एक डाल हिला दी। उस पर भौंरे बैठे हुए थे। वे उड़कर वसन्तक को काटने लगे। इसलिए वे बाहर ही बैठ गये और बातें करने लगे। वसन्तक ने पूछा, ''महाराज, आप महारानी वासवदत्ता को अधिक चाहते थे या पद्मावती को?''

महाराज ने इस प्रश्न को टालना चाहा। लेकिन बहुत आग्रह करने पर बोले कि, ''पद्मावती सुन्दर, शीलवती, भोली और मधुरभाषिणी है, लेकिन वासवदत्ता मेरे मन में बसी हुई है।''

यह उत्तर सुनकर वासवदत्ता को बहुत सन्तोष हुआ। पद्मावती की दासी ने कहा, राजकुमारी आपके पति पक्षपात कर रहे हैं। लेकिन पद्मावती ने उसे टोकते हुए कहा कि, ''ऐसा न कहो। महाराज दोनों को समान रूप से चाहते हैं, तभी तो वह वासवदत्ता के गुणों को अब तक नहीं भूले हैं।

इधर राजा ने वसन्तक से पूछा ''अच्छा तुम बताओ कि तुमको वासवदत्ता अच्छी लगती थी या पद्मावती अच्छी लगती है।''

वसन्तक ने कहा कि ''यद्यपि देवी पद्मावती में सब गुण हैं, तथापि महारानी वासवदत्ता का मुख्य गुण यह था कि वह स्वादिष्ट भोजन लेकर मुझे खोज-खोजकर खिलाती थी। इसलिए वह मुझे अधिक प्रिय थी।''

पुरानी बातों की याद आ जाने से महाराज की आँखें सजल हो गयीं। उन्होंने कहा कि ''दृढ़स्नेह कभी नहीं छूटता है।''

वासवदत्ता पद्मावती को महाराज के पास ठहरने के लिए कहकर चुपचाप वहाँ से चली गयी। तभी वसन्तक ने उदयन को स्मरण दिलाया कि दोपहर बाद मगधनरेश उनको साथ लेकर मित्रों से मिलेंगे। इसलिए अब यहाँ से चलना चाहिए। इसके बाद वे वहाँ से चले गये।

(अंक 4)

एक दिन महाराज उदयन को पद्मावती के बीमार होने की सूचना मिली। वह तुरन्त वसन्तक के साथ समुद्रगृह की ओर चले। पद्मावती की शय्या वहीं बिछी थी। समुद्रगृह में पहले वसन्तक ने प्रवेश किया, परन्तु जैसे ही उसने अन्दर पैर रखा वह चिल्ला उठा। दीपक के हलके प्रकाश में उसने देखा कि वहाँ एक साँप है। उसने महाराज को भी अन्दर जाने से रोका, लेकिन वह नहीं माने। आगे बढ़कर उन्होंने गौर से देखा और हँसते हुए बोले- अरे मूर्ख, यह तो द्वार पर लटकनेवाला बन्दनवार है।

तब वह अन्दर गया लेकिन पद्मावती वहाँ नहीं मिली। दरअसल वह अभी वहाँ आयी ही नहीं थी। इसलिए महाराज वहीं बैठकर उसकी प्रतीक्षा करने लगे। लेकिन पलंग पर बैठे-बैठे उन्हें नींद आने लगी। उन्होंने वसन्तक से कोई कहानी सुनाने को कहा।

वसन्तक कहानी कहने लगा। "उज्जैन नाम की एक नगरी है।"

राजा ने सहसा टोका। "क्या कहा! उज्जैन?"

वसन्तक ने कहा कि "यदि यह कहानी आपको पसन्द न हो तो कोई दूसरी कहूँ?"

राजा ने कहा- "पसन्द की बात नहीं। परन्तु उज्जैन का नाम सुनकर मुझे वासवदत्ता की याद आ गयी।"

इस पर वसन्तक ने कहा कि, "अच्छा जाने दीजिये। मैं दूसरी कहानी कहता हूँ। ब्रह्मदत्त नामक नगर में काम्पिल्य नामक राजा रहते थे।"

राजा ने टोकते हुए कहा कि, "अरे मूर्ख, राजा का नाम ब्रह्मदत्त था और नगर का नाम काम्पिल्य। तुम उलटा-पुलटा क्यों सुना रहे हो? इसी तरह के मनोविनोद के बीच राजा को नींद आ गयी।

उधर वासवदत्ता को भी पद्मावती के सरदर्द की सूचना मिली। वह उसे देखने तुरन्त समुद्रगृह पहुँची। दासी उसको अन्दर जाने को कहकर दवा लेने चली गयी। भीतर जाकर वासवदत्ता ने देखा कि पलंग पर कोई अकेले सोया हुआ है। दीपक के मद्धिम प्रकाश में वासवदत्ता ने वहाँ मुँह ढककर सोये महाराज उदयन को पद्मावती समझ लिया। उसको इस तरह सोते देखकर उसने समझा कि पद्मावती की पीड़ा दूर हो गयी है। उसने पद्मावती को जगाना ठीक नहीं समझा। पलंग का एक भाग खाली पड़ा हुआ था। उसने समझा कि पद्मावती ने जान-बूझकर मेरे लिये यह स्थान छोड़ दिया है। वह चुपचाप वहीं लेट गयी। तभी राजा उदयन सपने में बड़बड़ाने लगे, हा वासवदत्ता!

वासवदत्ता चौंक उठी, अरे यह तो महाराज हैं। कहीं इन्होंने मुझे देख लिया तो यौगन्धरायण का इतने दिन का सब किया-धरा व्यर्थ चला जायेगा।

राजा फिर बड़बड़ाये, हा अवन्तिराजपुत्री!

वासवदत्ता समझ गयी कि महाराज सपने में बड़बड़ा रहे हैं। वह शीघ्र ही वहाँ से चली गयी। जाते समय उसने उदयन का हाथ पलंग के नीचे लटकते हुए देखा। इसलिए

हाथ को उठाकर उसने ऊपर कर दिया। उसके छूने से राजा अचानक चौंक उठे। उनकी नींद खुल गयी। वह वासवदत्ता को पुकारते हुए दौड़े; और अँधेरे में ठोकर खाकर गिर पड़े। इतने में वसन्तक लौट आया। राजा ने उससे कहा, "वासवदत्ता जीवित है। अभी वह मुझे जगाकर गयी है। रुक्मवान् ने मुझसे झूठ कहा था कि वह जलकर मर गयी है।"

वसन्तक ने हँसते हुए कहा कि, "महाराज, आपने अवश्य कोई सपना देखा है। इस राजमहल में अवन्तिसुन्दरी नामक एक यक्षिणी रहती है। जान पड़ता है कि आपने उसे ही देख लिया है।"

राजा ने कहा कि, "नहीं, वह वासवदत्ता ही थी। उसने मेरा हाथ उठाकर पलंग पर रखा था।"

वसन्तक को लगा कि उदयन वासवदत्ता के प्रेम में बावले होकर पागलपन की बातें कर रहे हैं। इसलिए वह उन्हें अपने महल में चलने को कहने लगा। इसी समय कंचुकी ने आकर बताया कि "हमारे महाराज दर्शक ने कहा है कि आपके मन्त्री रुक्मवान् एक विशाल सेना लेकर आरुणि का वध करने के लिए वत्स देश की ओर चल पड़े हैं। युद्ध में सदा विजयी होनेवाली हमारे मगध की सेना भी तैयार है। आपके बहुत-से शत्रुओं को हमने अपनी ओर मिला लिया है। प्रजा को भी धीरज बँधाया है। शत्रु को जीतने के लिए अन्य उपाय भी किये गये हैं। सेनाएँ गंगा पार कर चुकी हैं। इसलिए वत्स देश को अब अपने हाथ में समझिये और शत्रु पर तुरन्त आक्रमण कर दीजिये।"

यह सुनकर उदयन बहुत प्रसन्न हुए। उन्होंने तुरन्त उठकर कहा कि, "युद्ध के लिए तैयार हूँ। उस दुष्ट आरुणि को मैं शीघ्र हराऊँगा।"

(अंक 5)

युद्ध में उदयन की विजय हुई। वत्स राज्य पर फिर से उनका अधिकार हो गया। उन्हीं दिनों अवन्तिराज महासेन ने रैभ्य गोत्र के एक कंचुकी को और महारानी अंगारवती ने वासवदत्ता की धाय वसुन्धरा को उनके पास भेजा। लेकिन प्रतिहारी ने उन्हें महाराज के पास जाने से रोक दिया। बात यह थी कि उस दिन जब महाराज अपने प्रधान महल में थे, तब किसी परदेसी नट ने वीणा बजायी। महाराज तुरन्त पहचान गये कि "यह तो वासवदत्ता की वीणा घोषवती का स्वर है।" जब उस नट से उस वीणा के बारे में पूछा गया तो उसने बताया कि "हमने इस वीणा को नर्मदा-तीर पर झाड़ियों में पड़ा पाया है। यदि यह महाराज के किसी काम की हो तो उन्हें भेंट कर दीजिये।"

यह कथा सुनाकर प्रतिहारी ने कहा, "उस वीणा को पाकर महाराज मूर्च्छित हो गये और जब से उनकी चेतना लौटी है तब से वह वासवदत्ता की याद करके व्यथित हैं। कंचुकी ने कहा कि, "कोई बात नहीं। महाराज को हमारे आने की सूचना दे दो।" प्रतिहारी ने ऐसा किया। उनके आने का समाचार जानकर महाराज ने पद्मावती को बुला

भेजा। जब पद्मावती वहाँ आयी तो उन्होंने बताया कि उज्जैन से कंचुकी और धाय आये हैं।" पद्मावती सब-कुछ सुन चुकी थी और वह बड़ी प्रसन्न थी। वह बोली- "उनसे मुझे स्वजनों का समाचार मिलेगा।"

पद्मावती की इस प्रसन्नता से राजा बहुत प्रभावित हुए; और बोले कि "वाह! यह तो तुमने अपनी गरिमा के अनुकूल बात कही है।"

लेकिन पद्मावती ने कहा कि "आपने दूसरा विवाह कर लिया है, यह जानकर इन लोगों का मन शायद उदास होगा।" तब उदयन ने कहा कि "यह ठीक है, लेकिन अगर तुम उनके सामने न आओगी तो वे यह समझेंगे कि राजा हम लोगों से अपनी रानी को छिपा रहे हैं। यह निन्दनीय बात होगी। इसलिए तुम मेरे पास ही बैठो।"

उसने महाराज की बात मान ली और वहीं बैठ गयी। उन्होंने कंचुकी और धाय को तुरन्त बुलवाया। दोनों ने आकर महाराज को प्रणाम किया। फिर कंचुकी ने कहा कि आपने शत्रु से अपना राज्य पुनः प्राप्त कर लिया है, इस बात से महाराज महासेन को बड़ी प्रसन्नता हुई है।

महाराज बोले यह सब उन्हीं का प्रभाव है। उन्होंने मुझे विन्ध्य के जंगलों से पकड़वाकर मँगवाया था। फिर भी पुत्र की तरह पाला। मैं उनकी पुत्री का हरण कर उसे अपने साथ ले आया, लेकिन उसकी रक्षा नहीं कर सका। वह स्वर्ग सिधार गयी। यह सब होने के बावजूद वे मुझसे नाता नहीं तोड़ रहे हैं। उन्हीं के आशीर्वाद से मैंने अपना देश वापस पाया है।

इसके बाद महारानी अंगारवती का सन्देश देने के लिए धाय आगे बढ़ी, तो महाराज व्याकुल हो उठे। वासवदत्ता की याद आने से उनका दिल भर आया। इस पर धाय और कंचुकी उन्हें धीरज बँधाने लगे। कंचुकी बोला महाराज धीरज धरें। वासवदत्ता मरकर भी जी रही है। आप उन्हें इतना याद करते हैं। लेकिन यह संसार तो जंगल के पेड़ों की तरह है जो समय-समय पर कटता और बढ़ता रहता है। इसलिए आप इस दुख को भूल जायें। धाय बोली- "महारानी ने आपसे कहा है कि वासवदत्ता अब नहीं है, फिर भी तुम हमारे पुत्र के समान हो। हम तो वासवदत्ता का विवाह तुम्हीं से करना चाहते थे। इसीलिए तुम्हें उज्जैन बुलाया था, पर तुम चपल होने के कारण बिना विवाह के ही उसे हर ले गये। तुम्हारे जाने के बाद हमने तुम दोनों के चित्र बनवाये थे और विवाह संस्कार किया था। वही चित्र तुम्हारे पास भेज रही हूँ। इनको देखकर तुम्हें कुछ धीरज होगा।"

महाराज यह सुनकर बहुत प्रसन्न हुए; और बोले कि "माता का यह प्रेम-भरा सन्देश है। मैं अपराधी हूँ फिर भी वह मेरे प्रति इतना स्नेह रखती हैं। उनका वह सन्देश मुझे सैकड़ों राज्यों से अधिक प्रिय है।"

पद्मावती ने देवी वासवदत्ता का चित्र देखने की इच्छा प्रकट की और जब धाय ने वह चित्र उसे दिया तो उसे देखकर वह आश्चर्यचकित रह गयी। वह चित्र आवन्तिका

से बहुत मिलता था। अपना सन्देह मिटाने के लिए उसने महाराज से पूछा, "क्या यह चित्र देवी वासवदत्ता से मिलता है?

महाराज ने कहा, "बिल्कुल वैसा ही है, मानो वासवदत्ता सामने खड़ी है।"

पद्मावती ने सोचा कि यदि ऐसी बात है तो मुझे महाराज का चित्र भी देखना चाहिए। यदि यह चित्र इनसे मिल गया तो फिर निश्चित रूप से वासवदत्ता का चित्र भी उससे पूर्णतः मिलता होगा।

यह सोचकर उसने महाराज का चित्र देखने के लिए माँगा और उसे देखकर उसका सन्देह दूर हो गया। वह चित्र महाराज से पूरी तरह मिलता था। उसको इस तरह सशंकित देखकर महाराज ने पूछा- "वासवदत्ता की तस्वीर देखकर तुम प्रसन्न हुई और चकित भी। बात क्या है?"

पद्मावती ने कहा कि "इस चित्र के समान दिखनेवाली एक स्त्री मेरे पास रहती है। मेरे विवाह से पहले एक ब्राह्मण अपनी बहन बताकर उसे मेरे पास धरोहर की तरह रख गया था। उसका पति परदेस गया हुआ है। वह किसी पुरुष के सामने नहीं आती।" महाराज ने कहा- "वह कोई और होगी। दो व्यक्तियों का एक-जैसा रूप हो सकता है।"

ये बातें हो ही रही थीं कि एक ब्राह्मण के आने की सूचना मिली। यह वही ब्राह्मण था। महाराज ने शीघ्र उसे सादर अन्दर लाने की आज्ञा दी और पद्मावती उसकी बहन को लेने के लिए अपने महल में चली गयी। कुछ देर बाद ब्राह्मण के वेश में यौगन्धरायण वहाँ आ पहुँचा। महाराज को सामने देखकर उसने उनका जय-जयकार किया।

यह शब्द सुनकर महाराज चौंक पड़े। उन्हें वह स्वर परिचित-सा लगा, लेकिन प्रकट रूप में उन्होंने कहा कि, "कहिये ब्राह्मण देवता, क्या आप ही अपनी बहन को पद्मावती के पास धरोहर बनाकर रख गये थे?"

यौगन्धरायण ने उत्तर दिया "जी हाँ!"

इतने में पद्मावती आवन्तिका को लेकर आ गयी। महाराज ने कहा, "इनकी बहन को इन्हें लौटा दो, परन्तु धरोहर दो व्यक्तियों के सामने लौटायी जानी चाहिए, इसलिए कंचुकी और धाय इस बात के साक्षी होंगे।"

पद्मावती ने ब्राह्मण से कहा- "आर्य, अपनी बहन को सँभालिये।"

धाय की दृष्टि जैसे ही आवन्तिका पर पड़ी, उसने जोर से कहा, "अरे, यह तो वासवदत्ता है।"

महाराज ने आश्चर्य से पूछा - "क्या महासेन राजपुत्री वासदत्ता!" और उन्होंने वासवदत्ता से तुरन्त पद्मावती के साथ महल में जाने को कहा, लेकिन ब्राह्मण ने इस बात का विरोध करते हुए कहा, "नहीं-नहीं, अन्दर मत ले जाइये। यह तो मेरी बहन है।"

महाराज ने क्रोधित होकर कहा- "यह तो महासेन की पुत्री वासवदत्ता है।"

यौगन्धरायण ने फिर कहा - "महाराज, आप पाण्डव-वंश में उत्पन्न हुए हैं; और ज्ञानी भी हैं। आपको प्रजाजनों की बहू-बेटियों को नहीं छीनना चाहिए। आप तो राजधर्म के पालक हैं।"

इस पर महाराज ने कहा कि "अच्छा हम स्वयं जाँच करेंगे। परदा हटा दो।"

महाराज का यह कहना था कि यौगन्धरायण और वासवदत्ता ने अपने-आपको प्रकट कर दिया। दोनों ने महाराज की जय-जयकार की। महाराज चकित रह गये। उनके सामने यौगन्धरायण और वासवदत्ता साक्षात् खड़े थे। वह बोल उठे- "क्या मैं देवी वासवदत्ता को फिर देख रहा हूँ?"

यौगन्धरायण ने कहा- "महाराज मैंने इन्हें छिपाया था। सब अपराध मेरा है। मुझे क्षमा करें।"

महाराज ने कहा कि "आप ब्राह्मण हैं। जब कभी हम पर विपत्ति आयी आप ही ने कोई-न-कोई उपाय करके हमारी रक्षा की है। हम आपके सदा आभारी हैं।

पद्मावती ने भी वासवदत्ता के चरण छूकर क्षमा माँगी। वासवदत्ता ने उसे गले लगाते हुए कहा, "सौभाग्यवती, अपराध तो तुम अब कर रही हो।"

उदयन ने वासवदत्ता को उनसे दूर रखने का कारण जानना चाहा। तब यौगन्धरायण ने कहा कि "महाराज, हमारा शासन मात्र कौशाम्बी तक ही सीमित रह गया था। (कौशाम्बी मात्रं परिपालयामीति।) अपने राज्य को फिर से पाने के लिए ही मैंने यह सब किया था।" महाराज ने वासवदत्ता को छिपाकर पद्मावती के पास रखने का कारण जानना चाहा। तब यौगन्धरायण ने बताया कि "ज्योतिषियों ने कहा था कि पद्मावती आपकी रानी होंगी, इसलिए देवी वासवदत्ता को हमने इन्हीं के पास रखा।"

महाराज ने फिर पूछा, "क्या ये सब बातें रुक्मवान् को पता थीं?"

यौगन्धरायण ने कहा- "महाराज, यह बात तो सभी मन्त्रियों को मालूम थी।"

तब महाराज ने हँसते हुए कहा कि "यह रुक्मवान् बड़ा कपटी है।"

इसके बाद यौगन्धरायण ने कहा कि "महाराज, देवी वासवदत्ता का कुशल-क्षेम देने के लिए कंचुकी और धाय को अब शीघ्र उज्जैन भेजना चाहिए।"

महाराज बोले- "नहीं, देवी पद्मावती सहित हम सभी वहाँ जायेंगे।"

इस प्रकार बिछड़े हुए वे सब लोग एक-दूसरे से मिले और महाराज उदयन फिर से वत्सदेश पर शासन करने लगे।

अनंगहर्ष मायुराज कृत 'तापसवत्सराज' की कथा

आठवीं शताब्दी ई. में अनंगहर्ष मायुराज ने संस्कृत भाषा में 'तापसवत्सराज' नामक नाटक की रचना की थी। इस नाटक की कहानी भास कृत 'स्वप्नवासवदत्तम्' से बहुत कुछ मिलती-जुलती है। कथा इस प्रकार है-

वासवदत्ता अन्तःपुर में कौमुदी महोत्सव की तैयारी करवा रही थी। गीत-संगीत के आयोजन के साथ ही एक नाटिका भी प्रस्तुत की जानी थी। वासवदत्ता का सारा दिन महाराज उदयन की प्रतीक्षा में बीता। वह सोचती रही कि महाराज जब आखेट से लौटेंगे तो यह दृश्य देखकर बहुत प्रसन्न होंगे।

राजा उदयन के दो ही व्यसन थे- आखेट और संगीत। कभी-कभी वासवदत्ता को ऐसा लगता था कि उदयन उसे केवल इसलिए चाहते हैं क्योंकि वह वीणावादन में उनकी शिष्या रही है!

तभी प्रतिहारी ने आकर कहा- महारानी जी, अमात्य आपसे मिलना चाहते हैं।

वासवदत्ता सोचने लगी कि "अमात्य यौगन्धरायण को गीत-संगीत, उत्सव-महोत्सव में कोई रुचि ही नहीं है। वे अवश्य कोई समस्या लेकर आये होंगे।"

यौगन्धरायण गम्भीर, नीति-कुशल, राजभक्त और राजा के विश्वासपात्र हैं। राज्य पर किसी विपत्ति के आने पर राजा उदयन के पास एक ही उत्तर है कि "यौगन्धरायण के रहते किस बात की चिन्ता है?"

वासवदत्ता ने कौशाम्बी आकर वत्सराज उदयन से विवाह किया था। उदयन जब अवन्तिराज के कारागार से भाग निकले, तब वह उनके साथ ही यहाँ आयी थी। यदि यौगन्धरायण न होते तो क्या वे अवन्ति से भागकर सकुशल यहाँ आ पाते? आर्यपुत्र तो कारागार में भी निश्चिन्त थे। दिन भर वीणा बजाते रहते थे। वह स्मरण भी दिलाती कि आप वत्स देश के राजा हैं। क्या कारागार में ही जीवन बिता देने का विचार है, तो वे कहते थे कि, "यौगन्धरायण का सन्देश आ तो गया है कि वह इस कारागार से हम दोनों को बाहर निकालकर कौशाम्बी पहुँचा देंगे। फिर किस बात की चिन्ता है?"

राजा उदयन तरुण, तेजस्वी और वीर तो थे, किन्तु उनका मन राजकाज में एकदम नहीं लगता था। अमात्य यौगन्धरायण और रुक्मवान् जो कह दें बस उसी को मान लेते थे।

रुक्मवान् और यौगन्धरायण सदा राज्य की चिन्ता में ही लगे रहते थे। ये दोनों सोचते थे कि राजा को किस तरह समझाया जाये। उज्जयिनी के राजा महासेन तो अपनी पुत्री वासवदत्ता के साथ उदयन के विवाह के पश्चात् अनुकूल हो गये थे, लेकिन पंचाल के राजा ने वत्स राज्य का एक भाग दबा लिया था। उससे बराबर खतरा बना रहता था।

यौगन्धरायण और रुक्मवान् ने अपनी सारी शक्ति, कूटनीति और चतुराई उदयन को महासेन के कारागार से राजपुत्री वासवदत्ता के साथ सकुशल निकालकर लाने में लगायी। उसके कारण वे पंचाल की ओर अधिक ध्यान नहीं दे पाये। यही कारण था कि पंचालराज ने अपनी शक्ति बहुत बढ़ा ली थी।

राजा महासेन भी अपने दामाद को इस संकट से बचाने के लिए चिन्तित थे। यौगन्धरायण की सलाह पर महासेन इस बात के लिए राज़ी हो गये थे कि वासवदत्ता को

कुछ समय के लिए उदयन से दूर कर दिया जाये। किस तरह से दोनों को अलग करना है यह यौगन्धरायण के विवेक पर छोड़ दिया गया था। परन्तु उदयन का अपनी प्राणप्रिया से दूर रहने को तैयार होना एक मुश्किल कार्य था।

दरअसल पंचालराज को पराजित करने का एक ही उपाय था; और वह यह था कि किसी प्रकार मगध से सहायता मिल जाये। मगध के राजा दर्शक प्रतापी थे। परन्तु वे पंचाल और वत्स देश के विवाद में पड़ना नहीं चाहते थे। उनकी सहायता पाने का एक सहज उपाय यह था कि उनकी बहन पद्मावती का विवाह महाराज उदयन से हो जाये।

यौगन्धरायण ने सांकृत्यायनी के हाथों में राजा उदयन का एक सुन्दर चित्र हाथ में देकर मगध भेज दिया था। सांकृत्यायनी विधवा थी, लेकिन बातें बनाने में एकदम निपुण। उसके पति को पंचालराज ने निर्वासित कर दिया था, इसलिए उन दोनों ने वत्सराज उदयन के यहाँ शरण ली थी।

सांकृत्यायनी मगध पहुँची और वहाँ उसने राजा दर्शक की बहन राजकुमारी पद्मावती का मन जीत लिया। पद्मावती उसे हर समय अपने साथ रखने लगी। वह पद्मावती को चित्र दिखाकर उदयन के गुणों पर रिझाने का प्रयास कर रही थी। पद्मावती भी उदयन की प्रशंसा सुन-सुनकर उन पर मुग्ध हो चली थी। परन्तु राजा उदयन को पद्मावती से विवाह के लिए तैयार करना बहुत मुश्किल था। वे तो दूसरे विवाह की बात सुनना भी नहीं चाहते थे।

यौगन्धरायण ने महारानी वासवदत्ता को समझाया कि, ‘‘आपको तो विदित ही है कि महाराजा राजनीति के प्रति उदासीन हैं। उधर शत्रु ने हमारे राज्य के एक भाग पर अधिकार कर लिया है और सेना लेकर कौशाम्बी पर आक्रमण करने की तैयारी भी कर रहा है। शत्रु प्रबल है। अपने बूते हम उसे नहीं हरा सकते।’’

वासवदत्ता ने उदास होकर कहा कि, ‘‘उपाय भी तो आप ही जानते हैं।’’

यौगन्धरायण ने कहा- ‘‘उपाय है, आप कुछ समय के लिए महाराज से अलग हो जायें।’’

वासवदत्ता के चेहरे का रंग उड़ गया। उसकी आँखों में आँसू छलछला गये।

उसी समय उज्जयिनी से एक हरकारा आया। यौगन्धरायण ने मन में सोचा कि यह बहुत सही समय पर आया। महाराज महासेन से जो मन्त्रणा हुई थी, यह उसके अनुसार ही है।

उस हरकारे का नाम त्वरितक था। वासवदत्ता ने उसे देखते ही कहा कि ‘‘अरे त्वरितक आया है। इसे तो पिता जी तभी भेजते हैं, जब कोई बहुत आवश्यक सन्देश तत्काल देना हो।’’

यौगन्धरायण ने वहाँ से उठते हुए कहा- ‘‘महाराज महासेन ने अपने पुत्री के लिए कोई सन्देश भेजा होगा। आप सुन लें देवि! मैं चलता हूँ।’’

वासवदत्ता ने कहा- "बैठिये आर्य! पिता जी का ऐसा कोई सन्देश नहीं, जो मैं आपसे छिपाऊँ।"

त्वरितक पत्र लेकर आया था। वासवदत्ता ने अपनी प्रिय दासी कांचनमाला से कहा- "पढ़कर सुना।"

कांचनमाला ने पत्र पढ़ा; जो इस प्रकार था- "उज्जयिनी के राजा महासेन चण्डप्रद्योत अपनी पुत्री वासवदत्ता को आशीर्वाद देकर यह कहना चाहते हैं कि बेटी, तुम अपने पति की चंचलता के कारण बड़ों के मार्गदर्शन से वंचित हो गयी। हम तो स्वयं तुम्हारा और उदयन का विवाह करने ही वाले थे। उदयन को कारागार में रखकर तुम्हें उसके पास वीणा सीखने के लिए भेजने का उद्देश्य ही यह था कि उदयन तुम्हारा वरण कर ले। ..."

तभी नेपथ्य से बन्दी ने घोषणा की- "अन्तःपुर में आनन्द और उल्लास का पर्व कौमुदी महोत्सव मनाने के लिए महाराज पधार रहे हैं।"

यौगन्धरायण ने उठते हुए कहा कि "मैं अब चलता हूँ। कांचनमाले! ध्यान रखना, महाराज को हमारी योजना की भनक भी न लगे। फिर वे रानी की ओर मुड़कर बोले- "सब मंगल होगा देवि! किसी तरह हम सबके हित में निर्णय लीजिये।"

राजा आये। स्वागत-सत्कार के बीच उन्होंने देखा कि वासवदत्ता की आँखें बार-बार सजल हो रही हैं। वासवदत्ता को वे प्राणों से भी अधिक चाहते थे। वह अपने माता-पिता के स्नेह को भुलाकर कारागार से उनके साथ चली आयी थी। वासवदत्ता के इस साहस पर वे मुग्ध थे। स्त्री के सौन्दर्य और प्रेम का परिचय उदयन ने वासवदत्ता के द्वारा ही पाया था।

वे वासवदत्ता से उसके व्यथित होने का कारण पूछने लगे। वासवदत्ता कुछ कहने को होती तो उसका कण्ठ रुँध जाता। कांचनमाला ने कहा- "महाराज, उज्जयिनी से त्वरितक अवन्तिराज महासेन का सन्देश लेकर आया है। उन्होंने लिखा है कि हम तुम्हारा हाथ स्वयं जामाता के हाथ में न दे सके, तुम हमारा आशीर्वाद लिये बिना ही चली गयीं, इस बात से खिन्न तुम्हारी माता रोती रहती हैं।"

उदयन प्रिया को समझाने लगे। महासेन के प्रति उनके मन में कुछ दुराव था। छल से पकड़वाया, कारागार में डाला, वह तो यौगन्धरायण की बुद्धि का कमाल था, जिसके सहारे वे वासवदत्ता के साथ महासेन के कारागार से निकलकर भाग सके।

तभी मृगयावन से शबर आ पहुँचे। वे खबर लाये थे कि महाराज कल से जिस महावराह का पीछा कर रहे थे, और जो झाड़ियों में कही गुम हो गया था, उसका पता चल गया है। उस स्थान को घेर लिया गया है। अतः महाराज उसका आखेट करने के लिए चलें।

भोर होने के पहले ही उदयन फिर मृगया के लिए निकल पड़े। यौगन्धरायण को जैसे ही इस बात का पता चला उसने अन्तःपुर खाली करवा लिया। यह भी कहलवा दिया कि महारानी का मन शान्त नहीं है, इसलिए कौमुदी महोत्सव अभी नहीं होगा। महारानी ने भी आदेश दिया कि एकान्त कर दिया जाये।

वासवदत्ता को लेकर यौगन्धरायण कब, कैसे और कहाँ निकल गये, अन्तःपुर में कांचनमाला को छोड़कर किसी को इस रहस्य का पता न चल सका।

यौगन्धरायण ने कहा कि भोर हो रही है। यहाँ से बाहर निकलते हुए लोग हमें देख लेंगे तो रहस्य का उद्घाटन हो जायेगा।

इसके तुरन्त बाद अन्तःपुर प्रासाद धू-धू करके जल उठा; और कुछ ही देर में आग की लपटों ने सब-कुछ भस्म कर दिया। हरकारे महाराज को समाचार देने के लिए दौड़ पड़े। अन्तःपुर में आग लगने का समाचार सुनकर उदयन भी मृगया छोड़कर कौशाम्बी लौटे। परन्तु यहाँ आकर देखा कि सब खाक हो चुका है।

तब मन्त्री रुक्मवान् ने बताया कि ''महारानी वासवदत्ता भीतर थीं, अग्नि ने उन्हें भस्म कर दिया। उन्हें बचाने के लिए अमात्य यौगन्धरायण आग की लपटों में कूद पड़े थे, लेकिन दुर्भाग्यवश वे भी बाहर न आ सके।''

यह सुनकर वत्सराज मूर्च्छित होकर गिर पड़े। चेतना आने पर वे विलाप करने लगे।

रुक्मवान् ने कहा कि ''महाराज, पास ही में प्रयाग है। वहाँ आश्रमों में ज्ञानीजन रहते हैं। चलिये, वहीं चलते हैं। जो निर्दय अग्नि महारानी और आपके प्रिय अमात्य को निगल गयी, यहाँ उसके आगे खड़े रहने से क्या लाभ!''

वासवदत्ता और यौगन्धरायण के इस तरह निधन की बात से उदयन शोकविह्वल हो गये थे। वे सोच रहे थे कि यहाँ तो मन्त्री और सेवकों के कारण एकान्त सम्भव ही नहीं, इसलिए प्राण त्यागने का कोई यत्न भी नहीं किया जा सकता! प्रयाग में जब ये लोग मुझे छोड़कर चल देंगे तो मैं गंगा और यमुना के संगम में कूदकर अपने प्राण दे दूँगा। अब तक स्त्रियाँ ही अपने पतियों का अनुगमन करती आयी हैं, मैं प्रिया के विरह में प्राण त्यागकर एक नया उदाहरण प्रस्तुत करूँगा।

उन्होंने रुक्मवान् से कहा कि ''हाँ, तुम सत्य कह रहे हो, इस कृतघ्न अग्नि के दर्शन करके क्या होगा, जिसने देवी को ही जला डाला! चलो, प्रयागराज ही चलते हैं।''

संन्यासी के वेश में यौगन्धरायण और रुक्मवान् द्वारा भेजे गये दो लोग प्रयागराज में पहले से ही मौजूद थे- लामकायन और माणवक।

प्रयागराज पहुँचकर उदयन को लगा कि आत्महत्या करना तो कायरता होगी, संन्यासी की तरह रहेंगे और प्रिया वासवदत्ता की स्मृति की अलख जगायेंगे। उन्होंने मुनियों की तरह वल्कल वस्त्र पहन लिये, जटाएँ बढ़ा लीं। वे धरती पर सोते थे और

कन्द-मूल, फल खाकर जीवन बिताते थे। मुनियों के धर्मोपदेशों में उनका चित्त न रमता। जप के नाम पर वासवदत्ता के नाम का जप और स्मरण के नाम पर उसी का स्मरण।

उधर मगध में सांकृत्यायनी ने पद्मावती को राजा उदयन का चित्र दे दिया था। पद्मावती उदयन को अपना देवता मानकर उस चित्र में उनकी पूजा करने में लगी थी। सांकृत्यायनी ने राजा उदयन के चरित का मोहक वर्णन करके पद्मावती को उनके प्रति अनुरक्त कर दिया था। उसने बताया था कि अपनी प्रिया के निधन पर उदयन किस तरह अपने प्राण त्यागने को तत्पर हो गये थे। यह सुनकर पद्मावती भी करुणार्द्र हो उठती। सांकृत्यायनी ने राजकुमारी पद्मावती को बताया कि वासवदत्ता के विरह में व्यथित होकर उदयन संन्यासी बनकर प्रयागराज में भटक रहे हैं। यह जानकर पद्मावती ने भी प्रयागराज पहुँचने का निश्चय किया।

प्रयाग पहुँचकर उसने उदयन का चित्र एक लताकुंज में स्थापित कर दिया। अब यही कुंज उसका मन्दिर बन गया। उदयन के चित्र के सामने बैठकर वह दिन-रात उन्हीं के ध्यान में डूबी रहती थी।

इसी समय ब्राह्मण के वेश में यौगन्धरायण और ब्राह्मणी के वेश में वासवदत्ता भी प्रयाग के आश्रम में पहुँचे। यौगन्धरायण ने वासवदत्ता को अपनी बहन बताकर पद्मावती के पास यह कहकर छोड़ दिया कि कृपया कुछ समय के लिए मेरी बहन को अपने पास रख लें, मैं कुछ समय बाद आकर इसे ले जाऊँगा।

ब्राह्मणी बनी हुई वासवदत्ता पद्मावती के कहने पर उस लता-कुंज में गयी जहाँ सांकृत्यायनी थी और उदयन का चित्र रखा हुआ था। संयोगवश विदूषक के साथ संन्यासी के वेश में भटकते राजा भी वहीं से निकले। दोपहर की गर्मी से बचने के लिए वे उसी कुंज की ओर जाने लगे। एक दासी कुंज के द्वार पर थी। उसने कहा कि यहाँ हमारी राजकुमारी पूजा कर रही हैं। विदूषक के पूछने पर उसने सारी बात बता दी। अब विदूषक वहीं रहना चाह रहा था और उदयन वहाँ से जाने को व्यग्र थे।

तभी पूजा करके पद्मावती बाहर निकली। जिनकी पूजा कर रही थी उनको प्रत्यक्ष देखकर उसने उदयन को अर्घ्य दिया, किन्तु कुछ कह न सकी। विदूषक उदयन को बताता रहा कि ये मगध की राजकुमारी हैं। इनसे बात तो कीजिये। उधर दासी भी पद्मावती को संकेत करती रही किन्तु न वह कुछ कह पाये, न उदयन कुछ पूछ सके।

उदयन बाहर आ गये। सांकृत्यायनी ने संकेतों द्वारा बताया कि पद्मावती तो उनके कारण ही यहाँ प्रयागराज में आ बसी है। उदयन ने सांकृत्यायनी को पहचान लिया। वे बहुत-कुछ समझ गये। विदूषक ने वासवदत्ता को देखते ही पहचान लिया। महारानी को इस वेश में देखकर उसे दुख हुआ। वासवदत्ता ने भी विदूषक को पहचान लिया।

उदयन को पद्मावती भली लगी। वे समझ गये कि अमात्य गण कोई जाल बुन रहे हैं। "पहले भी यौगन्धरायण ने एक बड़ा खेल खेला था। परन्तु उस खेल के सूत्रधार तो

विधाता थे। विधाता ने उन्हें वासवदत्ता से मिलाया था। परन्तु पद्मावती से यह संयोग तो मन्त्रियों के कूटनीतिक जाल में बँधने-जैसा था।

अब तो यौगन्धरायण भी नहीं रहे। अब इतना बड़ा खेल कौन खेलेगा? क्या अपनी मृत्यु के पहले यौगन्धरायण मन्त्री रुक्मवान् को यह बताकर गये हैं कि आगे क्या करना है?

तो क्या करूँ? पद्मावती को समझाऊँ कि वह अपना मन उनकी ओर से हटा ले। एक विधुर व्यक्ति से क्या मन लगाना?

पद्मावती यहीं रहती है और मुझसे ही विवाह करने का प्रण किये बैठी है। वह मेरे चित्र की पूजा करके समय व्यतीत करती है।

उन्होंने विदूषक के हाथों सन्देश भेजा कि "आप सुन्दर हैं, नवयुवती हैं। मेरे लिये आग्रह त्यागकर मगध लौट जाइये।

विदूषक पद्मावती के आश्रम में पहुँचा। पद्मावती को योगिनी के वेश में देखा तो उसे लगा मानो शंकर के द्वारा ललाट की अग्नि से कामदेव को जला देने पर रति उसके विरह में तप कर रही या फिर तपोलक्ष्मी मूर्तिमान् होकर धरती पर उतर आयी हो।

प्रिय का सन्देश सुनकर पद्मावती अवाक् रह गयी। जिनके लिए वह राजप्रासाद का सुख त्यागकर यहाँ वन में रह रही है, वे उससे प्रत्यक्ष मिलना भी नहीं चाहते।

उदयन का सन्देश ब्राह्मणी वेशधारिणी वासवदत्ता ने भी सुना और सांकृत्यायनी ने भी। उसे सुनकर वासवदत्ता को ऐसा लगा मानो वन में सामान्य स्त्री के वेश में रहने के कारण जो कष्ट वह भोग रही है, उसका पुरस्कार उसे मिल गया है।

विदूषक ने आकर उदयन से कहा कि आपका सन्देश सुनकर राजकुमारी निःशब्द रोती रहीं, उन्होंने कोई उत्तर नहीं दिया।

प्रयागराज में तरह-तरह के महात्मा मिलते थे। वे कहते कि हमने जान लिया है कि आप वत्सराज उदयन हैं। आपने संन्यास तो ले लिया, लेकिन आपका मन वासवदत्ता में अटका हुआ है। इसलिए वासवदत्ता आपको फिर से मिलेगी, यदि आप किसी अन्य योग्य कन्या से विवाह कर लें।

उदयन दुःखी होते। उन्हें लगता कि कहीं ये महात्मा भी रुक्मवान् के गुप्तचर तो नहीं हैं। फिर लगता कि क्या हानि है, पद्मावती भी हठ किये हुए है कि वह विवाह मुझसे ही करेगी, तो उससे विवाह कर ही लें। क्या पता महात्माओं की बात सत्य निकले, वासवदत्ता जीवित हो; और इस विवाह के बाद वह उन्हें मिल जाये।

सांकृत्यायनी और वासवदत्ता के साथ पद्मावती एक लता-कुंज में बैठी थीं। सांकृत्यायनी और वासवदत्ता परिहास कर रही थीं। पद्मावती का मन बेचैन था। अपने प्रिय उदयन से वह अब मिल न सकेगी। "उनका तो मन वासवदत्ता में इस तरह लगा हुआ है कि इसी तरह संन्यासी बने रहकर जीवन बिता देंगे। उनके पास

अपने प्रिया की स्मृति है, मेरे पास क्या है? इससे तो अच्छा है इस जीवन का अन्त ही कर डालूँ।''

सांकृत्यायनी और वासवदत्ता दुखी पद्मावती को समझाने लगीं। पद्मावती ने सांकृत्यायनी से कहा - ''आप सत्य कहती हैं, मेरा मन अब उनकी ओर खिंच नहीं रहा है। मैंने वृक्षों के जो थाले अभी-अभी सजाये हैं, मेरी इस सखी को दिखा दीजिये।''

दोनों आश्रम के अहाते में पद्मावती के रोपे पौधे देखने चली गयीं, तो पद्मावती अपने माता-पिता और भाई महाराज दर्शक का स्मरण कर अपने गले में फन्दा डालकर फाँसी पर झूलने को उद्यत हुई।

ब्राह्मणी वेशधारिणी वासवदत्ता सांकृत्यायनी के साथ आश्रम के बाहर आयी, लेकिन उसने सांकृत्यायनी से कहा कि ''देवि पद्मावती ने हम लोगों को ऐसे क्यों भेज दिया? कहीं वह कुछ कर न बैठें। चलिये हम उन्हीं के पास चलें।''

फिर वे दोनों उस लता-कुंज की ओर वापस लौटीं। उन्होंने देखा कि महाराज उदयन संन्यासी के वेश में विदूषक के साथ उधर ही जा रहे हैं। वासवदत्ता ने पूछा- ''पहचान रही हैं?''

सांकृत्यायनी ने कहा- ''कैसे नहीं पहचानूँगी अपने उद्धारक को?

वासवदत्ता ने क्रुद्ध स्वर में कहा- ''इस व्यक्ति के लिए मैं जीवित रहकर भी मृत हो गयी हूँ और यह इस युवती के पीछे लग गया!

सांकृत्यायनी ने हँसते हुए कहा- ''कौन पुरुष है जो इस तरह नवयौवना परम रूपवती राजकन्या को ठुकरा दे, जबकि उसे बता दिया गया है कि वह विधुर हो चुका है।''

संयोगवश आज विदूषक संन्यासी बने अपने राजा को इस रास्ते से ले आया था उदयन को तो आभास भी न था कि इस ओर पद्मावती का आश्रम होगा। वे अपनी धुन में चले जा रहे थे।

तभी विदूषक ने उनसे कहा- ''किसी स्त्री के विलाप का स्वर है। चलकर देखना चाहिए।''

वासवदत्ता ने कहा - ''देखिये आर्यपुत्र तो उस लता-कुंज की ओर जा रहे हैं, जिधर पद्मावती हैं।''

उदयन ने लता-कुंज के भीतर झाँककर देखा कि कोई युवती है, जो लताओं का फन्दा बनाकर फाँसी लगाने की तैयारी कर रही है।

उन्होंने चिल्लाकर कहा- ''अरे देखो तो यह कौन है!''

विदूषक ने पहचान लिया। उसने सोचा यह तो बड़ा सुखद संयोग है। पद्मावती को महाराज टालते आ रहे थे, मिलने तक को तैयार नहीं थे, लेकिन आज वह इस तरह गले पड़ ही गयी!

उसने कहा कि "मेरा हृदय कमजोर है, मित्र! मुझसे यह दृश्य देखा न जायेगा! मैं इन्हें आत्मघात करने से नहीं रोक पाऊँगा! ये राजकुमारी पद्मावती हैं। मैं एक बार आपका सन्देश इनके पास ले जाकर सुना चुका हूँ, दुबारा मुझे सामने पाकर यह कुछ कर न बैठें। इसलिए आप ही जाइये।"

उदयन पास पहुँचे। उन्होंने खिन्न होकर कहा- "यह आप क्या करने जा रही हैं, कण्ठ से इस फन्दे को निकाल दीजिये!"

पद्मावती का मुख लाज से लाल हो गया। वह सिर झुकाये खड़ी थी।

मैंने तो सोचा भी नहीं था कि वासवदत्ता को छोड़कर कभी किसी स्त्री के साथ रमूँगा। पर यह पद्मावती समझती ही नहीं?

तभी कंचुकी वहाँ आ गया। उसने कहा "अरे! कितनी सुन्दर जोड़ी है इस प्रयागराज में गंगा और यमुना का संगम होता है। यहाँ हमारी राजकुमारी जी का संगम महाराज उदयन के साथ हो गया। मगधराज ने तो आदेश दे दिया है कि मेरी बहन की इच्छा पूरी की जाये। यदि वत्सराज प्रयाग में हैं, तो उनसे वहीं उसका विवाह कर दिया जाये।

फिर क्या था! आश्रम में चट मँगनी, पट ब्याह हुआ। विवाह के बाद उदयन मगध आ गये। छद्मवेश में वासवदत्ता भी पद्मावती के साथ आयी। परन्तु वह अपने दुर्भाग्य पर रोती रहती थी। देखते-देखते उसका सुखमय संसार उजड़ गया। हृदयहीन अमात्य यौगन्धरायण के कहने में आकर उसने यह क्या किया!

दोपहर का समय था। पद्मावती विवाह के बाद होनेवाले मांगलिक अनुष्ठानों में व्यस्त थीं। वासवदत्ता का मन बेचैन था। उसे जीवित होते हुए भी मृत बनाकर यौगन्धरायण कहाँ चले गये? वासवदत्ता ने सोचा कि वसन्तक को ढूँढ़ें। उसकी भी तो यौगन्धरायण और रुक्मवान् से मिलीभगत है। उसे पता होगा कि इन लोगों की आगे क्या योजना है।

विदूषक अलिन्द में सो रहा था। वासवदत्ता उधर से निकली। वह विदूषक को जगाने लगी। विदूषक ने नींद में कहा अरी दासी, मुझे मत जगा.......। उसने क्रोध में भरकर विदूषक को झकझोर दिया। विदूषक नींद में से अचकचाकर उठ बैठा और चिल्लाते हुए बोला, "मानेगी नहीं!" परन्तु उसने आँखें खोलकर देखा तो अवाक् रह गया। "महारानी आप!"

वासवदत्ता ने कहा- "मैं मगध के इस राजप्रासाद में कब तक पद्मावती की सहचरी के वेश में रहूँ?"

विदूषक ने कहा इस सारे खेल के सूत्रधार यौगन्धरायण हैं। लेकिन उनका कहीं अता-पता भी नहीं है!

यौगन्धरायण विजय के अभियान में लगे थे। मन्त्रियों का प्रयास सफल हो रहा था। गोपालक की निगरानी में महासेन की विशाल सेना चल पड़ी थी। राजा दर्शक पहले

तो पंचाल और वत्स देश के सीमा-विवाद में पड़ना नहीं चाहते थे। मगध पर वैसे भी शत्रुओं का खतरा मँडरा रहा था। पर अब स्थिति बदल गयी थी। उन्हें अपनी बहन से बहुत लगाव था। विवाह हो जाने पर उन्होंने उन्मुक्त भाव से सारी सैन्यशक्ति पंचालराज आरुणि के दमन के लिए दे दी थी। एक ओर कौशाम्बी की सेना, दूसरी ओर चण्डप्रद्योत महासेन की प्रचण्ड सेना। इनमें महाराज दर्शक की सेना भी मिल गयी।

उज्जयिनी, मगध और वत्स एक हुए। पूरे देश को एकसूत्र में पिरोने की यौगन्धरायण की योजना का एक चरण पूरा हुआ।

लेकिन वासवदत्ता ने राज्य के हित के लिए त्याग नहीं किया था, प्रेम के लिए अपने आपको विसर्जित किया था। उसने सोचा था कि इसके बाद वह अपने प्रियतम को पुनः पा सकेगी, किन्तु ऐसा नहीं हुआ। वासवदत्ता को लगा कि प्रेम और प्रिय के बिना जीवन का क्या अर्थ है? इससे तो अच्छा है कि इस निरर्थक जीवन का अन्त हो जाये।

उधर, उदयन का मन भी मगध में नहीं लगता था। मगध की राजधानी राजगृह का राजप्रासाद मानो आग में लिपटा हुआ था। एक दिन वे वेश बदलकर सबसे छिपते-छिपाते बाहर निकल आये। चलते-चलते वे राजगृह के श्मशान में पहुँच गये। अचानक उनके मन में अपनी चिता स्वयं रचकर वासवदत्ता के वियोग के कारण मरण का महोत्सव मनाते हुए आत्मविसर्जन की इच्छा उत्पन्न हुई।

साँझ के धुँधलके में उदयन ने लकड़ियाँ जमा करके अपनी चिता स्वयं सजायी। उसे अग्नि देने के लिए पास की चिता से एक जलती लकड़ी उठा रहे थे, तभी उन्होंने देखा कि वहाँ कोई है। चिता की अग्नि के मद्धिम आलोक में उदयन ने जब गौर से देखा तो वे स्तब्ध रह गये। यहाँ श्मशान में इस तरह वासवदत्ता मिल जायेगी, यह कभी सोचा न था। अपने हाथ में ली हुई लकड़ी उन्होंने वापस चिता पर रख दी और वासवदत्ता के हाथ की लकड़ी भी चिता पर रखकर उसका हाथ अपने हाथ में ले लिया। इस तरह श्मशान में उन दोनों का पुनः पाणिग्रहण हुआ। ठीक उसी समय पद्मावती, यौगन्धरायण और मगध के राजकुल के लोग भी वहाँ आ गये।

(ध्यातव्य है कि नाटककार अनंगहर्ष मायुराज ने अपने नाटक का समापन श्मशान में कराया है; सम्भवतः इसलिए क्योंकि उदयन और वासवदत्ता, दोनों के लिए उनका प्रेम ही उनके जीवन और मरण का आधार था।)

श्रीहर्ष कृत 'रत्नावली' की कथा

प्राचीनकाल में वत्स देश में महाराजा उदयन नामक एक प्रसिद्ध राजा थे। कौशाम्बी उनकी राजधानी थी। उसकी पटरानी का नाम वासवदत्ता था, जो अवन्ति के राजा चण्डप्रद्योत की पुत्री थी। वासवदत्ता के मामा विक्रमबाहु सिंहल के प्रतापी राजा थे। उनकी कन्या का नाम रत्नावली था। उसको देखकर एक सिद्ध पुरुष ने भविष्यवाणी की थी कि

इस कन्या का पति एक चक्रवर्ती राजा होगा। यह बात जैसे ही महाराज उदयन के स्वामिभक्त मन्त्री यौगन्धरायण को पता चली, वह तुरन्त ही महाराज विक्रमबाहु के पास पहुँच गया और उनसे आग्रह किया कि वह रत्नावली का विवाह महाराज उदयन के साथ कर दें। सिंहलनरेश इस प्रस्ताव को सुनकर बड़ी दुविधा में पड़ गये। वह जानते थे कि उसकी भानजी वासवदत्ता महाराज उदयन की पटरानी है। इसलिए यदि यह विवाह हुआ तो रत्नावली उसकी सौत बनेगी। दूसरी तरफ यह भी जानते थे कि महाराज उदयन जैसा योग्य दामाद मिलना कठिन है। बहुत समय तक वह असमंजस में पड़े रहे; और अन्ततः उन्होंने निर्णय किया कि वह अपनी भानजी वासवदत्ता के जीवन को चुनौतीपूर्ण नहीं बनायेंगे, इसलिए उन्होंने रत्नावली का विवाह महाराज उदयन से करने से इनकार कर दिया।

लेकिन यौगन्धरायण इतनी सरलता से हार माननेवाला नहीं था। कुछ समय बाद उसने यह अफवाह फैला दी कि लावणक नामक ग्राम में आग लग जाने के कारण वासवदत्ता उसमें जलकर मर गयी हैं। इसके पश्चात् उसने अपना सन्देश फिर सिंहलनरेश विक्रमबाहु के पास भेजा और रत्नावली का विवाह महाराज उदयन से करने की माँग की। महाराज इस बार मना न कर सके और उन्होंने अपने मन्त्री वसुभूति के साथ राजकुमारी रत्नावली को कौशाम्बी के लिए रवाना कर दिया।

लेकिन दुर्भाग्यवश जिस नौका से वे यात्रा कर रह थे, वह समुद्र में डूब गयी। नाव पर सवार मन्त्री वसुभूति और कंचुकी बाभ्रव्य तो डूब गये, किन्तु रत्नावली एक काठ के सहारे तैरती हुई अपने प्राण बचाने में कामयाब रही। जिस समय वह काठ के सहारे समुद्र में तैर रही थी, उसी समय सिंहल से लौट रहे व्यापारियों के एक दल की नज़र उस पर पड़ी। रत्नावली के गले में पड़ी रत्नमाला को देखकर उन्होंने उसे राजकन्या समझा; और उसे आदरसहित यौगन्धरायण के पास ले गये। चूँकि वह सागर में मिली थी, इसलिए यौगन्धरायण ने उसका नाम सागरिका रख दिया और उसको महारानी वासवदत्ता को सौंप दिया। इस प्रकार सागरिका नाम से रत्नावली महारानी वासवदत्ता की परिचारिका बनकर रहने लगी। श्रीहर्ष कृत 'रत्नावली' नाटक की कथा यहीं से आरम्भ होती है।

एषा वेषाभिर्लक्ष्यस्वविभवविजिताषेष वित्तेशकोशा।
कौशाम्बी शातकुम्भद्रवस्वचितजनैवैकपीता विभाति।। (रत्नावली)

राजधानी कौशाम्बी में वसन्तोत्सव (मदन-महोत्सव) मनाया जा रहा था। नगर के निवासी राग-रंग में डूबे थे। लोग पिचकारियों से एक-दूसरे पर रंगों की वर्षा कर रहे थे। सुगन्धित केसर, अबीर और पीले रंग के गुलाल उड़ाये जाने से ऐसा लग रहा था मानो कौशाम्बी नगर के निवासियों की देह पर सोने का पानी चढ़ा दिया गया हो।

वसन्तक इतना मग्न हुआ कि नीचे जाकर नाचने लगा। तभी मदनिका ने आकर सूचना दी कि महारानी आज मकरन्द उपवन में लाल अशोक के नीचे स्थापित कामदेव की पूजा करेंगी, इसलिए उन्होंने महाराज से साथ रहने का निवेदन किया है।

महाराज तुरन्त ही उपवन की ओर चल पड़े। उपवन की सुन्दरता देखकर वे बहुत प्रसन्न हुए। तभी महारानी वासवदत्ता भी अपनी सखी कांचनमाला के साथ वहाँ आ पहुँचीं। पूजन-सामग्री लेकर सागरिका सहित अन्य दासियाँ भी उनके साथ थीं। महारानी वहाँ सागरिका को देखकर अचानक ही अप्रसन्न हो गयीं; और बोलीं- ''तुम सारिका को क्यों छोड़ आयीं। पूजन-सामग्री कांचनमाला को देकर तुम तुरन्त वहाँ जाओ।''

सागरिका लौटने को हुई, तभी उसे ध्यान आया कि सारिका को तो वह किसी अन्य को सौंपकर आयी है। वह दरअसल यह देखने को आयी थी कि जिस प्रकार उसके मायके में कामदेव की पूजा होती थी, क्या वैसे ही यहाँ भी होती है? इसलिए वह वहाँ से नहीं गयी; और एक लता-कुंज में छिपकर उत्सव देखने लगी।

महाराज उदयन अपने सखा वसन्तक के साथ लाल अशोक के पास आ चुके थे। पूजन शुरू हुआ। महारानी ने महाराज को आसन पर बैठाया; और कामदेव का पूजन करने के बाद उनका पूजन करने लगीं। फूल चुनने में मग्न सागरिका कामदेव का पूजन न देख सकी। जिस समय उसकी नज़र पड़ी उस समय महारानी महाराज की पूजा कर रही थीं। सागरिका को ऐसा लगा मानो उदयन के रूप में साक्षात् कामदेव विराजमान हैं। इसलिए उसने भी कुछ फूल उनके नाम पर चढ़ाते हुए मन-ही-मन कामदेव को प्रणाम करके लौट चली। रास्ते में उसने देखा-सुना कि चारण और भाट महाराज उदयन का स्तुति-गान कर रहे हैं। उसे विस्मय हुआ, "अरे, ये तो वही महाराज उदयन हैं, जिनके लिए मेरे पिता ने मेरा दान किया है।'' यह विचार करते ही उसके मन में महाराज के लिए प्रेमभाव उत्पन्न हो गया।

(अंक 2)

वासवदत्ता की सुसंगता नामक एक सखी थी। वह सागरिका से बहुत प्रेम करती थी। एक दिन सागरिका अपनी सारिका को सुसंगता को सौंपकर कहीं चली गयी किन्तु जब बहुत देर तक नहीं लौटी तो वह उसे खोजने के लिए निकली। रास्ते में उसे निपुणिका मिल गयी। उसने बताया कि सागरिका आज बहुत व्याकुल थी। उसे यह भी पता चला कि सागरिका चित्र बनाने की सामग्री लेकर कदली-गृह की ओर गयी है। सुसंगता ने वहाँ पहुँचकर देखा कि सागरिका तन्मय होकर चित्र बना रही है। चुपके से वह उसके पास पहुँची और यह देखकर चकित रह गयी कि वह चित्र महाराज उदयन का था। सागरिका की आँखों में इतने आँसू थे कि वह अपने बनाये हुए चित्र को भी नहीं देख पा रही थी। आँसू पोंछने के लिए जैसे ही उसने अपना मुख ऊपर किया वैसे

ही उसकी दृष्टि सुसंगता पर पड़ी। उसने घबराकर चित्र को छिपाने की कोशिश की, लेकिन सुसंगता ने उस चित्र को छीन लिया और पूछा- "सखि, यह किसका चित्र है?" सागरिका ने लजाते हुए कहा- "वसन्तोत्सव के दिन जिन भगवान् कामदेव की पूजा हुई थी, यह उन्हीं का चित्र है।"

सुसंगता हँस पड़ी और उसने कूँची से उसी चित्र के पास सागरिका का चित्र भी बना दिया। सागरिका क्रोध से भरकर बोली, "अरे, यहाँ तुमने मेरा चित्र क्यों बना दिया?" तब उसने हँसते हुए कहा, "तुमने केवल कामदेव का चित्र बनाया था। उसके साथ मैंने रति का चित्र भी बना दिया है।" सागरिका को लगा कि यह भेद खुल गया है। अतः सुसंगता का हाथ पकड़कर उसने कहा कि, "मैं बहुत लज्जित हूँ, लेकिन कृपा करके यह बात किसी से कहना नहीं।"

सुसंगता ने कहा कि "मैं तो किसी से नहीं कहूँगी, लेकिन इस सारिका से सावधान रहना। कहीं सब बातें रटकर किसी अन्य के सामने दुहरा न दे।"

वे बातें कर ही रही थीं कि वहाँ यह शोर मच गया कि "महाराज का पालतू बन्दर छूट गया है और वह राजभवन में प्रवेश कर रहा है। अचानक वह बन्दर उत्पात मचाते हुए उधर ही आ धमका। दोनों सखियाँ भागकर एक पेड़ की ओट में खड़ी हो गयीं। चित्र वहीं पड़ा रह गया। उस उपद्रवी बन्दर ने आकर सारिका का पिंजड़ा खोल दिया, जिसके फलस्वरूप वह पिंजड़े से निकल भागी। भेद खुल जाने के डर से दोनों सखियाँ पकड़ने के लिए उसके पीछे दौड़ीं। उनके जाने के बाद महाराज उदयन और वसन्तक भी उधर आ निकले। जो आशंका थी, वही हुआ। सारिका एक पेड़ की शाखा पर बैठकर उन्हीं बातों को दुहरा रही थी। पहले तो वसन्तक यह स्वर सुनकर डर गया; और बोला कि, "इस पेड़ पर कोई भूत रहता है।"

परन्तु महाराज उदयन ने ध्यानपूर्वक सुना तो समझ गये; और बोले कि "यह तो सारिका है।" विदूषक ने कहा, "ओह, यह सारिका है!" उसका स्वर अब स्पष्ट सुनायी पड़ रहा था। अतः उन्होंने वे सब बातें सुन लीं और उस चित्र को भी देख लिया, जिसे घबराहट में भाग जाने के कारण सागरिका छोड़ गयी थी। उस चित्र को देखकर राजा मुग्ध हो गये। तभी सुसंगता और सागरिका उस चित्र को लेने के लिए आयी। सुसंगता चित्र को लेने महाराज के पास जा पहुँची। उसने सब बातें स्पष्ट रूप से उनसे कह दीं; और उनको सागरिका से मिला भी दिया।

संयोगवश उसी समय महारानी वासवदत्ता भी उधर आ निकलीं। वे महाराज की लगायी हुई नवमालिका देखना चाह रही थीं। उन्होंने महाराज का स्वर सुना तो उनके पास पहुँचीं और उनको प्रणाम किया। तब तक सागरिका चली गयी थी, परन्तु वह चित्र उन्हीं के पास था। महाराज ने तुरन्त ही वसन्तक से उस चित्र को छिपाने के लिए कहा। उस चित्र को अपने बगल में दबाकर उसने ऊपर से चादर ओढ़ लिया।

महारानी ने पूछा- ''महाराज, क्या नवमालिका में फूल आ गये हैं?'' उदयन ने कहा कि ''मैंने अभी देखा नहीं है। आओ, साथ चलकर देखते हैं।" महारानी ने कहा कि "आपके मुख को देखकर ऐसा प्रतीत हो रहा है कि नवमालिका पुष्पित हो चुकी है। अब मैं नहीं जाऊँगी।'' यह सुनकर विदूषक अपनी बाँहें फैलाकर नाचने लगा। नाचते समय वह चित्र नीचे गिर गया; और महारानी ने उसे देख लिया। चित्र को देखकर वह पूरा मामला समझ गयीं। उन्होंने अपने हृदय में उमड़ते क्रोध को दबाकर, शान्त स्वर में कहा कि "मेरे सिर में दर्द हो रहा है। अतः मैं जा रही हूँ।" महाराज समझ गये कि महारानी ने सब-कुछ भाँप लिया है। इसलिए उन्होंने महारानी को मनाने की बहुत कोशिशें कीं, लेकिन वह नहीं मानीं और वहाँ से चली गयीं।

(अंक 3)

इस घटना के बाद महाराज बहुत उदास रहने लगे। उनका मन सागरिका से मिलने के लिए व्याकुल हो उठा। उनकी दशा देखकर विदूषक वसन्तक को चिन्ता हुई। एक दिन उसने दासी सुसंगता को बुलाया और समझाकर कहा कि महाराज की अस्वस्थता का एकमात्र कारण सागरिका है। इसलिए तुम महाराज से उसको मिलाने का कोई उपाय करो। सुसंगता ने कहा कि ''ठीक है। सागरिका को महारानी वासवदत्ता के कपड़े पहनाकर और स्वयं कांचनमाला का वेश धारण करके सायंकाल में सागरिका के साथ माधवीलता के मण्डप में पहुँचूँगी। आप महाराज को लेकर वहीं आ जाइयेगा।'' यह सुनकर वसन्तक बहुत प्रसन्न हुआ और महाराज को यह समाचार सुनाने के लिए तुरन्त उनके पास चला गया। लेकिन महारानी की दासी कांचनमाला यह सब सुन रही थी। उसने महारानी के पास जाकर इस योजना के बारे में बता दिया।

परिणाम यह हुआ कि जब सायंकाल महाराज सागरिका से मिलने के लिए माधवीमण्डप पहुँचे तो महारानी वासवदत्ता भी कांचनमाला के साथ आ गयी। कांचनमाला ने संकेत से वसन्तक को अपने पास बुलाया और महारानी को दिखा दिया। वसन्तक ने उन दोनों को नकली महारानी और कांचनमाला समझा। उसने हँसते हुए कहा कि ''अरे वाह, तुमने तो कांचनमाला की तरह का ही वेश बनाया है और सागरिका तो सचमुच महारानी वासवदत्ता ही प्रतीत हो रही है।'' यह कहकर वह उन दोनों को महाराज के पास ले गया।

महाराज उदयन महारानी वासवदत्ता को सागरिका समझकर उससे बातें करने का प्रयास करने लगे। लेकिन वासवदत्ता आँसू बहाती हुई चुपचाप खड़ी रही। जब महाराज ने उसको मनाने का बहुत प्रयास किया; तब उसने अपना घूँघट उठाकर क्रुद्ध स्वर में कहा कि ''क्या मैं सागरिका हूँ? आप तो सागरिका के लिए इतने व्यग्र हो रहे हैं कि आपको सब-कुछ सागरिकामय ही दिखायी दे रहा है!''

यह जानकर कि यह तो सचमुच महारानी वासवदत्ता हैं, महाराज एकदम घबरा गये और उन्होंने हाथ जोड़कर महारानी को प्रसन्न करने का प्रयास किया। लेकिन महारानी नहीं मानीं। उन्होंने दुखी होकर कहा- "आप यहाँ सुख से रहिये। मैं ही चली जाती हूँ।" इतना कहकर वह तमतमाती हुई वहाँ से चली गयीं।

महाराज बहुत दुखी हुए। संयोगवश तभी वासवदत्ता का वेश धारण किये हुए सागरिका वहाँ आ पहुँची। उसे यह सब पता चल गया था। वह भी बहुत बेचैन थी। ऐसी मनोदशा में उसने फाँसी लगाकर मर जाने का निश्चय किया। ऐसा करने के उद्देश्य से वह अशोक के वृक्ष के नीचे पहुँची। उसी समय महाराज और विदूषक की नज़र उस पर पड़ी। उसे देखकर वसन्तक पुकार उठा, "मित्र, रक्षा करो, महारानी फाँसी लगा रही हैं।" राजा ने तुरन्त आगे बढ़कर फाँसी का फन्दा उसके गले से निकाल लिया और अपनी सौगन्ध देकर उसे आत्मघात करने से रोका। सागरिका ने जब महाराज को देखा तो उसका हृदय हर्ष और विस्मय से भर उठा, लेकिन उस भाव को छिपाकर उसने कहा कि "महाराज, मुझे मरने के लिए छोड़ दीजिये।"

ये बातें अभी चल ही रही थीं कि महारानी वासवदत्ता अचानक फिर वहाँ आ गयीं। यद्यपि वह अप्रसन्न होकर चली गयी थीं, तथापि महल में पहुँचकर उन्हें अपने व्यवहार पर पश्चात्ताप हुआ और वह महाराज से क्षमा माँगने के लिए लौट आयी थीं। लेकिन यहाँ आकर उन्होंने देखा कि महाराज तो सचमुच ही सागरिका से बातें कर रहे हैं। यह देखकर उनका पारा चढ़ गया। महाराज ने उनको मनाने का बहुत प्रयास किया, लेकिन वे विफल रहे। तभी वसन्तक ने हाथ जोड़कर कहा कि "महारानी, गलती मेरी है। सागरिका को महारानी समझकर मैं ही महाराज को यहाँ बुला लाया था। यह बेचारी तो फाँसी लगाकर मर रही थी। मेरी बातों पर विश्वास न हो तो इस लताफाँस को देख लीजिये।"

वसन्तक की बातें सुनकर वासवदत्ता का क्रोध और भड़क उठा। वह समझ गयीं कि यह सब इसी की चाल है। इसलिए उन्होंने कांचनमाला से कहा कि "इस लताफाँस से इस ब्राह्मण को बाँध लो और सागरिका को भी साथ ले चलो। महारानी के आदेश का पालन हुआ। महाराज किंकर्त्तव्यविमूढ़ बने यह सब देखते रहे, वे कुछ भी करने या कहने की स्थिति में नहीं थे। बहरहाल, जब ये सब वहाँ से चले तो वे भी महारानी को प्रसन्न करने के लिए उनके पीछे चल पड़े।

(अंक 4)

बाद में विदूषक को तो मुक्ति मिल गयी, लेकिन सागरिका को महल के किसी अज्ञात कक्ष में कैद कर दिया गया और यह खबर फैला दी गयी कि उसको महारानी ने उज्जयिनी भेज दिया है।

अपनी सखी की यह अवस्था देखकर सुसंगता को बहुत दुख हुआ। अचानक एक दिन वह विदूषक से मिली तो उसने कहा - ''सुनते हैं, महारानी ने सागरिका को उज्जयिनी भेज दिया है। लेकिन मुझे यह बात सच नहीं लग रही है। सागरिका ने अपने जीवन से निराश होने के बाद यह रत्नमाला मुझे दी थी, इसे आप ही रख लीजिये।'' वसन्तक भी दुखी हुआ; और उसने कहा कि ''यह समाचार सुनकर रत्नमाला लेने की मुझे इच्छा नहीं हो रही है।'' लेकिन सुसंगता के आग्रह करने के बाद उसने यह कहते हुए रत्नमाला को स्वीकार कर लिया कि ''चलो, इसी को देखकर महाराज को कुछ सन्तोष मिलेगा।''

उसने माला तो ले ली, लेकिन उसे देखकर वह आश्चर्यचकित रह गया। उसने पूछा कि "इतना सुन्दर आभूषण उसे मिला कहाँ से?" सुसंगता ने कहा कि "मैंने भी यही बात सागरिका से पूछी थी। लेकिन उसने रोते हुए कहा था कि यह जानकर क्या करोगी?''

वसन्तक को लगा कि सागरिका अवश्य ही किसी श्रेष्ठ कुल की कन्या है, अन्यथा ऐसा बहुमूल्य आभूषण उसे कैसे मिलता ? यह सब बातें चल ही रही थीं कि महाराज मण्डप की ओर जाते हुए दिखे। वसन्तक शीघ्र ही उनके पास पहुँचा और सागरिका की पूरी कहानी उनको कह सुनाया। वह रत्नमाला भी उसने उन्हीं को दे दिया। महाराज यह सब सुनकर व्याकुल हो गये।

इसी बीच प्रधान सेनापति रुक्मवान् का भानजा विजयवर्मा उपस्थित हुआ। महाराज को प्रणाम करके उसने कहा- ''महाराज, सुखद समाचार यह है कि सेनापति रुक्मवान् ने कोसल देश को जीत लिया है।'' यह सुनकर महाराज बहुत प्रसन्न हुए। उन्होंने पूछा कि ''यह कैसे सम्भव हुआ?'' विजयवर्मा ने बताया कि, ''महाराज, आपके आदेश के कुछ दिन बाद ही हमारी सेना ने कोसल राज्य को घेर लिया।''

"फिर ?'' राजा ने पूछा। तब विजयवर्मा ने कहा कि "उसके बाद कोसलनरेश ने भी अपनी सेना तैयार की। उसमें गज-सेना मुख्य थी। युद्ध करने के उद्देश्य से कोसलनरेश अपने दुर्ग से बाहर निकले। उनकी सेना के हाथी सभी दिशाओं से घेरकर हमारी पैदल सेना को रौंद रहे थे। तभी हमारे सेनापति आगे बढ़े और बाणों की वर्षा करते हुए उन्होंने गज-सेना को रोक लिया। फिर तलवार से शत्रुओं के सिर काटे जाने लगे। रक्त की मानो नदी बहने लगी। हाथी पर सवार कोसलनरेश को सेनापति रुक्मवान् ने ललकारा और शीघ्र ही उनका अन्त कर दिया।'' यह सुनकर महाराज ने विजयवर्मा को पारितोषिक देने के लिए मन्त्री यौगन्धरायण के पास भेज दिया।

इसी समय कांचनमाला ने महाराज के पास आकर कहा- ''महाराज, उज्जयिनी से सर्वसिद्धि नामक एक ऐन्द्रजालिक (जादूगर) आया है। महारानी चाहती हैं कि आप उसे दर्शन दें।'' महाराज ने कहा कि ''इन्द्रजाल मुझे प्रिय है। अतः उसे शीघ्र ही बुला लाओ।''

अनुमति पाते ही ऐन्द्रजालिक तुरन्त ही वहाँ आ गया। उसने महाराज को प्रणाम करके कहा कि ''महाराज, क्या दिखाऊँ- पृथ्वी पर चन्द्रमा, आकाश में पर्वत, पानी में आग या दोपहर में साँझ? महाराज जो कुछ देखना चाहें, वह सब मैं गुरु-मन्त्र के प्रभाव से दिखा सकता हूँ।''

महाराज ने सबसे पहले महारानी वासवदत्ता को बुलाया। उनके आने के बाद ऐन्द्रजालिक ने अपना कार्य शुरू किया। उसने कहा कि "आकाश में ब्रह्मा, विष्णु, महेश, इन्द्रादि देवताओं, सिद्धों एवं अप्सराओं का समूह दिखाता हूँ ।'' यह सुनकर सबने ऊपर की ओर देखा। महाराज आश्चर्यचकित होकर बोले- ''देवि! देखो वह कमल पर ब्रह्मा, चन्द्रशेखर शंकर, चारों हाथों में धनुष-खड्ग-चक्र-गदा सँभाले भगवान् विष्णु, ऐरावत पर आसीन देवराज इन्द्र और ये अन्य देवता दिखायी दे रहे हैं। उधर अप्सराएँ नृत्य कर रही हैं।''

तभी विदूषक ने चुपके से ऐन्द्रजालिक से कहा कि ''इन सब से क्या होगा। यदि तुम महाराज को प्रसन्न करना चाहते हो तो सागरिका को दिखाओ।'' वह इस प्रकार ऐन्द्रजालिक को समझा ही रहा था कि वसुन्धरा ने वहाँ आकर निवेदन किया- "महाराज, अमात्य यौगन्धरायण ने सूचना दी है कि सिंहलराज विक्रमबाहु के प्रधान अमात्य वसुभूति और कंचुकी बाभ्रव्य आये हुए हैं। यौगन्धरायण ने निवेदन किया है कि इस शुभ अवसर पर आप उन दोनों से मिल लें। कुछ देर में वे स्वयं भी आ रहे हैं।'' यह सुनकर वासवदत्ता ने महाराज से कहा कि ''तब तक के लिए इन्द्रजाल बन्द करवा दीजिये। मामा के घर से प्रधानमन्त्री आये हैं, उनसे मिल लीजिये।'' इस बात से सहमत होकर महाराज ने ऐन्द्रजालिक से कुछ देर विश्राम करने को कहा। लेकिन जाते समय उसने कहा कि ''मेरी एक और कला महाराज को देखनी होगी।'' महाराज बोले- "हाँ, अवश्य देखूँगा।" महारानी ने भी कांचनमाला से कहा कि ''जाओ, इसे पुरस्कार दिलवा दो।"

उसके जाने के बाद वसन्तक ने जाकर वसुभूति और बाभ्रव्य को बुला लिया। रास्ते में वत्सराज का वैभव देखकर वसुभूति बहुत प्रभावित हुआ। उसने मन-ही-मन में कहा कि "कभी हाथी-घोड़े, कभी संगीत की सुरलहरी और कभी राजगोष्ठी मेरा ध्यान आकर्षित करते हैं। यहाँ के राजभवन की भव्यता को देखकर लगता है कि इसके सामने सिंहल देश की समृद्धि कुछ भी नहीं है।''

वह इसी विचार में मग्न था कि तभी वसन्तक ने आगे बढ़कर उसका स्वागत किया। अचानक उसकी दृष्टि वसन्तक के गले में पड़ी रत्नमाला पर गयी। वह सोचने लगा कि यह रत्नमाला तो चलते समय महाराज विक्रमबाहु ने राजकुमारी रत्नावली को दी थी। फिर उसने सोचा कि इस समृद्ध राजकुल में रत्नों की क्या कमी है; और आभूषणों में समानता भी हो सकती है। यह सोचते हुए वे सब महाराज के पास जा पहुँचे। अभिवादन के बाद सब लोग अपने-अपने आसन पर बैठ गये। वत्सराज ने पूछा कि

"मन्त्रिवर, महाराज सिंहलेश्वर प्रसन्न हैं न?" वसुभूति ने दुखी होकर कहा, "महाराज, क्या कहूँ, सिंहलेश्वर ने जब यह सुना कि महारानी वासवदत्ता अग्नि में जलकर मर गयी हैं तो उन्होंने अपनी पुत्री रत्नावली को आपके पास भेजा था।" वत्सराज को यह सुनकर बहुत आश्चर्य हुआ, किन्तु वे कुछ बोले नहीं। तब वसन्तक ने पूछा- "फिर क्या हुआ?" वसुभूति बोले- "जब हम यहाँ आ रहे थे तो हमारा बेड़ा समुद्र में डूब गया और उसी के साथ रत्नावली भी डूब गयीं।" यह कहते हुए वसुभूति की आँखें सजल हो गयीं। महारानी वासवदत्ता का हृदय भी विचलित हो उठा।

महाराज ने उसे ढाढ़स बँधाते हुए कहा कि "धीरज रखो, देवि! प्रभु की माया कौन जानता है! ये लोग भी तो डूब गये थे, लेकिन उनकी कृपा से बच आये। कौन जाने, रत्नावली भी इसी प्रकार बच गयी हो!" वासवदत्ता बोली कि "यह तो सच है, लेकिन हम इतने भाग्यवान् कहाँ हैं!"

इसी समय अचानक कोलाहल हुआ। मालूम हुआ कि अचानक राजभवन के अन्तःपुर में आग लग गयी। भयभीत स्त्रियाँ चीख-पुकार रही थीं। सब व्याकुल होकर देखने लगे। वासवदत्ता भी घबरा गयी और बोली- "महाराज, क्षमा करें। मैंने सागरिका को बेड़ियों में जकड़कर अन्तःपुर में बन्दी बना रखा है। इस आग में वह जल जायेगी। कृपया उसको बचा लीजिये।" यह सुनते ही महाराज दौड़ते हुए उस अग्नि में कूद पड़े। यह देखकर वासवदत्ता भी यह कहती हुई आगे बढ़ी कि "मेरे ही कहने पर आर्यपुत्र ने अपना जीवन संकट में डाल दिया है ?" विदूषक से भी नहीं रहा गया। वह भी अग्नि में कूद पड़ा। वसुभूति, बाभ्रव्य सभी उस अग्नि में प्रवेश कर गये। शीघ्र ही महाराज अन्दर पहुँच गये। वहाँ उन्होंने देखा कि सागरिका बैठी हुई है। उन्होंने जोर से पुकारा, "अरे, आग की लपटों के बीच तुम चुपचाप बैठी हो ?" महाराज को देखते ही सागरिका ने जोर से कहा, "महाराज, मुझे बचाइये।" महाराज सागरिका को गोद में उठाकर आग की लपटों से बाहर की ओर भागे। क्षण भर के लिए उनकी आँखें बन्द हो गयीं; और जब खुलीं तो वे चकित रह गये। देखा, कहीं कुछ नहीं है। अन्तःपुर पहले जैसा ही है। वासवदत्ता, वसन्तक, वसुभूति और बाभ्रव्य सभी खड़े हैं। उन्होंने सोचा, क्या मैं स्वप्न देख रहा हूँ? या यह सब कोई इन्द्रजाल था ? वसन्तक बोला, "जी हाँ, यह इन्द्रजाल ही है। आपको याद होगा, उस ऐन्द्रजालिक ने कहा था न कि हमारा एक अन्य खेल महाराज को देखना होगा। यह वही इन्द्रजाल है।"

वत्सराज ने वासवदत्ता से कहा- "देवि, तुम्हारे कहने पर ही मैं सागरिका को ले आया।" वासवदत्ता ने हँसते हुए कहा- "मैं जानती हूँ आर्यपुत्र।"

वसुभूति ने जब सागरिका को देखा तो पहचान लिया। वे बोले- "महाराज, यह कन्या कहाँ से आयी?" महाराज बोले, "यह बात महारानी ही जानती हैं।" तब वासवदत्ता ने कहा, "मन्त्रिवर, मुझे तो अमात्य यौगन्धरायण ने इसे यह कहकर सौंपा था कि यह

सागर से प्राप्त हुई है, इसलिए इसका नाम सागरिका है।'' वत्सराज ने सोचा कि यौगन्धरायण ने मुझे बताये बिना यह काम कैसे किया? वसुभूति ने बाभ्रव्य से धीरे से कहा कि ''वसन्तक के गले की रत्नमाला से और कन्या के सागर में मिलने से यह स्पष्ट है कि यह सिंहलेश्वर की पुत्री रत्नावली ही हैं। फिर उसने प्रकट तौर पर पूछा- "आयुष्मति, यह बताओ कि क्या तुम राजकुमारी रत्नावली ही यह दुख भोग रही हो ?" सागरिका ने वसुभूति को देखा तो उसकी आँखों में आँसू भर आये। उसने पूछा कि "क्या आप अमात्य वसुभूति हैं ?'' और फिर दोनों एक-दूसरे को पहचानकर अचेत हो गये। वासवदत्ता यह सब देखकर व्याकुल हो उठीं। उन्होंने आश्चर्य सहित पूछा कि "बाभ्रव्य, क्या यह मेरी बहन रत्नावली है ?'' तब बाभ्रव्य ने कहा- ''जी हाँ महारानी।'' महारानी वासवदत्ता ने यह सुनकर रत्नावली को गले से लगा लिया और वत्सराज से कहा कि ''आर्यपुत्र, मुझे अपनी करनी पर पछतावा हो रहा है। कृपया आप इसकी बेड़ियाँ खोल दीजिये।'' महाराज ने तुरन्त ही सागरिका की बेड़ियाँ खोल दीं।

इतने में यौगन्धरायण भी वहाँ आ पहुँचे। महाराज ने पूछा- "यौगन्धरायण, तुमने मुझसे बिना पूछे यह सब क्या किया ?'' तब यौगन्धरायण ने कहा कि ''महाराज, मैं इसके लिए क्षमा चाहता हूँ। लेकिन इन सिंहल राजकुमारी के बारे में एक सिद्ध-पुरुष ने कहा था कि जो इनसे विवाह करेगा, वह चक्रवर्ती सम्राट् बनेगा। उनके कथन पर विश्वास करके मैंने सिंहलेश्वर से कई बार उनकी यह कन्या आपके लिए माँगी, किन्तु सिंहलेश्वर ने यह सोचकर कि ऐसा करने से महारानी वासवदत्ता को दुख होगा, उन्होंने हर बार मना किया। तब मैंने एक योजना के तहत यह अफवाह फैला दी कि महारानी वासवदत्ता लावणक के अग्निकाण्ड में जलकर मर गयी हैं।''

महाराज बोले ''इसके आगे का घटनाक्रम मैं जान चुका हूँ। लेकिन तुमने इन्हें देवि वासवदत्ता के पास क्यों रखा ?'' तब विदूषक ने कहा कि ''मैं समझ गया। आप अन्तःपुर में जायेंगे और इन्हें देख लेंगे इसलिए।" यह सुनकर वत्सराज ने हँसते हुए यौगन्धरायण से पूछा- "लगता है कि यह इन्द्रजाल भी तुम्हारा ही कोई प्रयोग है।'' तब यौगन्धरायण ने झेंपते हुए कहा- ''हाँ महाराज, यदि ऐसा न किया जाता तो अन्तःपुर में कैद सागरिका को आप कैसे देख पाते और वसुभूति इसे कैसे पहचानते!'' फिर अमात्य ने हँसते हुए महारानी वासवदत्ता से कहा, ''देवि! अब पहचानने के बाद अपनी बहन के साथ जैसा उचित हो, वैसा व्यवहार कीजिये।'' यह सुनकर वासवदत्ता भी हँस पड़ीं; और मुस्कुराते हुए कहा, ''मन्त्रिवर स्पष्ट क्यों नहीं कहते कि इसे महाराज को सौंप दूँ ?'' फिर रत्नावली की ओर देखकर बोली, "आओ रत्नावली। यह काम तो मैं बहन की तरह कर लूँ।'' इतना कहकर उसने अपने सब गहने रत्नावली को पहना दिये। फिर उसका हाथ पकड़कर उसे महाराज के पास ले गयीं और बोलीं- ''आर्यपुत्र! इसे स्वीकार कीजिये। इसका नैहर यहाँ से दूर है। इसके प्रति आप ऐसा व्यवहार करें, ताकि इसे अपने घर-परिवार का अभाव

कभी न अखरे।'' महाराज की मनोकामना पूरी हुई। उन्होंने प्रसन्न होकर रत्नावली को ग्रहण कर लिया। सभी प्रसन्न हुए। वसन्तक तो नाचने ही लगा।

यौगन्धरायण ने कहा, ''हमारा प्रयास सफल हुआ। महाराज बतायें कि मैं और क्या करूँ।'' वत्सराज बोले, "अब तक जो हुआ है, उससे उत्तम और क्या होगा! सिंहलराज हमारे सम्बन्धी बने। मुझे सागरिका मिली। महारानी वासवदत्ता की खोयी बहन उन्हें मिल गयी। कोसल राज्य हमारे अधिकार में आ गया। तुम्हारे मन्त्रित्व में मुझे क्या नहीं मिला, जिसकी मैं इच्छा करूँ! फिर भी मैं चाहता हूँ कि देवराज इन्द्र यथेष्ट वर्षा करके धरती को हरी-भरी करें। ब्राह्मणगण यज्ञ द्वारा देवताओं को सन्तुष्ट करें। अनादिकाल तक सज्जनों का सुखप्रद मिलन होता रहे और दुर्जनों का नाश हो।

श्रीहर्ष कृत 'प्रियदर्शिका' की कथा

प्राचीनकाल में अंग देश में दृढ़वर्मा नाम के राजा थे। उनकी पुत्री प्रियदर्शिका बहुत सुन्दर थी। महाराज उसका विवाह वत्सराज उदयन के साथ करना चाहते थे। दूसरी ओर कलिंग का राजा राजकुमारी प्रियदर्शिका के साथ विवाह करने का इच्छुक था। परन्तु अंगराज पहले ही वत्सराज को वचन दे चुके थे, इसलिए कलिंगनरेश के वैवाहिक प्रस्ताव को उन्होंने अस्वीकार कर दिया। इस बात से क्षुब्ध होकर कलिंगनरेश ने अंग देश पर आक्रमण कर उसे तबाह कर दिया। दृढ़वर्मा को बन्दी बना लिया गया।

जिस समय अंग देश की राजधानी में युद्ध चल रहा था, उस समय अंगराज का स्वामिभक्त कंचुकी विनयवसु राजकुमारी को वहाँ से सुरक्षित निकाल लाया। उसे अपने महाराज के वचन का ध्यान था। इसलिए वह राजकुमारी को वत्सराज को सौंपने के उद्देश्य से कौशाम्बी की ओर रवाना हो गया। रास्ते में विद्यारण्य नामक एक राज्य था। वहाँ का राजा विन्ध्यकेतु अंगराज दृढ़वर्मा का मित्र था। राजकुमारी उनको सौंप करके कंचुकी स्वयं पास के अगस्त्य तीर्थ में स्नान करने चला गया। वहाँ से लौटने पर उसे पता चला कि अचानक किसी शत्रु ने विद्यारण्य राज्य पर आक्रमण करके विन्ध्यकेतु का वध कर दिया है। उसने राजकुमारी को बहुत तलाशा, लेकिन उसका कुछ पता नहीं चला। ऐसी स्थिति में वत्सराज के पास जाने का कोई औचित्य ही नहीं था, इसलिए वह उदास होकर वहीं से लौट पड़ा। उसने सोचा कि अब वह कारागार में बन्दी अपने स्वामी की सेवा में ही समय बितायेगा।

(अंक 1)

कौशाम्बी के राजभवन में वत्सराज उदयन अपने विदूषक मित्र वसन्तक के साथ बातें कर रहे थे कि किस प्रकार वे उज्जयिनी में अवन्तिराज प्रद्योत के बन्दी बनकर रहे थे। उन्हें राजकुमारी वासवदत्ता को वीणा सिखाने की जिम्मेदारी दी गयी थी। धीरे-धीरे वे

दोनों एक-दूसरे से प्रेम करने लगे। अपने मन्त्रियों के सहयोग से वत्सराज राजकुमारी सहित उज्जयिनी से निकलने में सफल हुए। अब वासवदत्ता उनकी पटरानी थी और वे एक सम्पन्न राज्य के राजा थे।

वत्सराज खुश थे कि उनके लिए बन्दी होना कितना अच्छा रहा। विदूषक ने कहा कि यदि बन्दी होना अच्छा है तो राजा दृढ़वर्मा को बन्दी बनाने के कारण वे कलिंगराज से अप्रसन्न क्यों हैं ? तब उदयन ने हँसते हुए कहा- "अरे मूर्ख! हर कोई वत्सराज नहीं है। लेकिन इन बातों को छोड़ो। विजयसेन की कोई सूचना नहीं मिली। उसको विद्यारण्य गये बहुत दिन हो गये। रुक्मवान् को बुलाओ।" इसी समय द्वारपालिका ने आकर सूचना दी कि सेनापति विजयसेन और मन्त्री रुक्मवान् द्वार पर आ चुके हैं। राजा ने उन्हें तुरन्त बुलवाया। रुक्मवान् ने आकर बताया कि विजयसेन विन्ध्यकेतु को दण्ड देकर लौट आये हैं। यह सुनकर राजा बहुत प्रसन्न हुए; और युद्ध का हाल पूछने लगे। विजयसेन ने कहा कि "हमारी सेना ने तीन ही दिन में लम्बा रास्ता पार कर लिया था। हमने भोर में ही विन्ध्यकेतु पर हमला कर दिया। वह अपने चन्द सैनिकों के साथ वीरता से लड़ा। युद्ध में उसके सभी सैनिक मारे गये। स्वयं घायल होने के बावजूद वह युद्ध में अपना रणकौशल दिखाता रहा। लेकिन अन्ततः शिथिल हो जाने पर वह वीरगति को प्राप्त हुआ।"

यह सुनकर वत्सराज ने पूछा कि "क्या उसके कोई पुत्र नहीं है ?" विजयसेन ने बताया कि "विन्ध्यकेतु अपने सभी परिजनों सहित मारा गया तो उसकी पत्नियों ने भी उसका अनुसरण किया। वह स्थान अब निर्जन हो गया है। विन्ध्यकेतु के घर से एक कुमारी विलाप करती हुई पायी गयी है। उसे हम साथ ले आये हैं। वह द्वार पर खड़ी है। महाराज उसके लिए जैसा उचित समझें, वैसी आज्ञा दें।"

राजा ने द्वारपालिका से कहा कि वह स्वयं जाकर उस कुमारी को महारानी वासवदत्ता को सौंप आये और उनसे कह दे कि वह उसे अपनी बहन के समान समझें। उसके लिए उच्चकुलीन कुमारी के योग्य नृत्य, संगीत आदि की शिक्षा का प्रबन्ध कर दें; और जब वह सुशिक्षित होकर विवाह के योग्य हो जाये तब मुझे सूचित करें।

दोपहर हो गयी थी; और राजा के स्नान का समय हो गया था इसलिए वह उठ खड़े हुए। चलते समय रुक्मवान् से बोले कि "कलिंग के दुष्ट राजा को दण्ड देने के लिए विजयसेन को आज ही कलिंग पर आक्रमण करने के लिए भेजना है। इसलिए आप भी आइये।"

(अंक 2)

महारानी वासवदत्ता का उपवास था। उन्होंने वसन्तक को बुलावा भेजा। वह ब्राह्मण महारानी से मिठाई और दान-दक्षिणा पाने की आशा से बहुत खुश था। वह सरोवर में स्नान करने के लिए चला जा रहा था। तभी उसने देखा कि महाराज भी उधर ही आ रहे हैं।

वह रुक गया। राजा महारानी वासवदत्ता से मिलने के लिए उधर आ रहे थे। वसन्तक की ओर देखकर उन्होंने उसकी प्रसन्नता का कारण पूछा। विदूषक ने कहा कि "राजप्रासाद में चारों, पाँचों या छहों वेदों के पारंगत कई विद्वान् ब्राह्मण हैं। परन्तु उन सबके रहते हुए भी महारानी ने स्वस्ति-वाचन के लिए मुझे ही बुलाया है।" राजा ने हँसकर कहा कि "आपका महाब्राह्मणत्व तो आपके द्वारा बतायी गयी वेदों की संख्या से ही स्पष्ट हो रहा है।"

इसके बाद दोनों आगे बढ़े। जूही, गुड़हल आदि कई प्रकार के फूलों के खिलने से उद्यान सुशोभित था। जिस समय राजा और वसन्तक उद्यान की शोभा को निहारते चले जा रहे थे उसी समय दूसरी ओर से महारानी की परिचारिका इन्दीवरिका और आरण्यिका भी सरोवर की ओर आ रही थीं। महारानी को अगस्त्य ऋषि को अर्घ्य चढ़ाना था। इसके लिए इन्दीवरिका को शेफाली के फूलों की माला तैयार करनी थी और आरण्यिका को सरोवर से कमल लाने थे। उसे सरोवर का पता न था। इसी कारण इन्दीवरिका उसके साथ जा रही थी। आरण्यिका थकी हुई और खिन्न लग रही थी। सरोवर पहुँचकर वे दोनों उसमें उतर गयीं।

तभी राजा और वसन्तक भी वहाँ आ गये। उस सरोवर के पास पहुँचने पर वसन्तक की दृष्टि अचानक आरण्यिका पर पड़ी। उसकी वेणी में गुँथे हुए फूलों के चारों ओर भौंरे मँडरा रहे थे। वह वनदेवी जैसी लग रही थी। उसने महाराज से पूछा- "यह कौन है ?" राजा ने भी इससे पहले उसे कभी नहीं देखा था। उसकी सुन्दरता को देखकर वे चकित रह गये। तभी वसन्तक को इन्दीवरिका दिखायी पड़ी। उसे देखकर वे दोनों पेड़ की आड़ में हो गये। इन्दीवरिका ने कमल का एक पत्ता तोड़कर आरण्यिका से कहा कि "तुम तब तक कमल तोड़ो, मैं शेफाली के फूल चुनती हूँ। फिर महारानी के पास चलेंगे।" आरण्यिका ने उससे कहा कि "मैं तुम्हारे बिना यहाँ एक क्षण भी नहीं रह सकती।" इन्दीवरिका ने मुस्कुराकर उत्तर दिया- "जैसा कि आज महारानी कह रही थीं, तुम्हें अब मेरे बिना ही रहना पड़ेगा।" आरण्यिका ने उदास होकर पूछा, "महारानी क्या कह रही थीं ?" इन्दीवरिका बोली, "तुम्हारे आने पर महाराज ने यह कहलाया था कि विन्ध्यकेतु की यह कन्या जब विवाह-योग्य हो जाये तो मुझे सूचित करना। अब महारानी महाराज को सूचित करनेवाली हैं, ताकि वह तुम्हारे लिये कोई योग्य वर ढूँढ़ें।"

यह सुनकर आरण्यिका ने नाराज होकर परिचारिका से कहा, "तुम्हारी निरर्थक बातों से मुझे कुछ लेना-देना नहीं है।" राजा पेड़ की ओट से यह बातचीत सुन रहे थे। उन्हें यह जानकर खुशी हुई कि यह आरण्यिका विन्ध्यकेतु की पुत्री है। इस सुन्दरी को आज तक नहीं देख पाने का उनको अफसोस हो रहा था। उन्होंने वसन्तक से कहा कि जिस किसी से इस सुन्दरी का विवाह होगा, वह धन्य हो जायेगा।

राजा और वसन्तक आरण्यिका की अद्भुत सुन्दरता को दूर से निहारते रहे। कमल चुनने के दौरान उन पर बैठे भौंरे अचानक आरण्यिका के चारों ओर मँडराने लगे। इससे घबराकर उसने अपना मुख साड़ी के छोर से ढक लिया और सहायता के लिए इन्दीवरिका को पुकारने लगी। इन्दीवरिका फूल चुनती हुई कुछ दूर चली गयी थी। इसलिए वसन्तक के कहने पर राजा उसकी सहायता के लिए आगे बढ़े। चेहरा ढका होने के कारण आरण्यिका उनको देख नहीं पायी। राजा ने अपने उत्तरीय (दुपट्टे) से भौंरों को भगाते हुए कहा कि "घबराओ नहीं कुमारी! तुम्हारे मुख को कमल समझकर ये भ्रमर उस पर मँडरा रहे हैं।"

राजा का स्वर सुनकर आरण्यिका चौंक उठी। उसने अपने मुख पर पड़े कपड़े को हटा दिया; और महाराज को वहाँ देखकर घबराहट में इन्दीवरिका को पुकारने लगी। वसन्तक ने उसको टोकते हुए कहा कि "जब पूरी पृथ्वी के रक्षक वत्सराज स्वयं तुम्हारे सामने हैं तो तुम अपनी रक्षा के लिए किसी परिचारिका को क्यों बुला रही हो ?"

आरण्यिका ने यह जानकर कि वे ही महाराज उदयन हैं उसने उनकी ओर सकुचाते हुए देखा; और मन में यह सोचने लगी कि उसके पिता इन्हीं के साथ उसका विवाह करना चाहते थे।

इस बीच इन्दीवरिका वहाँ आ पहुँची। उसे देखकर राजा और वसन्तक पास के कदली-कुंज की ओर चले गये। आरण्यिका भी सरोवर से निकलकर इन्दीवरिका के साथ अन्तःपुर की ओर चली गयी। शाम होनेवाली थी। अतः राजा और वसन्तक भी केले के कुंज से निकलकर राजप्रासाद की ओर लौट गये।

(अंक 3)

कौमुदी-महोत्सव के अवसर पर अन्तःपुर में एक नाटक खेला जाना था। संन्यासिनी कात्यायनी ने वत्सराज और महारानी के जीवन-चरित सम्बन्धी घटनाओं को लेकर 'उदयन-चरित' नामक एक नाटक तैयार किया था। आरण्यिका को महारानी वासवदत्ता का और महारानी की परिचारिका मनोरमा को वत्सराज की भूमिका निभानी थी। पहले दिन अभिनय करने में आरण्यिका से कुछ भूल हो गयी थी। अगले दिन सावधान करने के लिए मनोरमा उसको उद्यान में ढूँढ़ रही थी। तभी उसने देखा कि वह कुछ बड़बड़ाती हुई सरोवर के पासवाले कदली-कुंज में जा रही है। उसके मन की बातों को जानने के लिए मनोरमा पास ही एक झाड़ी की आड़ में खड़ी होकर सुनने लगी।

आरण्यिका दुखी स्वर में बड़बड़ा रही थी, "मेरे हृदय! दुर्लभ व्यक्ति को पाने की इच्छा से तुम मुझे क्यों परेशान कर रहे हो ? सौम्य होने के बावजूद महाराज मुझे इस प्रकार क्यों जला रहे हैं ? लेकिन इसमें उनका क्या दोष है ? मैं ही अभागन हूँ।" यह

सुनकर मनोरमा अपनी प्रिय सखी की उदासी का कारण जान गयी। वह जान गयी कि आरण्यिका का हृदय स्वयं महाराज की ओर आकृष्ट हुआ है।

इधर कुंज में आरण्यिका का बड़बड़ाना जारी था। अपने मन के बोझ को कम करने के लिए वह अपनी सखी मनोरमा को यह बात बताना चाहती थी, लेकिन लाज के मारे कह नहीं पा रही थी। बहरहाल, अब मनोरमा ने सब जान लिया था। वह अपनी सखी को दिलासा देना चाहती थी। इसलिए एकाएक कदली-कुंज में जाकर उसने आरण्यिका से कहा कि, "अपनी अन्तरंग सखी से भी लज्जा तो करनी ही चाहिए।" आरण्यिका समझ गयी कि मनोरमा ने उसकी बातें सुन ली है। उसने स्नेहपूर्वक अपनी सखी का हाथ थामकर कहा, "लज्जा के कारण ही मुझे तुमसे कहने का साहस नहीं हुआ था।" इसके बाद उसने बाकी बातें भी कह दीं।

मनोरमा आश्वस्त थी कि आरण्यिका जैसी सुन्दरी को देख लेने के बाद महाराज भी उसकी ओर आकृष्ट हुए बिना नहीं रह सकते। अतः वह स्वयं ही इससे मिलने के लिए आतुर होंगे। इतने में ही किसी के कदमों की आहट सुनायी पड़ी। महाराज का मित्र वसन्तक उधर ही चला आ रहा था।

आरण्यिका को देखने के बाद से महाराज का मन अशान्त हो गया था। वह अक्सर उसी के बारे में सोचते रहते थे। राजकाज में भी उनका मन नहीं लगता था। उनकी मनोदशा को देखकर उनका मित्र वसन्तक आरण्यिका के मन की बात जानने के लिए उसे ढूँढ़ रहा था। अन्तःपुर में वह नहीं दिखी तो उद्यान में ढूँढ़ता हुआ वह सरोवर की ओर चला आया था। वह महाराज के उपचार के लिए कमल की पत्तियाँ तोड़कर ले जाना चाहता था। उसके बड़बड़ाने से मनोरमा को महाराज की दशा का आभास मिल गया था। वह कदली-कुंज से बाहर निकलकर वसन्तक के पास आयी। विदूषक मनोरमा को देखकर यह सोचने लगा कि मेरी बातें सुन लेने पर वह महारानी से मेरी चुगली न कर दे।

मनोरमा ने उसके मन की बात भाँपते हुए कहा कि "डरो मत, मेरी सखी की हालत तुम्हारे मित्र जैसी ही है। फिर वह वसन्तक को आरण्यिका के पास ले गयी। वसन्तक ने मनोरमा से पूछा कि "महाराज से इनकी भेंट कैसे हो सकती है ?" मनोरमा ने उसके कान में कुछ कहा, जिसे सुनकर वह बहुत खुश हुआ और वहाँ से चला गया। मनोरमा भी आरण्यिका के साथ रंगशाला में पहुँच गयी।

महारानी वासवदत्ता, सांकृत्यायिनी और अन्तःपुर के दूसरे लोग रंगशाला की ओर जा रहे थे। महारानी सांकृत्यायिनी की प्रशंसा कर रही थीं कि उन्होंने महाराज और उनके गुप्त जीवन की घटनाओं को कुशलतापूर्वक नाटक में चित्रित किया है।

नाट्यशाला को भली-भाँति सजाया गया था। वहाँ पहुँचकर महारानी ने अपने आभूषण उतारकर आरण्यिका को पहनने के लिए दिये और मनोरमा से कहा कि, "इन्दीवरिका से वे आभूषण लेकर पहन लो जो आर्यपुत्र को मेरे पिता जी ने दिये थे।

उन्हें पहनकर तुम महाराज की तरह ही लगोगी।" मनोरमा और आरण्यिका आभूषण लेकर अन्दर चली गयीं। कुछ देर बाद ही नाटक आरम्भ हो गया। राजकुमारी वासवदत्ता की भूमिका में आरण्यिका ने रंगमंच पर प्रवेश किया। हाथ में वीणा लिये हुए कांचनमाला उसके साथ थी। वे दोनों वीणाचार्य उदयन की प्रतीक्षा करने लगीं। जब वह कुछ देर तक नहीं आये तो उन्होंने कंचुकी से उन्हें तुरन्त भेज देने को कहा। तब तक राजकुमारी स्वयं वीणा की झंकार के साथ स्वर मिलाकर गाने लगी। उधर मनोरमा के स्थान पर अपनी भूमिका में स्वयं राजा मंच पर प्रवेश करने ही वाले थे कि उन्होंने कांचनमाला और आरण्यिका को बातें करते सुना। वह यह जानने के लिए रुक गये कि अब किस प्रसंग का अभिनय चल रहा है। कांचनमाला कह रही थी, "राजकुमारी जो चाहें सो पूछें।"

आरण्यिका ने पूछा , "क्या यह सच है कि वीणा बजाते हुए वत्सराज यदि पिता जी को प्रसन्न कर लें तो वह निश्चय ही उन्हें बन्दीगृह से मुक्त कर देंगे।"

तभी महाराज ने प्रवेश किया और कहा, "निस्सन्देह। राजा प्रद्योत और उनके परिजनों को अपने वीणावादन से मोहित करके शीघ्र ही मैं वासवदत्ता को ले जाऊँगा।" महाराज के इस प्रकार रंगमंच पर प्रवेश करते ही दर्शक-दीर्घा में बैठी महारानी वासवदत्ता अचानक खड़ी हो गयीं और उनके मुख से स्वतः निकला, "आर्यपुत्र की जय हो !" सांकृत्यायिनी ने उन्हें ध्यान दिलाया यह तो नाटक है। तब वह बैठ गयी और इन्दीवरिका से बोलीं, "जब आर्यपुत्र ने मुझे वीणा सिखायी थी तब उनके पैरों में बेड़ियाँ थीं। इसलिए कमलों की इस माला से मनोरमा के पैर बाँध दो।" यह कहकर उन्होंने अपने गले की माला उसे दे दी।

यह सब तो हो गया परन्तु वह मन-ही-मन यह सोचने लगीं कि मनोरमा किस प्रकार रूप और स्वर में महाराज का इतना वास्तविक अनुकरण कर रही है। वे कह उठीं, "वाह मनोरमा! तुम तो बहुत अच्छा अभिनय कर लेती हो।"

नाटक जारी था। आरण्यिका वीणा बजाती हुई गा रही थी। उसके मधुर गान को सुनकर महाराज ने प्रसन्न भाव से कहा, "तुम्हारा गाना और वीणा बजाना अद्भुत है!" आरण्यिका ने यह सुनकर वीणा को हृदय से लगा लिया और आसन से उठकर राजा को प्रेमपूर्वक प्रणाम किया। महाराज मुसकराकर बोले, "अपने लिये जो तुम चाहती हो वह तुम्हें प्राप्त हो।"

कांचनमाला ने आरण्यिका के आसन की ओर इशारा करके कहा, "महाराज, यहाँ बैठिये।"

महाराज बैठ गये और बोले, "राजपुत्री कहाँ बैठेंगी ?" कांचनमाला मुसकुरायी, "अभी आपने राजकुमारी की विद्या की बड़ी प्रशंसा की थी, इसलिए वह अपने आचार्य के पास बैठने योग्य हो गयी है।" राजा ने आरण्यिका से आधे आसन पर बैठने को कहा, तो वह झिझक गयी। किन्तु जब कांचनमाला ने विश्वास दिलाया तब वह लजाकर वहाँ

बैठ गयी। यह देखकर दर्शकों में बैठी वासवदत्ता ने सांकृत्यायिनी से कहा, "भगवती, यह आपकी सूझ है। उस समय मैं उनके साथ एक आसन पर नहीं बैठी थी।''

सांकृत्यायनी ने कहा कि ''काव्य में ऐसा ही होता है।''

नाटक जारी रहा। आगे जब राजा ने आरण्यिका का हाथ पकड़ा तो महारानी तिलमिलाकर बोल पड़ीं कि ''यह तुम लोग देखो। मैं काल्पनिक काव्य का झूठा अभिनय नहीं देख सकती हूँ। सांकृत्यायनी ने रोकने का बहुत प्रयास किया किन्तु वे उठकर वहाँ से चली गयीं। उनके मन में सन्देह भी हो रहा था। तभी इन्दीवरिका ने उन्हें बताया कि रंगशाला के द्वार पर वसन्तक गहरी नींद में सोया हुआ है। अब उनका सन्देह प्रबल हो गया। उन्होंने कहा कि "यदि वसन्तक यहाँ है तो महाराज भी यहीं होंगे।'' उन्होंने वसन्तक को जगाया। वह अपनी आँखें बन्द किये ही बड़बड़ाने लगा, "क्यों मनोरमा, क्या महाराज अभिनय करके लौट आये ?" फिर क्या ? सारा भेद खुल गया। बेचारी मनोरमा डरी-सहमी यह तमाशा देख रही थी। महारानी ने उससे कहा, ''वाह मनोरमा! तुमने बहुत अच्छा अभिनय किया।'' मनोरमा डर से काँपती हुई महारानी के पैरों में गिर पड़ी और कहा कि ''महारानी, इसमें मेरा कोई दोष नहीं है। वसन्तक ने मेरे हाथ से सारे आभूषण छीन लिये। मैं चिल्लायी, लेकिन मृदंग के तेज स्वर के कारण मेरी आवाज दब गयी।''

वासवदत्ता ने कहा, ''मैं सब कुछ जान गयी। इस नाटक का सूत्रधार वसन्तक ही है। तुम इसके हाथ-पैर मजबूती से बाँध दो। मैं रंगशाला में जाती हूँ।'' भीतर जाकर उन्होंने महाराज से कहा, ''आर्यपुत्र ! मैंने आपको मनोरमा समझकर आपके श्रीचरणों में कमल की इस माला का बन्धन डलवा दिया था। इस अशुभ कार्य के लिए मुझे क्षमा करें।'' यह कहकर उन्होंने बन्धन खोल दिया। राजा लजा गये। आरण्यिका भय से काँपती हुई एक कोने में जाकर खड़ी हो गयी और सांकृत्यायिनी चुपचाप वहाँ से चली गयी।

महाराज ने वासवदत्ता से क्षमा माँगी। किन्तु महारानी का क्रोध दूर नहीं हुआ। वह आरण्यिका से बोलीं, "महाराज तुमसे क्षमा माँग रहे हैं। उनके पास जाओ !''

यह कहकर वह उसे खींचकर महाराज के पास ले गयीं। काँपती हुई आरण्यिका ने सफाई देते हुए कहा, ''महारानी, मैं कुछ नहीं जानती।''

परन्तु क्रोध से तमतमायी महारानी ने उसको बन्दी बना लेने का आदेश दिया। महाराज ने फिर उनसे क्षमा-याचना की, लेकिन वह बिना कुछ बोले ही वहाँ से चली गयीं।

(अंक 4)

आरण्यिका को बन्दी हुए बहुत दिन बीत गये, लेकिन महारानी का क्रोध कम नहीं हुआ। इस बात से दुखी होकर आरण्यिका के मन में आत्महत्या करने का विचार भी आया,

लेकिन मनोरमा ने उसको समझा-बुझाकर उसे ऐसा करने से रोका और महाराज तक उसका समाचार पहुँचाने के लिए वसन्तक के पास गयी। इसी समय महारानी वासवदत्ता को उज्जयिनी से उनकी माता का एक पत्र मिला। उसमें लिखा था कि ''अंगदेश के राजा दृढ़वर्मा मेरे बहनोई होने के कारण तुम्हारे पिता के समान हैं। लगभग एक वर्ष से वे कलिंगनरेश के बन्दी हैं। तुम्हारे पति उनके पड़ोसी हैं, और वे शक्तिशाली भी हैं। उनका इस घटना के प्रति उदासीन रहना उचित नहीं है।''

रंगशाला की घटना के कारण महारानी दुखी थीं। इस पत्र ने उन्हें चिन्तित कर दिया। वह सोचने लगीं कि वत्सराज को मेरे सम्बन्धियों से क्यों लगाव होगा। सांकृत्यायिनी ने उन्हें समझाया कि वत्सराज ऐसे नहीं हैं। अंगदेश के राजा का यह अपमान देखकर वे चुप नहीं बैठेंगे। महारानी ने अविश्वास-भरे स्वर में पूछा, ''आप बहुत भोली हैं ? नाटक के समय जो कुछ हुआ उसको देखकर आप कैसे कह सकती हैं कि महाराज मुझसे और मेरे सम्बन्धियों से प्रेम करते हैं। माँ बेचारी क्या जानें कि वासवदत्ता अब महाराज के लिए वह नहीं रही, जो पहले थी।'' इतना कहकर वह रोने लगी।

उसी समय वसन्तक के साथ वत्सराज वहाँ आ पहुँचे। वह महारानी को प्रसन्न करने के लिए आये थे। महारानी उन्हें देखकर खड़ी हो गयीं और प्रणाम करके भूमि पर बैठ गयीं। राजा भी वहीं बैठ गये और विनीत भाव से उनसे बातें करने लगे। इस पर सांकृत्यायिनी ने कहा, "महाराज, महारानी के दुखी होने का कारण कुछ और ही है।'' उसके द्वारा कारण बताये जाने पर महाराज ने हँसते हुए महारानी से कहा, "यदि यह बात है तो आप चिन्ता न करें। इस प्रकरण में मैं पहले ही से सजग हूँ। मैं राजा दृढ़वर्मा के सन्दर्भ में कैसे उदासीन रह सकता था ? मुझे सूचना मिली हैं कि हमारे सेनापति विजयसेन ने कलिंग की सेना को नष्ट कर दिया है। कलिंगराज कहीं छिप गया है। लेकिन वह शीघ्र ही या तो बन्दी बना लिया जायेगा या मारा जायेगा। वह अभियान अभी पूरा नहीं हुआ है, इसलिए मैंने अभी तक तुम्हें नहीं बताया था।''

यह सुनकर वासवदत्ता को कुछ सन्तोष हुआ। सांकृत्यायनी उनसे बोली, "मैंने आपसे कहा था न ! वत्सराज इस प्रकरण में उदासीन नहीं रह सकते।''

उसी समय सेनापति विजयसेन और कंचुकी विनयवसु के आने की सूचना मिली। महाराज ने तुरन्त उन्हें बुला लिया। विनयवसु ने कहा, "महाराज ! आपकी आज्ञा से विजयसेन ने कलिंगराज को मारकर महाराज दृढ़वर्मा को फिर से सिंहासन पर बिठा दिया है।'' महाराज ने विजयसेन की प्रशंसा करते हुए महारानी को बधाई दी। तभी वसन्तक ने महारानी से कहा, "आनन्द के इस अवसर पर आपको तीन काम करने चाहिए। पहला यह है कि आप (महाराज की ओर संकेत करते हुए) अपने वीणाचार्य की पूजा करें। दूसरा (अपनी ओर संकेत करते हुए), ब्राह्मणों का सम्मान करें और तीसरा, सब बन्दियों को मुक्त कर दें।'' महारानी उसका अभिप्राय समझ गयीं। परन्तु वह प्रसन्न थीं। उन्होंने

सांकृत्यायिनी से कहा कि "आरण्यिका को मुक्त कर दो।" कंचुकी विनयवसु ने महाराज से यह भी कहा कि, "राजा दृढ़वर्मा आपकी इस कृपा के लिए बहुत आभारी हैं। उन्होंने कहलवाया है कि उनका जीवन आपके अधीन है। उन्होंने अपनी पुत्री प्रियदर्शिका का विवाह आपके साथ करने का निश्चय किया था, किन्तु वह लापता हो गयी हैं। अपना वचन पूरा नहीं कर पाने के कारण महाराज दृढ़वर्मा बहुत दुखी हैं।" यह सुनकर वासवदत्ता की आँखों में आँसू आ गये और वह बोलीं, "मेरी बहन कैसे खो गयी ?"

विनयवसु बोला, "कलिंग के राजा ने हमारी राजधानी पर आक्रमण करके वहाँ बहुत उपद्रव किया था। उस समय मैं राजकुमारी को लेकर चल पड़ा। रास्ते में उन्हें विन्ध्यकेतु के यहाँ छोड़कर मैं अगस्त्य तीर्थ में स्नान करने चला गया। लौटने पर वहाँ सब ओर सन्नाटा पाया। राजकुमारी का भी कुछ पता नहीं चला।" कंचुकी यह सब बता ही रहा था कि अचानक मनोरमा ने आकर कहा, "उस बेचारी का जीवन संकट में है।" महारानी वासवदत्ता को लगा कि मनोरमा राजकुमारी प्रियदर्शिका के बारे में कह रही है। अतः उन्होंने पूछा, "क्यों, प्रियदर्शिका को क्या हुआ ?" मनोरमा ने कहा कि, "मैं प्रियदर्शिका के बारे में नहीं जानती। बेचारी आरण्यिका ने विष पी लिया है। किसी प्रकार उसे बचाइये।" यह कहकर वह रोने लगी। महारानी यह सुनकर घबरा गयीं और उन्होंने मनोरमा से कहा, "आरण्यिका को तुरन्त यहाँ ले आओ। महाराज विष उतारना जानते हैं।"

कुछ ही देर में मनोरमा आरण्यिका को लेकर वहाँ आ गयी। उसकी स्थिति बहुत गम्भीर थी। आँखों के सामने अँधेरा छा रहा था और धीरे-धीरे उसकी चेतना भी खत्म होती जा रही थी। यह देखकर वासवदत्ता ने हाथ पकडकर महाराज को उठाया और आरण्यिका के प्राणों की रक्षा करने का अनुरोध किया। उधर कंचुकी ने जैसे ही आरण्यिका को देखा तो वह चौंक उठा। उसने वासवदत्ता से पूछा, "यह कौन है और कहाँ से आयी है ?" वासवदत्ता बोलीं , "यह विन्ध्यकेतु की कन्या है। विजयसेन इसे यहाँ लाया था।" कंचुकी ने अपना माथा ठोकते हुए कहा कि "यह विन्ध्यकेतु की कन्या नहीं है। यह आपकी बहन प्रियदर्शिका है।"

यह जानकर महारानी ने रोते हुए कहा, "आर्यपुत्र, शीघ्रता कीजिये, मेरी बहन की स्थिति गम्भीर है। इसको किसी प्रकार बचाइये।" राजा स्वयं बहुत दुखी थे। आगे बढ़कर उन्होंने अपना हाथ प्रियदर्शिका के ऊपर रखा और मन्त्र पढ़ने लगे। जैसे-जैसे वह हाथ फेरते हुए मन्त्र पढ़ते गये प्रियदर्शिका के प्राण लौटते गये। थोड़ी देर बाद ही वह धीरे से उठकर बैठ गयी। अँगड़ाई लेकर बहुत थके स्वर में बोली, "मनोरमा, मैं बहुत देर तक सोयी रही।" अचानक उसने महाराज को अपने सामने खड़ा देखा तो लजा गयी। विनयवसु ने विनीत स्वर में कहा, "राजकुमारी, मैं आपके पिता का सेवक हूँ।" उसको वहाँ देखकर प्रियदर्शिका को बहुत आश्चर्य हुआ। फिर वह अपने माता-पिता को याद

कर रोने लगी। विनयवसु ने कहा, "राजकुमारी आप उदास न हों। वत्सराज की कृपा से आपके माता-पिता सकुशल हैं।"

वासवदत्ता ने राजकुमारी को गले लगाते हुए कहा, "अरी, अब तो बहन का स्नेह निभा ले।" वसन्तक ने इस अवसर का लाभ उठाते हुए कहा, "महारानी ! आप तो अपनी बहन को गले लगाकर सन्तुष्ट हो गयी हैं, परन्तु वैद्यराज के पारितोषिक का भी कुछ ध्यान हैं ?" महारानी ने उत्तर दिया, "हाँ, मुझे ध्यान है।" इस पर विदूषक राजा से बोला, "वैद्यराज ! अब हाथ फैलाइये।" राजा ने अपना हाथ आगे बढ़ा दिया और रानी ने प्रियदर्शिका का हाथ उनके हाथ में रख दिया। किन्तु राजा ने अपना हाथ खींच लिया और कहा, "नहीं नहीं , मुझे इनसे क्या काम है ? बड़ी कठिनाई से तो मैंने तुम्हें मनाया है।" वासवदत्ता बोलीं, "इसे अस्वीकार करने का अब आपको कोई अधिकार नहीं है। मौसा जी पहले ही इसे आपको दे चुके हैं।" यह कहकर महारानी ने राजा के हाथ में प्रियदर्शिका का हाथ थमा दिया। राजा मुस्कुराने लगे।

इसके बाद वासवदत्ता ने महाराज से पूछा, "आर्यपुत्र, अब आपकी और क्या इच्छा है?" राजा बोले, "देवि ! इससे अधिक मेरी और क्या इच्छा हो सकती है ? महाराज दृढ़वर्मा को उनका राज्य फिर से मिल गया है। तुम मुझसे प्रसन्न हो गयी हो। फिर भी इतना और हो जाये, इन्द्र समय पर वर्षा करें। धरती से भरपूर अन्न पैदा हो। ब्राह्मण जन विधिपूर्वक यज्ञ करके देवताओं को प्रसन्न करें। सज्जनों की मित्रता युग-युगान्तर तक बनी रहे और दुर्जनों के कठोर वचन समाप्त हो जायें।"

सन्दर्भ एवं टिप्पणी

1. प्राचीनकालीन भारत में अन्तःपुर के रक्षक या अध्यक्ष को 'कंचुकी' कहा जाता था। यह राजभवन के रनिवास की दास-दासियों का मुखिया होता था। राजा का विश्वासपात्र होने के कारण वह रनिवास में बेरोक-टोक आ-जा सकता था। यहाँ यह भी उल्लेखनीय है कि प्राचीन संस्कृत नाटकों का यह एक ऐसा वृद्ध पात्र था, जो कंचुक (यानी घुटनों तक लम्बा एक अँगरखा) पहनता था। सम्भवतः कंचुक धारण करने के कारण ही उन्हें 'कंचुकी' कहा जाता था।

अध्याय 7

कौशाम्बी की पुरातात्त्विक एवं कलात्मक धरोहर

इतिहास के अन्धकारमय अध्यायों को उद्घाटित करने में पुरातात्त्विक उत्खननों का विशेष योगदान होता है। मुअनजोदड़ो, नालन्दा, वैशाली, कौशाम्बी इत्यादि प्राचीन नगर पुरातात्त्विक उत्खननों के परिणामस्वरूप ही ऐतिहासिक क्षितिज पर उभर सके हैं।

प्राचीन कौशाम्बी नगर की पहचान यमुना-तट के उत्तरी ओर बसे हुए दो गाँवों कोसम इनाम और कोसम खिराज के रूप में की जाती है। इलाहाबाद विश्वविद्यालय के प्राचीन इतिहास एवं पुरातत्त्व विभाग द्वारा इसी क्षेत्र में कुछ स्थलों पर खुदाई की गयी। उस खुदाई में प्राप्त मुद्राएँ, मूर्तियाँ, अभिलेख आदि इलाहाबाद संग्रहालय और इ.वि.वि. के प्राचीन इतिहास एवं परातत्त्व विभाग के संग्रहालय में संरक्षित हैं।

भारतीय पुरातत्त्व के जनक : सर अलेक्जेण्डर कनिंघम

कौशाम्बी नगर के ध्वंसावशेष कई वर्गमील में फैले हुए हैं। सुरक्षा प्राचीर से आवृत कौशाम्बी का टीला 6 किमी. क्षेत्र में फैला हुआ है। यमुना के किनारे एक प्राचीन राजभवन के अवशेष मिले हैं। इसको वत्सराज उदयन का राजभवन कहा जाता है। इस राजभवन के निर्माण में गढ़े हुए पत्थरों का प्रयोग किया गया है। ध्वंसावशेषों के आधार पर विद्वानों का अनुमान है कि यह नगर अर्द्धचन्द्राकार रहा होगा। कौशाम्बी में की गयी पुरातात्त्विक खुदाई से यह बात भी सिद्ध हो गयी है कि सिन्धु घाटी के नगरों के समान ही गंगा-यमुना घाटी के नगरों में भी किलेबन्दी की जाती थी।

कौशाम्बी की पहचान करने और उसका पुरातात्त्विक अन्वेषण कराये जाने का श्रेय सर अलेक्जेण्डर कनिंघम (1814-1893 ई.) को दिया जाता है। उनको **'भारतीय पुरातत्त्व का जनक'** कहा जा सकता है। ज्ञातव्य है कि वे ब्रिटेन-शासित भारत में उत्तर-पश्चिम प्रान्त के चीफ इंजीनियर के पद पर कार्यरत थे। उसी दौरान नवम्बर, 1861 ई. में तत्कालीन गवर्नर जनरल लॉर्ड कैनिंग को उन्होंने एक ज्ञापन देकर उत्तरी भारत में सुनियोजित ढंग से पुरातात्त्विक अनुसन्धान कराने का प्रस्ताव किया। इस प्रस्ताव के बाद ही भारत सरकार के प्रथम पुरातत्त्व सर्वेक्षक के पद पर अलेक्जेण्डर कनिंघम की नियुक्ति हुई। वे 1870-1885 ई. के बीच 'भारतीय पुरातत्त्व सर्वेक्षण' के महानिदेशक के रूप में कार्यरत रहे। इस दौरान उन्होंने भारत के 50 से अधिक प्राचीन नगरों के पुरावशेषों की छानबीन करके उनके महत्त्व पर प्रकाश डाला। इसी क्रम में उन्होंने कौशाम्बी को अपने अनुसन्धान का विषय बनाया और इसकी ऐतिहासिकता की पुष्टि की।

बाद में 1937-38 ई. में 'भारतीय पुरातत्त्व सर्वेक्षण' द्वारा श्री एन. जी. मजूमदार के नेतृत्व में उत्खनन कार्य शुरू किया गया, किन्तु दो वर्ष बाद ही उनकी हत्या हो जाने के कारण यह कार्य रुक गया था। गौरतलब है कि 'भारतीय पुरातत्त्व सर्वेक्षण' के तत्कालीन महानिदेशक सर मॉर्टिमर व्हीलर (1890-1976) इस पुरास्थल पर पुरातात्त्विक उत्खनन की सम्भावनाओं को लेकर आश्वस्त हुए; और फिर 1 मार्च, 1948 ई. को इलाहाबाद विश्वविद्यालय के प्राचीन इतिहास एवं पुरातत्त्व विभाग को कौशाम्बी में उत्खनन कार्य कराने के लिए अधिकृत किया। मॉर्टिमर व्हीलर द्वारा इ.वि.वि. के प्राचीन इतिहास एवं पुरातत्त्व विभाग के अध्यक्ष प्रो. गोवर्धन राय शर्मा को इस उत्खनन-परियोजना का निदेशक नियुक्त किया गया।

इसके बाद 1949 से 1965 ई. तक इ.वि.वि. के प्राचीन इतिहास एवं पुरातत्त्व विभाग के अध्यक्ष प्रो. गोवर्धन राय शर्मा के नेतृत्व में कौशाम्बी के कई महत्त्वपूर्ण स्थलों पर उत्खनन का कार्य कराया गया। भारत की स्वाधीनता के शीघ्र बाद इ.वि.वि. द्वारा कराया जानेवाला यह पुरातात्त्विक उत्खनन इस दृष्टि से अत्यन्त महत्त्वपूर्ण था कि उस

जवाहरलाल नेहरू और लालबहादुर शास्त्री को कौशाम्बी का पुरास्थल दिखाते प्रो. गोवर्धन राय शर्मा

समय भारत के अन्य किसी विश्वविद्यालय में इस प्रकार का कार्य सम्पादित करने की क्षमता नहीं थी। प्रो. गोवर्धन राय शर्मा ने इस ऐतिहासिक कार्य को दक्षतापूर्वक सम्पादित किया। वे भारत के उन आरम्भिक पुरातत्त्ववेत्ताओं में से एक थे, जिन्होंने पुरातत्त्व को इतिहास के अध्ययन-सम्बन्धी एक प्रमुख विषय के रूप में स्थान दिलाया। कौशाम्बी का पुरातात्त्विक उत्खनन और उसका विधिवत् अन्वेषण उनकी कीर्त्ति का मुख्य आधार है। 'The Excavations at Kaushambi (1949-1950)' और 1960 ई. में प्रकाशित उनकी पुस्तक 'The Excavations at Kaushambi (1957-1959)' में कौशाम्बी के उत्खनन का विस्तृत विवरण उपलब्ध है। कौशाम्बी में मुख्यतः चार क्षेत्रों में उत्खनन का कार्य किया गया है-

1. अशोक-स्तम्भ क्षेत्र
2. घोषिताराम विहार क्षेत्र
3. पूर्वी प्रवेश-द्वार के पास रक्षा प्राचीर का क्षेत्र
4. राजप्रासाद क्षेत्र

अशोक द्वारा बनवाया गया पाषाण-स्तम्भ, कौशाम्बी

अशोक-स्तम्भ क्षेत्र से अशोक का लेख-रहित पाषाण-स्तम्भ प्राप्त हुआ है। इस स्तम्भ का शीर्ष भाग खण्डित है। अशोक के अन्य पाषाण-स्तम्भों की भाँति यह स्तम्भ भी एकाश्मक है। यानी यह एक ही पाषाण-खण्ड को काट-तराशकर बनाया गया था।

कौशाम्बी में अशोक-स्तम्भ क्षेत्र से तीन सांस्कृतिक 'क्रम प्राप्त हुए हैं- चित्रित धूसर पात्र परम्परा, उत्तरी काली चमकीली पात्र-परम्परा तथा उत्तर एन.बी.पी. पात्र परम्परा। यहाँ से चित्रित धूसर पात्र संस्कृति की तिथि 900-600 ई.पू. तक निर्धारित की गयी है। अन्तिम संस्कृति का काल यहाँ 200 ई.पू. तक चलता रहा।

यमुना नदी के किनारे कौशाम्बी नगर के ध्वंसावशेष

घोषिताराम विहार क्षेत्र में मानवीय संस्कृति का प्रादुर्भाव उत्तरी काली-चमकीली पात्र-परम्परा के साथ ही हो गया था। इस क्षेत्र के सबसे निचले स्तर से यही मृद्भाण्ड प्राप्त होते हैं। उत्खनन के दौरान यहाँ से बुद्ध-काल में निर्मित घोषिताराम विहार के ध्वंसावशेष प्राप्त हुए हैं। इस विहार में महात्मा बुद्ध ने प्रवास किया था। इस विहार से कुषाणकालीन लेखयुक्त कुछ ऐसी प्रतिमाएँ मिली हैं जिनका निर्माण मथुरा में हुआ था। यहाँ से प्राप्त हारीति, कुबेर और **गजलक्ष्मी**[1] की मृण्मूर्तियाँ विशेष रूप से उल्लेखनीय हैं। यहाँ से प्राप्त मूर्तियों के परीक्षण से यह पता चलता है कि 200 ई.पू. में भरहुत, साँची,

बोधगया आदि स्थलों की तरह ही कौशाम्बी में भी कला का विकास हो रहा था। यहाँ से 100 ई. से लेकर 600 ई. तक के कालखण्ड की पाषाण प्रतिमाएँ मिलती हैं।

गजलक्ष्मी की मूर्ति में जंघा के नीचे का भाग गायब है। इनका दायाँ हाथ, जो अभय-मुद्रा में ऊपर की ओर उठा हुआ है, थोड़ा क्षतिग्रस्त है। बायाँ हाथ कमर पर स्थित है; और उसमें कमल के फूल की नाल है, जो ऊपर बायें स्तन को स्पर्श कर रही है। सिर के चारों ओर एक अलंकृत पट्टिका है। सिर के ऊपर मुकुट के स्थान पर दो हाथी बने हुए हैं, जिन्होंने अपनी सूँड़ में कलश पकड़ रखा है, मानो वे देवी लक्ष्मी का अभिषेक कर रहे हों। गज द्वारा अभिषेक किये जाने के कारण ही मूर्तियों के इस प्रकार को 'गजलक्ष्मी' या 'गजाभिषेक-लक्ष्मी' कहा जाता है।

घोषिताराम विहार के उत्खनन के दौरान प्राप्त कुबेर का सिर

मिट्टी से बना पुरुष-सिर घोषिताराम विहार में स्थित हारीति के मन्दिर की खुदाई के दौरान मिला था। उल्लेखनीय है कि हारीति और जम्भल या कुबेर की मूर्तियाँ सामान्यतः एक साथ ही मिली हैं। इसलिए इस पुरुष-सिर को पुरातत्त्ववेत्ताओं द्वारा कुबेर का सिर माना गया है। इस सिर की एक प्रमुख विशेषता एक विस्तृत पगड़ी है, जो संकीर्ण सजी धारियों से बनी हुई और सिर के चारों ओर लिपटी हुई है। इस मूर्ति में कुबेर का ललाट चौड़ा और भौंहें विभाजित हैं। इसकी आँखों में एक अद्भुत आकर्षण दिखायी पड़ता है।

घोषिताराम विहार के पास हारीति-मन्दिर के उत्खनन के दौरान गजलक्ष्मी की मूर्ति के साथ ही कुबेर का सिर और हारीति की मूर्तियाँ एक साथ मिली थीं। इससे यह अनुमान लगाया गया है कि कुषाणकालीन बौद्ध-देवसमूह में हारीति के साथ ही लक्ष्मी को भी कुबेर की पत्नी माना जाने लगा था।

बौद्ध परम्परा में **हारीति** को कहीं देवी और कहीं दानवी माना गया है। देवी के रूप में इसे बच्चों और प्रसूति महिलाओं की रक्षक कहा गया है। हारीति को रेवती और बहुपुत्रिका भी कहा गया है। कहते हैं यह बच्चों का भक्षण करने वाली एक नरभक्षिणी राक्षसी थी। एक बार भगवान् बुद्ध ने उसके पाँच सौ बच्चों को अपने भिक्षा-पात्र में छिपा लिया। अपने बच्चों के लापता हो जाने के बाद हारीति बहुत उदास और बेचैन हो गयी। उस समय उसको उन बच्चों के माता-पिता के दुख का अहसास हुआ, जिनके बच्चों को वह खा गयी थी। इस घटना के बाद उसका हृदय परिवर्तित हो गया; और वह एक नरभक्षिणी से बच्चों एवं प्रसूतियों की संरक्षक देवी बन गयी। बुद्ध ने उसके बच्चों को छिपाकर उसमें मातृत्व का प्रेम जागृत किया; और तभी से वह बच्चों की अधिष्ठात्री देवी के रूप में पूजी जाने लगी। हारीति को कुबेर, जम्भल या पांचिक की पत्नी बताया गया है। हारीति नाम बाद का है। प्राचीनकाल में मगध की राजधानी राजगृह में उसको जरा[2] नामक राक्षसी के रूप में और कुरुक्षेत्र में उसको 'उलूखल मेखला'[3] नामक यक्षिणी के रूप में जाना जाता था। 'उलूखल मेखला' के पति का नाम कपिल यक्ष था।

(1) हारीति की मृण्मूर्ति

काल अवधि : कुषाण काल

प्राप्ति-स्थान : कौशाम्बी

(पुरातत्त्व विभाग, इलाहाबाद विश्वविद्यालय के संग्रहालय में संरक्षित)

मिट्टी से बनी इस मूर्ति में हारीति को 'प्रलम्बपाद आसन' में बैठे हुए दिखाया गया है। दोनों पैर लटकाकर बैठनेवाले आसन को 'प्रलम्बपाद आसन' कहा जाता है। इस मूर्ति में देवी हारीति अपने पैरों को एक पीठिका पर रखे हुए हैं और उनके दोनों पैर फैले हुए हैं। उनके दोनों हाथ घुटनों पर रखे हुए हैं। देवी को कई प्रकार के आभूषणों

से सुसज्जित दिखाया गया है। कानों में चक्राकार और कन्धों तक झूलती बालियाँ हैं। ललाट के बीचोंबीच एक गोलाकार माँग-टीका है। गले में तीन हार हैं - पहला मनकों का छोटा हार है। दूसरा चौड़ी पट्टीवाला हार है। तीसरा हार अपेक्षाकृत अधिक लम्बा है; और यह दोनों स्तनों के मध्य में झूल रहा है। तीसरे कण्ठहार में मनके गुँथे हुए हैं और उसके निचले भाग में एक लॉकेट भी है। हाथों की कलाइयों में चूड़ियाँ भरी हुई हैं; और पैरों में गोलाकार मोटे-मोटे कड़े हैं। नाक में नथ भी है। शरीर के निचले भाग में साड़ी या लहँगा दिखायी दे रहा है, किन्तु कमर के ऊपर का भाग अनावृत है। कमर के ऊपरी भाग में आभूषणों की बहुलता तो है, लेकिन कोई ऊपरी वस्त्र (उत्तरीय) नहीं है। बाल सिर के ऊपर बँधे हुए हैं और झुमकों के पीछे गिरे हुए दिख रहे हैं। उल्लेखनीय है कि बैठी हुई मुद्रा, अलग पैर, मांसल चेहरा, चेहरे पर मुस्कान और बड़ी आँखें, जैसे कि इस मूर्ति में दिखायी गयी है, कुषाणकालीन मूर्तियों की सामान्य विशेषता है।

कौशाम्बी की शुरुआती किलेबन्दी पर हड़प्पाई प्रभाव

कौशाम्बी के तीसरे क्षेत्र पूर्वी प्रवेश-द्वार का उत्खनन 1957 से 1959 ई. के दौरान हुआ, जिसमें कौशाम्बी के तीन ओर एक रक्षा-प्राचीर के अवशेष मिले हैं। कौशाम्बी का यह आरम्भिक सुरक्षा-प्राचीर हड़प्पाई किलेबन्दी से बहुत मिलता-जुलता प्रतीत होता है। कौशाम्बी के उत्खनन में मिले सुरक्षा-प्राचीर से पता चलता है कि प्रथम सहस्राब्दी ई.पू. की आरम्भिक शताब्दियों में कौशाम्बी में हड़प्पा की तर्ज पर भव्य सुरक्षा-प्राचीरयुक्त नगर का विकास हुआ। जबकि उस दौर में गंगा घाटी के मैदानी भाग में नगरों का विकास नहीं हो पाया था।[4]

कौशाम्बी के उत्खनन में 800 ई. पू. में की गयी किलेबन्दी के प्रमाण प्राप्त हुए हैं। गंगा घाटी में किसी भी स्थल पर पकी ईंटों की किलेबन्दी के प्रमाण अभी तक नहीं मिले हैं। कौशाम्बी के पूर्व में राजघाट तथा पश्चिम में अतंरजीखेड़ा आदि जितने भी प्राचीन स्थल अब तक उत्खनन द्वारा प्रकाश में आये हैं उनमें से किसी भी स्थल से 800 ई. पू. के आस-पास की कौशाम्बी जैसी किलेबन्दी के प्रमाण नहीं मिले हैं।

'श्येनचिति' और पुरुषमेध

कौशाम्बी के उत्खनन के दौरान यहाँ से **'श्येनचिति'** के साक्ष्य मिले हैं, जिसे सम्भवतः पुरुषमेध यज्ञ के लिए बनवाया गया था।

पुरुषमेध यज्ञ एक सोम यज्ञ था, जिसमें मानव की बलि दी जाती थी। उल्लेखनीय है कि अग्निवेदिका बनाने के पहले फाल्गुन की पूर्णिमा के बाद या माघ की अमावस्या के दिन मनुष्य, अश्व, बैल, भेड़ और बकरे की बलि दी जाती थी। फिर उन पशुओं के सिर वेदिका में चुन दिये जाते थे। आचार्य कात्यायन के अनुसार यज्ञ में विकल्पस्वरूप मनुष्य या पशु के स्थान पर उनके सिर के आकार के सोने या मिट्टी के सिर बनाकर उनका प्रयोग किया जा सकता है। जबकि आचार्य बौधायन के मतानुसार युद्ध में मारे गये व्यक्ति या अश्व के सिर लाये जाते थे।[5]

यहाँ 'श्येनचिति' का अर्थ है बाज (श्येन) के आकार की वेदी (चिति)। चिति एक संस्कृत शब्द है और यह चयन (अग्निचयन) का पर्यायवाची है। 'अग्निचयन' या 'चयन' का अर्थ है- अग्नि की प्रतिष्ठा करना यानी अग्निवेदिका का निर्माण करना। 'सौत्रामणी यज्ञ'[6] सहित अन्य सभी श्रौत-यज्ञों में अग्नि-वेदिका का निर्माण (अग्निचयन) सबसे कठिन कार्य है। 'शतपथ ब्राह्मण' के कुल 14 भागों में से 5 (अर्थात् लगभग एक तिहाई) भाग चयन (अग्निचयन) से ही सम्बन्धित हैं। 'तैत्तिरीय संहिता' एवं 'कात्यायन स्मृति' के अनुसार अग्निवेदिका का स्वरूप द्रोण (दोने), रथ-चक्र, श्येन (बाज पक्षी), कंक (बगुला) या सुपर्ण (गरुड़ या चील) के समान होता है। श्येन के आकारवाली अग्निवेदिका

को 'श्येनचिति' कहा जाता था। इसमें ईंटों से श्येन (बाज़) के आकार की यज्ञ-वेदी बनायी जाती है। इस प्रकार, श्रौत-यज्ञों के लिए बनायी जानेवाली विभिन्न चितियों (अग्निवेदियों) में से एक है- श्येनचिति।

अग्नि-वेदिकाओं के निर्माण में कई प्रकार की ईंटें (इष्टिकाएँ) प्रयोग में लायी जाती थीं- यजुष्मती, वालखिल्य, चित्रिणी, लोकम्पृण आदि। इनमें से 'यजुष्मती' नामक ईंटें पक्षी के आकारवाली अग्नि-वेदिकाओं में काम आती हैं। उल्लेखनीय है कि श्येनचिति में 200 प्रकार की ईंटों (इष्टिकाओं) का प्रयोग किया जाता था। इससे पता चलता है कि प्रचीनकाल में राजगीरी का कार्य (इष्टिका-कर्म) कितनी उन्नत अवस्था में था।[7]

प्रो. गोवर्धन राय शर्मा के अनुसार एक महत्त्वपूर्ण बात यह है कि 'श्येनचिति' पर पुरुषमेध यज्ञ का अनुष्ठान दरअसल कौशाम्बी के उत्खनन में प्राप्त तीसरे स्तर के समकालीन है। इस साक्ष्य से यह पता चलता है कि यूनानी हमले के तत्काल बाद कौशाम्बी के परकोटे की मरम्मत हुई थी और पुरुषमेध यज्ञ का अनुष्ठान सम्पन्न हुआ था। परकोटे की मरम्मत और पुरुषमेध यज्ञ का अनुष्ठान वस्तुतः विरोधी शक्तियों के ऊपर आधिपत्य स्थापित किये जाने के दावे की पुि ष्ट करता है।[8]

बहरहाल, कौशाम्बी के चौथे क्षेत्र राजप्रासाद के उत्खनन के दौरान पाषाण-खण्डों से बनी दीवार के अवशेष मिले हैं। यहाँ से मेहराब के भी अवशेष मिले हैं, जिससे पता चलता है कि भारत में मेहराबों का निर्माण प्राचीनकाल में ही आरम्भ हो गया था।

कौशाम्बी का स्वरूप कुछ जीर्ण अवशेषों एवं विखण्डित मूर्तियों के रूप में देखा जा सकता है। उनमें घोषिताराम विहार, सम्राट् अशोक का शीर्ष विखण्डित स्तम्भ और उदयन के राजप्रासाद की पत्थर की चौड़ी नींव विशेष रूप से उल्लेखनीय है। घोषिताराम विहार के भग्नावशेष के पास मिली एक मुद्रा (सील) पर 'कौशाम्ब्यां घोषिताराम महाविहारो भिक्षु-संघस्य' अंकित है।

(2) गजलक्ष्मी, वृषभ, यक्ष एवं मकर अंकित सिरदल

काल अवधि : पहली सदी ई.पू.

प्राप्ति-स्थान : कौशाम्बी

कौशाम्बी से प्राप्त पत्थर के इस तोरणखण्ड (सिरदल) पर गजलक्ष्मी, वृषभ, स्वास्तिक, यक्ष तथा मकर उत्कीर्ण हैं। यह तोरणखण्ड पहली सदी ई.पू. की पाषाण मूर्तिकला का एक उत्कृष्ट उदाहरण है। इसके एक किनारे पर हाथी के सूँड़ सहित मस्तक से स्पष्ट है कि इस पर हाथी का अंकन था। इस प्रकार के अंकन से यही प्रतीत होता है कि यह तोरणखण्ड किसी बौद्ध स्तूप या किसी अन्य प्रकार के आराधना स्थल के द्वार का भाग रहा होगा। यह आकर्षक सिरदल इलाहाबाद संग्रहालय में संरक्षित है।

(३) अलंकृत वेष्टनी (रेलिंग)

काल अवधि : दूसरी सदी ई.पू.

प्राप्ति-स्थान : कौशाम्बी

(पुरातत्त्व विभाग, इलाहाबाद विश्वविद्यालय के संग्रहालय में संरक्षित)

डॉ. आनन्द कुमारस्वामी ने मौर्य कला को दो श्रेणियों में विभाजित किया है- राजकीय कला और लोककला। यही बात कौशाम्बी की कला पर भी लागू होती है। कौशाम्बी की पाषाण मूर्तियाँ पाटलिपुत्र, मथुरा या सारनाथ की मूर्तियों की तरह ही मूलतः शासक-वर्ग और जनसामान्य की धार्मिक भावनाओं का बहुविध प्रस्तुतीकरण है। कौशाम्बी क्षेत्र की कला की अपनी एक स्वतन्त्र शैली थी जो मथुरा और सारनाथ जैसे समकालीन अन्य कला-केन्द्रों से प्रायः अलग और मौलिक दिखायी पड़ती है। कम गहरायी में उकेरी गयी, साँचे में ढली, अत्यधिक आभूषणों से अलंकृत, मृण्मूर्तियों के लगभग समरूप अंकन हमें पाषाण फलकों पर भी प्राप्त होते हैं।

कौशाम्बी के शिल्पियों ने अन्य कला केन्द्रों के सौन्दर्यपरक प्रभाव और अपनी कल्पनाशीलता का समन्वय करके मूर्तिकला की एक नयी परम्परा का विकास किया और तदनुसार अद्‌भुत् कलाकृतियों की रचना की।

(4) बोधिसत्त्व का धड़

काल अवधि : 80 ई.

प्राप्ति-स्थान : कौशाम्बी

कुषाणकालीन प्रतिमाओं में कौशाम्बी से प्राप्त सिर-विहीन बोधिसत्त्व की प्रतिमा बहुत महत्त्वपूर्ण है। यह सीकरी के चित्तीदार पत्थर से बनायी गयी है। इस मूर्ति के पावदान में ब्राह्मी लिपि में लिखा गया एक अभिलेख उत्कीर्ण है। उस अभिलेख के अनुसार इस प्रतिमा की स्थापना महाराज कनिष्क के शासनकाल के दूसरे वर्ष में की गयी थी। यह कनिष्क के शासनकाल की तिथि अंकित सर्वप्रथम प्रतिमा होने के कारण विशेष ऐतिहासिक महत्त्व की है।

कौशाम्बी एक मौलिक कला-केन्द्र था। यहाँ निर्मित मृण्मूर्तियाँ भी पाषाण मूर्तियों की ही भाँति महत्त्वपूर्ण और आकर्षक हैं। गंगा घाटी के विभिन्न कला-केन्द्रों में बनी मूर्तियों में कौशाम्बी में बनी मूर्तियों का दर्जा सबसे ऊपर है। इनमें मौर्यकालीन मातृ-देवियाँ, अलंकरण-युक्त शुंगकालीन मृण्मूर्तियाँ, खिलौना-गाड़ियाँ और मृण्शिर के अलावा शिकार, रथ की सवारी, मदिरापान आदि लोकजीवन से जुड़े विविध दृश्यों का अंकन भी देखने को मिलता है।

(5) उदयन द्वारा वासवदत्ता का हरण (मृण्मूर्ति)

काल अवधि : दूसरी सदी ई.पू.

प्राप्ति-स्थान : कौशाम्बी

इलाहाबाद संग्रहालय में संरक्षित मृण्मूर्तियों के विशाल संग्रह में से अधिकांश कौशाम्बी के उत्खनन में प्राप्त मृण्मूर्तियाँ हैं। उनमें से एक मृत्फलक पर कौशाम्बी के लोकप्रिय कथानक 'वासवदत्ता के हरण' का दृश्य अंकित है। इसमें वत्सराज उदयन को अवन्ति देश की राजकुमारी का हरण करते हुए दिखाया गया है। भद्रवती नामक हथिनी के ऊपर सबसे आगे राजकुमारी वासवदत्ता, बीच में घोषवती वीणा लिये हुए राजा उदयन और पिछले भाग में बैठे विदूषक वसन्तक को स्वर्ण-मुद्राएँ बिखेरते हुए अंकित किया गया है। हथिनी के पीछे भूमि पर गिरी स्वर्ण-मुद्राओं को उठाते हुए दो व्यक्ति भी दिखाये गये हैं। इस अवसर पर स्वर्ण-मुद्रा लुटाने का उद्देश्य यह था कि उदयन और वासवदत्ता का पीछा करनेवाले अवन्तिराज प्रद्योत के सैनिक उनको उठाने में व्यस्त रहें; और इस दौरान वे लोग अवन्ति की सीमा से अबाध निकलकर अपने राज्य की सीमा तक आसानी से पहुँच जायें। उदयन की कुंजर-मोहिनी वीणा अत्यन्त प्रसिद्ध है। उन्होंने अवन्तिकुमारी वासवदत्ता को वीणा-वादन की विद्या सिखायी थी। बहरहाल, मृत्फलक पर अंकित इस दृश्य से यह पता चलता है कि दूसरी सदी ई.पू. में भी कौशाम्बी के लोग लगभग 400 साल पहले घटित राजा उदयन-सम्बन्धी इस घटना से सुपरिचित थे।

कौशाम्बी की मृण्मूर्तियों में तत्कालीन धार्मिक भावनाएँ विविध देवी-देवताओं के स्वरूपों के अंकन द्वारा रूपायित हुई हैं। कौशाम्बी के घोषिताराम विहार क्षेत्र के उत्खनन के दौरान प्राप्त गजलक्ष्मी और बौद्ध देवी हारीति की प्रतिमाएँ इसके सुन्दर उदाहरण हैं। कौशाम्बी से ही प्राप्त लगभग पहली सदी ई.पू. के एक मृत्फलक पर एक विशालकाय और भयंकर आकृतिवाले पुरुष द्वारा एक स्त्री के हरण का दृश्य अंकित है। स्त्री उस पुरुष के जाल से मुक्त होने को व्याकुल है। अपने को मुक्त कराने के प्रयास में उसके कुछ आभूषण धरती पर गिर पड़े हैं और कुछ टूटकर गिरनेवाले हैं। यह दृश्य निश्चित रूप से लंकापति रावण द्वारा देवी सीता के हरण से सम्बन्धित है।

(6) मनुष्य का धड़ और उसकी खुली आँतें

काल अवधि : कुषाणकाल

प्राप्ति-स्थान : कौशाम्बी

कौशाम्बी से प्राप्त इस कुषाणकालीन मृण्मूर्ति में एक ऐसे मनुष्य का धड़ दिखाया गया है, जिसकी आँतें खुली हुई हैं। इस मृण्मूर्ति का निर्माण सम्भवतः शल्य-चिकित्सा के एक मॉडल के रूप में किया गया होगा। भारत की पुरातात्त्विक मृण्मूर्तिकला के इतिहास में यह मृण्मूर्ति अपना एक विशिष्ट स्थान रखती है। यह मृण्मूर्ति इलाहाबाद संग्रहालय में संरक्षित है।

एक चौकोर मृत्फलक पर फूल खिले हुए दो वृक्ष अंकित हैं। एक वृक्ष के नीचे एक भद्र दम्पति आसन पर बैठे हुए हैं। पुरुष के हाथ में एक वीणा है, जिसको वह पूरी

तन्मयता के साथ बजा रहा है। उस दम्पति के सामने फूलों से लदे हुए एक वृक्ष के नीचे भावपूर्ण नृत्य करती हुई एक स्त्री अंकित है। नर्तकी का दायाँ हाथ ऊपर उठा हुआ है और बायाँ हाथ कमर पर है। यह दृश्य सम्भवतः वत्सनरेश उदयन के अन्तःपुर में स्थित उद्यान का है, जहाँ महाराज उदयन और महारानी वासवदत्ता नृत्य, गायन और वादन का आनन्द ले रहे हैं। उल्लेखनीय है कि उदयन एक निपुण वीणावादक थे। इस दृश्य में सम्भवतः उन्हीं को वीणा बजाते हुए चित्रित किया गया है। यह चौकोर मृत्फलक भी इलाहाबाद संग्रहालय में संरक्षित है।

शुंगकाल के विविध मनोरंजक दृश्योंवाले कई मृत्फलक कौशाम्बी से प्राप्त हुए हैं। उनमें आसव-पान करते हुए स्त्री-पुरुष, पंखयुक्त सिंहों से लड़ता हुआ पुरुष और चार पहियेवाली गाड़ी पर खड़े हाथी को घसीटते हुए एक पुरुष का दृश्य विशेष महत्त्वपूर्ण है। यह मृत्फलक भी इलाहाबाद संग्रहालय में संरक्षित है।

कौशाम्बी के उत्खनन में प्राप्त और इलाहाबाद संग्रहालय में संरक्षित अन्य मूर्तियों का सचित्र विवरण निम्नानुसार है –

(7) खड़ी स्त्री

काल अवधि : लगभग द्वितीय शताब्दी ई.पू.

प्राप्ति-स्थान : कौशाम्बी

शुंग शैली में बनी इस मूर्ति में एक स्त्री को साड़ी पहने दिखाया गया है। त्रिभंग मुद्रा में खड़ी इस स्त्री के दोनों हाथ परस्पर जुड़े हुए हैं। वह सम्भवतः नृत्य की मुद्रा में है। उसकी शिरोवेशभूषा बहुत अलंकृत है। उसने अपनी कलाइयों में मोटी-मोटी चूड़ियाँ भी पहन रखी हैं; और उसके कानों में गोलाकार कर्णफूल झूल रहे हैं।

(8) आवक्ष स्त्री

काल अवधि : लगभग प्रथम शताब्दी ई.

प्राप्ति-स्थान : कौशाम्बी

गुप्त शैली में बनी इस मूर्ति में एक स्त्री के मुख से लेकर वक्ष भाग तक दिखाया गया है। यद्यपि स्त्री की मुखाकृति अनगढ़ है, तथापि उसको अलंकृत शिरोवेशभूषा में दिखाया गया है। उसके गले में एक कण्ठहार भी दिखायी दे रहा है।

(9) खड़ी स्त्री

काल अवधि : लगभग द्वितीय शताब्दी ई.पू.

प्राप्ति-स्थान : कौशाम्बी

शुंग शैली में बनी इस मूर्ति में फलक पर खड़ी स्त्री अपने दायें हाथ में फूले हुए कमल की नाल लिये हुए है। उसका बायाँ हाथ कमर पर स्थित है। उसके मुकुट पर छह झुकी हुई बालियाँ लगी हुई हैं। उसने गले में दो लड़ियों वाला कण्ठहार भी पहन रखा

है। उसकी कमर बहुत पतली है। उसने तीन लड़ियोंवाली कमरधनी भी पहन रखी है। यद्यपि शरीर के विभिन्न अंगों का अनुपात सही नहीं होने के कारण यह मूर्ति अनगढ़ है, तथापि यह मूर्ति समयुगीन लोककला का अच्छा उदाहरण प्रस्तुत करती है।

(10) खड़ी स्त्री

काल अवधि : लगभग प्रथम शताब्दी ई.

प्राप्ति-स्थान : कौशाम्बी

शुंग शैली में बनी इस मूर्ति में खड़ी स्त्री अपने दायें हाथ से दायें कान की बाली को छू रही है, जबकि बायाँ हाथ कमर पर स्थित है। उसके केश ऊपर की ओर त्रिस्तरीय वलय के रूप में व्यवस्थित हैं। उसके कानों में गोल कर्ण-फूल झूल रहे हैं। उसकी मेखला

पर तीन लड़ियोंवाली कमरधनी भी सुशोभित है। उसने साड़ी पहन रखी है, जिसके मध्य भाग में बहुत सलीके से चुन्नट पड़ी हुई है। उसके गले में एक चौड़ा-सा कण्ठहार भी है। उसने अपने पैरों में पाजेब पहन रखी है।

(11) शिव-पार्वती

काल-अवधि : लगभग नौवीं शताब्दी ई.

प्राप्ति-स्थान : भरवारी, जनपद कौशाम्बी

इस मूर्ति में शिव समभंग मुद्रा में अपनी पत्नी देवी पार्वती के साथ खड़े दिखाये गये हैं। उनकी चार भुजाओं में से तीन भुजाएँ खण्डित हैं। ऊपर के बायें हाथ में त्रिशूल है। उनके गले में माला, कानों में कुण्डल तथा मस्तक पर जयमुकुट शोभायमान है। शिव के पीछे एक पुरुष नन्दी की खण्डित मूर्ति है तथा दायीं तरफ एक परिचर हाथ में एक

पात्र लेकर खड़ा है। एक पुरुष भक्ति-भाव से अपने दोनों हाथ जोड़कर शिव के चरणों में नतमस्तक है। बायीं तरफ पार्वती समभंग मुद्रा में खड़ी हैं। उनका दाहिना हाथ खण्डित है तथा बायें हाथ में एक बड़ा पात्र है। उन्होंने साड़ी पहन रखी है जिसकी चुन्नटें दोनों पैरों के मध्य में दिखायी दे रही हैं। गले में एकावली (एक लड़ी का कण्ठहार) है और उनके सिर के केश घुँघराले हैं। शिव और पार्वती दोनों के मस्तक के चतुर्दिक् एक बड़ा आभामण्डल भी प्रदर्शित है।[9]

(12) भैरव

काल अवधि : लगभग नौवीं शताब्दी ई.

प्राप्ति-स्थान : कौशाम्बी

इस मूर्ति में भैरव को अपना बायाँ हाथ कमर पर रखे त्रिभंग मुद्रा में खड़ा दिखाया गया है। उनके एक हाथ में खप्पर और दूसरे हाथ में द्विमुखी डमरू तथा त्रिशूल हैं। उनकी खुली आँखें, सभ्रूभंग (त्यौरी चढ़ी) मुद्रा और खुले हुए मुख के ऊपर मूँछ तथा दाँत दिखायी

दे रहे हैं। चेहरे पर हलकी दाढ़ी भी दिख रही है। दाहिने कन्धे पर नागफण दिख रहा है। जहाँ तक वस्त्राभूषण का प्रश्न है, उनके गले में तीन लड़ियोंवाली माला के निचले भाग में एक बड़ा-सा लॉकेट है। उन्होंने एक वनमाला और छोटी धोती भी पहन रखी है। भैरव के कुंचित केश दोनों ओर लटक रहे हैं। उनके मस्तक के चारों ओर एक विशाल आभामण्डल प्रदर्शित है। आभामण्डल का मध्य भाग सादा है, जबकि किनारे के भाग को कमल-दल के आकार में उकेरा गया है। एक स्त्री और एक पुरुष परिचर उनके दोनों ओर खड़े दिखाये गये हैं। पुरुष ठिगने कद का है, जबकि स्त्री अपेक्षाकृत लम्बी है।[10]

(13) शिव शीर्ष

काल अवधि : पहली से तीसरी शताब्दी ई.

प्राप्ति-स्थान : कौशाम्बी

शुक्ल यजुर्वेद की वाजसनेयी संहिता (अध्याय 16) में शतरुद्रीय पाठ है। उसमें शिव का मूल स्वरूप प्रतिबिम्बित है। उसमें शिव को गिरीश (पर्वत पर रहनेवाला), कृत्तिवास (पशुचर्म धारण करनेवाला) और कपर्दी (जटाजूट रखनेवाला) कहा गया है।

कौशाम्बी से प्राप्त भगवान् शिव की इस मूर्ति में उनके सिर से लेकर कण्ठ तक का भाग प्रदर्शित है। इसमें शिव के मस्तक पर जटाजूट है। जटाओं पर पीछे से चढ़कर तीन सर्प अपने फन फैलाये हुए हैं। इसमें शिव के ललाट पर तीसरा नेत्र भी खुला हुआ दिखाया गया है।[11]

(14) भगवान् विष्णु की पाषाण-प्रतिमा

काल अवधि : आठवीं शताब्दी ई.

प्राप्ति-स्थान : कौशाम्बी

इस प्रतिमा में भगवान् विष्णु के चतुर्भुज रूप का प्रदर्शन किया गया है। उन्होंने अपने बायें हाथ में चक्र और दायें हाथ में गदा धारण किया हुआ है। इस प्रतिमा में चारों ओर उनके चरों और अनुचरों को भी प्रदर्शित किया गया है। उनके सिर के पीछे बना हुआ आकर्षक आभामण्डल चक्र के आकार का है। उनके बायें और दायेंवाले एक-एक हाथ नीचे की ओर हैं। इनमें से दायाँवाला हाथ तो अखण्ड है, लेकिन बायाँ हाथ खण्डित हो गया है। दायें हाथ में भी हथेलीवाला भाग प्रायः खण्डित है। उन्होंने अपने इन दोनों हाथों में सम्भवतः शंख और पद्म धारण कर रखा होगा।

(15) कृपाणधारी हनुमान

काल अवधि : बारहवीं शताब्दी ई.

प्राप्ति-स्थान : कौशाम्बी

इस खण्डित मूर्ति में श्रीराम-भक्त वानराधीश हनुमान को उनके परम्परागत शस्त्र गदा के स्थान पर कृपाण धारण किये हुए प्रदर्शित किया गया है। वे अपनी कमर में एक कृपाण खोंसे हुए दिखायी दे रहे हैं। उनका दायाँ हाथ ऊपर की ओर उठा हुआ है, लेकिन उसका आगे का भाग पूर्णतः खण्डित है। उन्होंने अपने बायें हाथ को बड़े ही लालित्यपूर्ण ढंग से अपने वक्ष के पास कर रखा है। उनके बायें हाथ में एक फूल भी है। यद्यपि उनकी दायीं जंघा और बायें घुटने के नीचे का भाग पूर्णतः खण्डित है, तथापि यह सहज कल्पनीय है कि इस प्रतिमा में वे त्रिभंग मुद्रा में खड़े हैं। प्रथम-दृष्ट्या यह प्रतीत होता है कि भक्ति की तन्मयता में भाव-विह्वल होकर वे नृत्य करते हुए अपने इष्टदेव श्रीराम के नाम का संकीर्त्तन कर रहे हैं।

कौशाम्बी से प्राप्त सूर्य-मन्दिर का प्रवेश-द्वार

ऋग्वेद में सूर्य को एक उपकारी शक्ति माना गया है। कौशाम्बी से अनेक सूर्य-प्रतिमाओं के साक्ष्य मिले हैं। इन साक्ष्यों से कौशाम्बी-क्षेत्र में सूर्योपासना के प्रचलन की जानकारी मिलती है। कौशाम्बी में सम्भवतः एक विशाल सूर्य-मन्दिर था। उत्खनन में कौशाम्बी से इस मन्दिर के द्वार-चौखट (प्रवेश-द्वार) का साक्ष्य मिला है। यह द्वार-चौखट इलाहाबाद संग्रहालय में संरक्षित है। बलुआ पत्थर से निर्मित, नौवीं शताब्दी के सूर्य-मन्दिर का यह द्वार-चौखट कलात्मक दृष्टि से अनुपम है। यह प्रवेश-द्वार कौशाम्बी ही नहीं, बल्कि पूरे प्रयाग क्षेत्र में सूर्योपासना के प्रचलन की ओर संकेत भी करता है।

कौशाम्बी से प्राप्त मुख्य प्रवेश-द्वार की ऊँचाई लगभग 284 से.मी. और चौड़ाई 240 से.मी. है। द्वार-चौखट में सज्जापट्टी से युक्त उदुम्बर (देहरी) और द्वार-पक्ष बनाया गया है। उदुम्बर में दोनों किनारे पर सिंह और बीच में मन्दारक[12] के मध्य हाथ में घड़ा लिये, मकरारूढ़ उदधिकुमार उत्कीर्ण किये गये हैं। द्वार-पक्ष (दरवाजे का पल्ला) के निचले भाग पर नदी मातृकाओं का अंकन है। दाहिने द्वार-पक्ष के आधार पर हाथ में कमल नाल लिये हुए, त्रिभंग मुद्रा में, मकर एवं कच्छपारूढ़ यमुना को चित्रित किया गया है। इसके साथ ही नन्दीश्वर (शिव) का अंकन भी मिलता है। नन्दीश्वर के ऊपर शिवलिंग की पूजा के दृश्य से सुसज्जित शिलापट्ट लिये हुए भरतपुत्रकों[13] को दिखाया गया है। दाहिने द्वार-पक्ष के आधार पर नाल युक्त कमल सहित, मकरारूढ़ गंगा का अंकन है। गंगा के साथ त्रिशूलधारी चतुर्भुज महाकाल को उत्कीर्ण किया गया है। द्वार-पक्ष के स्तम्भ के आधार पर घटपल्लव का अंकन किया गया है। द्वार-पक्ष की बाह्यशाखा पुष्पवल्लरी से सुशोभित है जो नीचे स्थित यक्ष की नाभि से निकलती हुई दिखायी गयी है। द्वार शाखा के भीतरी भाग में मिथुन मूर्तियों का अंकन है। यहाँ सूर्य के साथ मिथुन मूर्तियों का अंकन इस क्षेत्र की कला-परम्परा से अलग हटकर दिखायी पड़ता है।

द्वार-पक्ष के ललाट-बिम्ब पर मालाधारी विद्याधरों के दृश्य अंकित किये गये हैं। ललाट-बिम्ब के दोनों ओर बने सिंह के मध्य में त्रिभंग मुद्रा में स्त्री-प्रतिमाएँ (कुमारिकाएँ) उत्कीर्ण की गयी हैं। ललाट-बिम्ब के मध्य में सात घोड़ोंवाले रथ पर बैठे सूर्य का अंकन है जिसमें उनके साथ उनकी पत्नियाँ राज्ञी और निचुक्षा भी उत्कीर्ण की गयी हैं। सूर्य-प्रतिमा के बायें कन्धे के पास एक गोल वस्तु उकेरी गयी है। यह नाल सहित कमल है। सूर्य के साथ उनके सारथि अरुण का अंकन भी है। सूर्य को यहाँ उपानह (चरण-पादुका) पहने हुए दिखाया गया है। कौशाम्बी में पभोसा से प्राप्त, बलुआ पत्थर पर निर्मित सूर्य की प्रतिमा भी उपानह-युक्त है। लखनऊ राज्य संग्रहालय में भी सूर्य की उपानह-युक्त प्रतिमा प्रदर्शित की गयी है। इस प्रतिमा की विशेषता यह है कि सूर्य के साथ ही उनके परिचर (सेवक) भी उपानह पहने हुए दिखाये गये हैं। वैसे परम्परागत रूप से देखा जाये तो 'शतपथ ब्राह्मण' में सूर्य के चरण-विहीन होने का उल्लेख है। 'बृहत्संहिता' में भी सूर्य-प्रतिमा के सिर और वक्ष को प्रदर्शित करने और सीने के निचले भाग को गूढ़ (गुप्त) रखने का विधान मिलता है।

प्रयाग को भास्कर तीर्थ भी कहा गया है। यह अकारण नहीं है कि प्रयागराज और कौशाम्बी-क्षेत्र से प्रतिहार काल की अनेक सूर्य-प्रतिमाएँ प्राप्त हुई हैं।

प्रत्यक्ष देवता होने के कारण हिन्दू देवकुल में सूर्य का एक महत्त्वपूर्ण स्थान है। एक समय सूर्य को विष्णु, शिव, शक्ति और गणेश की श्रेणी में रखा जाता था। उनको समर्पित कई मन्दिर भारतवर्ष में पाये जाते हैं। सूर्य के उपासकों के सम्प्रदाय को 'सौर सम्प्रदाय' कहा जाता है, जो सर्वोच्च देवता के रूप में सूर्य की पूजा करते हैं। यद्यपि वर्तमान में सौर-पन्थियों की संख्या कम है, तथापि धर्मपरायण हिन्दू प्रतिदिन सुबह-शाम जिस गायत्री मन्त्र का उच्चारण करते हैं, वह सूर्य देवता को ही सम्बोधित होता है।

यदि उन पुरानी लोक-कथाओं का परीक्षण किया जाये तो आधुनिक वैज्ञानिक युग के शुरू होने के पहले दुनिया के विभिन्न भागों में बसनेवाली जातियों में प्रचलित थीं, तो पता चलेगा कि वे लोग यह जानते थे कि सूर्य के बिना इस धरती पर जीवन सम्भव नहीं है। इस बोध के बाद उनमें से कई जातियों ने कृतज्ञ भाव से सूर्य की पूजा शुरू कर दी। इसी क्रम में सूर्यदेव की प्रतिमाओं का निर्माण हुआ। सूर्य की प्रतिमा को अक्सर शकवंशीय राजाओं-जैसे परिधान में चुस्त अँगरखा और ऊँचे जूते पहने हुए दिखाया गया है। उन्हें सामान्यतः सात घोड़ोंवाले या सात सिरोंवाले एक घोड़े से जुते रथ पर सवार दिखाया जाता रहा है। उनको हाथ में कमल का एक गुच्छा पकड़े हुए और सिर के चारों ओर एक प्रभामण्डल से घिरा दिखाया जाता है।

(16) सूर्य देव की प्रतिमा

काल अवधि : ग्यारहवीं शताब्दी ई.

प्राप्ति-स्थान : कड़ा, जनपद कौशाम्बी

(17) सूर्य देव

काल अवधि : नौवीं शताब्दी ई.

प्राप्ति-स्थान : कौशाम्बी

(18) सूर्य परिवार की प्रतिमा

काल अवधि : सातवीं शताब्दी ई.

प्राप्ति-स्थान : कौशाम्बी

इस प्रतिमा में सूर्यदेव को उनकी दोनों पत्नियों ऊषा और प्रत्यूषा के साथ दिखाया गया है। ऊषा और प्रत्यूषा के आगे उनके पुत्रों को भी दिखाया गया है। परन्तु खण्डित हो जाने के कारण उनके दोनों पुत्रों की आकृतियाँ स्पष्ट नहीं हैं।

(19) द्वारपाल की प्रतिमा

काल अवधि : सातवीं शताब्दी ई.

प्राप्ति-स्थान : कौशाम्बी

'ऐतरेय ब्राह्मण' (1, 30) में एक लाक्षणिक आशय में विष्णु को देवों का द्वारप (द्वारपाल) कहा गया है।[14] उल्लेखनीय है कि श्रीराम के वनवास के दौरान लक्ष्मण ने अपने बड़े भाई श्रीराम के प्रतिहारी (द्वारपाल) का दायित्व निभाया था। भारतीय इतिहास में

प्रतिहार नामक एक राजवंश भी हुआ है। प्रतिहार राजवंश के शासक सूर्यवंशी क्षत्रिय थे और स्वयं को लक्ष्मण से सम्बन्धित मानते थे। सम्भवतः सूर्यवंशी होने के कारण ही प्रतिहार शासकों ने सूर्य-प्रतिमाओं के निर्माण में अधिक रुचि दिखायी थी। उत्खनन के दौरान कौशाम्बी से द्वारपाल की एक प्रतिमा प्राप्त हुई थी। इस प्रतिमा में एक प्रतिहारी त्रिभंग मुद्रा में खड़ा है। उसके केश सुविन्यस्त हैं। उसको बायें हाथ में चँवर लिये हुए दिखाया गया है। इस प्रतिमा में उसके गले, कमर, कलाई और बाँह में विभिन्न आभूषणों को प्रमुखता से दर्शाया गया है।

(20) उत्कीर्ण आयागपट्ट

प्राप्ति-स्थान : कौशाम्बी

(पुरातत्त्व विभाग, इलाहाबाद विश्वविद्यालय के संग्रहालय में संरक्षित)

जैन परम्परा में आयागपट्ट को प्रायः किसी वृक्ष के नीचे एक मंच पर पूजा की वस्तु के रूप में स्थापित किया जाता था। कभी ध्यान-साधना के सहायक के रूप में इन्हें स्थापित किया जाता था। आयागपट्ट वस्तुतः शिलापट्ट ही थे। इन्हें चैत्यपट्ट भी कहा जाता था। कौशाम्बी के प्रभाषगिरि के पास एक अयागपट्ट मिला था। उस पर अंकित लेख निम्नवत् है -

सिद्धं राज्ञो शिवमित्रस्य संवघटे ..... खमाहकिय ..... स्थविरस लदासस निवर्तनश ..... शिवनन्दिस अन्ते ..... वासिस शिवपालित आयागपट्टे थापयति अरहतो पूजायै।

अर्थात्- सिद्ध राजा शिवमित्र के बारहवें वर्ष में स्थविर बलदास के उपदेश को सुनकर शिवनन्दि के शिष्य शिवपालित ने अरहन्त पूजा के लिए आयागपट्ट स्थापित किया।

(21) दीपस्तम्भ (लैम्प-पोस्ट) का आधार भाग

प्राप्ति-स्थान : कौशाम्बी

(पुरातत्त्व विभाग, इलाहाबाद विश्वविद्यालय के संग्रहालय में संरक्षित)

(22) खिलौना-गाड़ी

प्राप्ति-स्थान : कौशाम्बी

यह मृण्मूर्ति राज्य संग्रहालय लखनऊ में संरक्षित है। इसमें दो बैलों को बैलगाड़ी में ज़ुता हुआ दिखाया गया है। सवारियों को वर्षा और धूप से बचाने के लिए इस गाड़ी के ऊपर छाजन भी लगा हुआ प्रदर्शित किया गया है। इसमें दोनों बैलों की आँख-नाक तो स्पष्ट नहीं हैं, लेकिन उसके सींगों को प्रमुखता से उभारा गया है। उनके कन्धों पर बैलगाड़ी का जुआ रखा हुआ है।

मेवहर ग्राम से एक द्वार-स्तम्भ अभिलेख मिला था, जो अब इलाहाबाद संग्रहालय में संरक्षित है। प्रसिद्ध पुराविद् दयाराम साहनी ने 1927 में इसका उद्वाचन करके उसका अर्थ स्पष्ट किया था। इस लेख के अनुसार गहड़वाल नरेश जयचन्द्र के शासनकाल में किसी श्रीवास्तव कायस्थ ठक्कुर ने कौशाम्ब पत्तला (कौशाम्बी पत्तन) में स्थित मेवहड़ ग्राम में संवत् 1245 (1189 ई.) में एक शिव-मन्दिर बनवाया था। इस अभिलेख में उल्लिखित मेवहड़ ग्राम वर्तमान म्योहर (मेवहर) गाँव है जो कौशाम्बी से उत्तर-पूर्व में 12 किमी. दूर सराय अकिल-मंझनपुर राजमार्ग पर स्थित है। इस ग्राम में उक्त मन्दिर की नींव आज भी बची हुई है। उसकी मूर्तियाँ एवं वास्तुखण्ड पूरे गाँव में बिखरे हुए हैं।

कौशाम्बी के सिक्के

मौर्योत्तर काल में सशक्त केन्द्रीय सत्ता के अभाव में वाणिज्य-व्यापार कुछ सीमा तक विकेन्द्रीकृत एवं सीमित हो गया था। ऐसी परिस्थिति में, रजत धातु की अनुपलब्धता के कारण राज्यों द्वारा मुद्रा-निर्माण हेतु सामान्य रूप से सुलभ ताम्र धातु

को चुना गया। सम्भवतः इसी कारण कौशाम्बी सहित उत्तर प्रदेश के अन्य स्थानीय राजवंशों (पंचाल, मथुरा और अयोध्या) द्वारा मुख्यतः ताम्र मुद्राएँ निर्गत की गयीं।

तक्षशिला से प्राप्त 'नेगमे' लेख-युक्त मुद्राओं के आधार पर तृतीय एवं द्वितीय शताब्दी ई. पू. में भारत में विभिन्न व्यावसायिक श्रेणी-संगठनों की उपस्थिति स्वीकार की गयी है। यही बात कौशाम्बी से प्राप्त 'गन्धिकन' तथा 'नविकस' लेख-युक्त मुद्राओं पर भी लागू होती है। ये कौशाम्बी-क्षेत्र में व्यावसायिक श्रेणी-संगठनों की मौजूदगी का स्पष्ट संकेत देते हैं। इलाहाबाद संग्रहालय में संरक्षित दो तथा प्रयागराज निवासी श्री जनेश्वर दास के संग्रह में संरक्षित एक मुद्रा पर अंकित मुद्रालेख का पाठ 'गन्धिकन' किया गया है। 'गन्धिकन' लेखयुक्त मुद्रा गन्धिकों के निगम या श्रेणी-संगठन द्वारा प्रचलित प्रतीत होती है। सम्भवतः तृतीय तथा द्वितीय शताब्दी ई. पू. में गन्धिकों की श्रेणी कौशाम्बी में विद्यमान रही हो; और उन्हीं के द्वारा इन मुद्राओं को चलाया गया हो। गौरतलब है कि प्राचीन भारतीय अर्थतन्त्र में गन्धिकों का महत्त्वपूर्ण योगदान रहा है।

ऋग्वेद में श्रेणी-समूहों की तुलना हंसों से की गयी है। सम्भवतः उत्तर-वैदिक काल के आरम्भ में श्रेणी-संगठनों ने आकार ग्रहण कर लिया था। प्राचीन बौद्ध साहित्य में श्रेणी-संगठन के मुखिया को जेट्ठक (ज्येष्ठक) कहा गया है। जबकि कौटिल्य कृत 'अर्थशास्त्र' में शिल्पियों के समूह को 'श्रेणी' कहा गया है। बौद्ध-ग्रन्थ 'दीघनिकाय' में लगभग दो दर्जन व्यवसायों का उल्लेख किया गया है और 'महावस्तु' में ग्यारह प्रकार के शिल्पियों का वर्णन किया गया है। प्राचीन भारत में श्रेणी-संगठन बैंकिंग सम्बन्धी कार्य करने के साथ ही जनोपयोगी सामाजिक एवं धार्मिक कार्य भी करते थे।

चाँदी और ताँबे के आहत सिक्कों के अलावा कौशाम्बी से ढलवाँ सिक्के भी मिले हैं। कुषाणों और मघों के साथ ही स्थानीय शासकों के सिक्के भी यहाँ से मिले हैं। यहाँ से प्राप्त साक्ष्यों से छठी शताब्दी ई. के प्रथम चरण में हूण आक्रमण का पता चलता है। यहाँ से प्राप्त पौर-जनपदीय सिक्के ताँबे के हैं और वे अधिकां शतः ढालित और द्विपृष्ठीय हैं। अब तक उनके चार प्रकार के सिक्कों का पता चला है-[15]

(1) एक ओर केवल कसबिकां आलेख; दूसरी ओर बिन्दुयुक्त वृत्त और ऊपर एक अर्द्ध-चन्द्र। इन सिक्कों का बहुवचन प्रयोग कसबिकानं पुर की अपेक्षा पुरवासियों की ओर संकेत करता है और जनपद के सिक्कों से प्रभावित प्रतीत होता है। हो सकता है यह इस पुर का अद्यतन सिक्का हो।

(2) एक ओर इन्द्र-यष्टि (Triangle-headed standead) के सम्मुख पीठ (pedastal) पर स्थित वामाभिमुख हाथी, उसके पीछे चक्र, नीचे एक रेखा, ऊपर उज्जयिनी लांछन और कोसबि आलेख। दूसरी ओर चैत्य-वृक्ष, उज्जयिनी-लांछन, षट्कूट मेरु[16], चार मत्स्य युक्त सरोवर, नन्दिपद आदि का संयोजन। इस प्रकार के

सिक्कों पर लांछनों का बाहुल्य आहत-मुद्राओं का ध्यान दिलाता है। यह तथ्य इस प्रकार के सिक्कों के आरम्भकालिक होने का संकेत देते हैं।

(3) एक ओर ध्वज के सम्मुख वामाभिमुख वृष; दूसरी ओर वृक्ष के चारों ओर कसम्बिय आलेख।

(4) एक ओर उज्जयिनी लांछन के नीचे कोसबिय आलेख। दूसरा पट अस्पष्ट। कहा नहीं जा सकता कि यह सिक्का एकपृष्ठीय है या द्विपृष्ठीय। इस प्रकार का अभी तक केवल एक सिक्का ज्ञात है जो इलाहाबाद संग्रहालय में है।

गजाभिषेकलक्ष्मी प्रकार की ताम्र-मुद्रा, कौशाम्बी (दूसरी शताब्दी ई.पू.)

कौशाम्बी अंकित जो सिक्के प्राप्त हुए थे, उन्हें इलाहाबाद संग्रहालय में संगृहीत किया गया है। इनमें से एक सिक्के पर 'कसवी', दूसरे पर 'कसविय', तीसरे पर 'कसविकनं' (कौशम्बिकानाम्) लिखा हुआ है। इस प्रकार के सिक्के दुर्लभ हैं और इनसे कौशाम्बी नगर के वास्तविक स्थल के निश्चय सम्बन्धी सन्देह दूर होता है। कौशाम्बी से प्राप्त दुर्लभ वृष (Lanky bull) शैली के ताँबे के कई सिक्के प्राप्त हुए हैं जो तीसरी सदी ई.पू. के हैं। ये सिक्के भी इलाहाबाद संग्रहालय में संरक्षित हैं। दूसरी सदी ई.पू. से ताँबे के अभिलिखित सिक्कों का प्रचलन बढ़ने लगा था। दूसरी सदी ई.पू. से लेकर चौथी सदी ई. तक की कालावधि के कौशाम्बी से प्राप्त ताँबे के अभिलिखित सिक्कों में पच्चीस ऐसे शासकों के नाम प्रकाश में आये हैं जिनका इतिहास इसके पूर्व किसी अन्य साधन से ज्ञात नहीं हो सका था।

कौशाम्बी के उत्खनन के दौरान राजा पर्वत, विजय मित्र तथा शतमित्र नामक राजाओं के मुद्रांकन भी मिले हैं। इन्हें इलाहाबाद संग्रहालय में संरक्षित किया गया है। इन राजाओं के कई सिक्के तो पहले भी मिले थे, परन्तु उनके नामांकित मुद्रांकन पहली बार मिले हैं। इन शासकों का समय मुद्रांकन में अंकित लिपियों के आधार पर दूसरी से चौथी सदी ई. के बीच आकलित किया जा सकता है। कौशाम्बी से प्राप्त हस्तपाल नामक एक राजा की हाथी-दाँत की बनी मुद्रा भी संग्रहालय में है, जिसका समय प्रथम शताब्दी ईस्वी पूर्व आँका गया है।

चौथी शताब्दी ई.पू. से सातवीं शताब्दी ई. के कालखण्ड में भारत के देशी राजाओं के साथ ही विदेशी राजाओं ने भी अपनी मुद्राओं पर लक्ष्मी का सश्रद्धा अंकन करवाया था। उन मुद्राओं पर देवी लक्ष्मी के 'गजाभिषेकलक्ष्मी', 'पद्महस्ता', 'कमलधारिणी' आदि कई रूप देखने को मिलते हैं। प्राचीन भारत में लक्ष्मी के राजलक्ष्मी (या गजलक्ष्मी) स्वरूप का प्रथम निरूपण कौशाम्बी की ढलुआ मुद्राओं पर देखने को मिलता है, जो दूसरी शताब्दी ई.पू. का है। इस मुद्रा के अगले भाग पर पद्म (कमल) पर खड़ी लक्ष्मी अपना दाहिना हाथ ऊपर की ओर उठाये और बायाँ हाथ कमर पर धरे हैं। लक्ष्मी के दोनों ओर पद्म पर खड़े दो गज उनका अभिषेक करते हुए अंकित किये गये हैं। कौशाम्बी की इस मुद्रा को 'गजों से अभिषिक्त लक्ष्मी-मुद्रा' कहा गया है। गज द्वारा लक्ष्मी का अभिषेक किये जाने सम्बन्धी दृश्यांकन युक्त तीसरी शताब्दी ई.पू. के सिक्के, जो कौशाम्बी से प्राप्त हुए हैं, से ही शक राजाओं ने गज-लक्ष्मी का अनुकरण किया होगा।

सन्दर्भ एवं टिप्पणी :

1. गजलक्ष्मी : यह मूर्तियों के अंकन में लक्ष्मी का एक स्वरूप है। इस स्वरूप में बैठी अथवा खडी कमलासना लक्ष्मी के दोनों ओर हाथी जल से अभिषेक करते हुए अंकित किया जाता है। इस प्रकार का प्राचीनतम अंकन भारतीय शक नरेश मोअ (मावेश) के सिक्कों पर प्राप्त होता है। उसके बाद भारहुत, साँची, बोधगया, अमरावती आदि की बौद्ध कला में यह प्रचुरता से देखने को मिलता है। मध्यकालीन भारतीय कला में इसका विशेष प्रचार हुआ।

   'गज अभिषिक्त लक्ष्मी' की कल्पना का उद्भव कब हुआ, यह अब तक स्पष्ट रूप से ज्ञात नहीं है। लक्ष्मी के स्वरूप का विस्तृत वर्णन सबसे पहले ऋग्वेद के पाँचवें मण्डल के 'श्रीसूक्त' में किया गया है। वहाँ लक्ष्मी को कमल पर स्थित, कमल-धारिणी और हस्तिनाद प्रबोधिनी कहा गया है। श्रीसूक्त में 'हस्तिनाद प्रबोधिनी' शब्द के प्रयोग से हाथी और लक्ष्मी का सम्पर्क ज्ञात होता है। हाथी वैभव का प्रतीक माना जाता है और लक्ष्मी समृद्धि की देवी हैं। कदाचित् इसी के कारण शिल्पियों ने इन दोनों की यह संयुक्त कल्पना की है। (काशी नागरी प्रचारिणी सभा हिन्दी विश्वकोश, भाग 3, पृ. 353)

2. मगध के पौराणिक राजा बृहद्रथ की दो रानियों द्वारा उत्पन्न खण्डित शिशुओं को 'जरा' नामक राक्षसी ने ही परस्पर जोड़कर जीवन्त बालक बना दिया था। जरा द्वारा सन्धित किये जाने के कारण ही मगधराज बृहद्रथ का वह पुत्र 'जरासन्ध' कहलाया। 'महाभारत' में मगधराज जरासन्ध का वर्णन

एक अत्यन्त शक्तिशाली सम्राट् के रूप में हुआ है। यद्यपि जरा एक नरभक्षिणी राक्षसी थी, तथापि प्राचीन मगध में निषाद जाति के लोग देवी मानकर उसकी पूजा करते थे।

3. महाभारत और वामन पुराण के अनुसार कुरुक्षेत्र के चारों खूँटों पर चार बड़े यक्ष-स्थान थे- अरन्तुक, तरन्तुक, यक्षी उलूखल मेखला और मचक्रुक। (वासुदेवशरण अग्रवाल, भारत सावित्री, पृ. 533)
4. The early defences at Kaushambi closely recall the Harappan citadel. ... The very idea of town life was so far unknown in the Gangetic Valley. The defences show that in the first centuries of the first millennium B.C. Kaushambi developed as a town fully equipped for its protection by the magnificent defences built on the Harappan pattern. {Prof. G.R. Sharma, The Excavations at Kaushambi (1957-1959) page no. 6}
5. डॉ. पाण्डुरंग वामन काणे, धर्मशास्त्र का इतिहास, भाग 1, पृ. 574
6. 'सौत्रामणी यज्ञ' हविर्यज्ञों के सात प्रकारों में से एक है। 'सौत्रामणी' शब्द की उत्पत्ति 'सुत्रामन्' शब्द से हुई है, जिसका अर्थ है- एक अच्छा रक्षक। 'सुत्रामन्' दरअसल इन्द्र की एक उपाधि है। बहरहाल, 'सौत्रामणी' सोमयज्ञ नहीं है। यह एक इष्टि एवं पशु यज्ञ का मिश्रण है। इसमें सुरा की आहुति दी जाती है। इसके दो रूप हैं- कौकिली एवं चरक-सौत्रामणी। स्वतन्त्र सौत्रामणी यानी कौकिली उन लोगों द्वारा सम्पादित किया जाता है, जो सम्पत्ति या पशुधन के इच्छुक हों या जिनका राज्य छिन गया हो। (डॉ. पाण्डुरंग वामन काणे, धर्मशास्त्र का इतिहास, भाग 1, पृ. 564)
7. डॉ. द्विजेन्द्रनाथ शुक्ल, हिन्दू-प्रासाद, पृ. 37
8. It is also significant that the performance of the 'Purusmedha' sacrifice on the 'Syenciti' (hawk-shaped altar) is coeval with the third Revetment which is of the nature of a repair of Revetment 2 destroyed at the end of structural period III. 14. According to this evidence, the Greek invasion was followed immediately by the repair of the rampart and the performance of the sacrifice which symbolised assertion of sovereignty and ascendancy over all inimical forces. The circumstantial evidence points to Pusyamitra as its performer and the victorious defender of the Gangetic Valley against the invasion of the Bactrian Greeks. {Prof. G.R. Sharma, The Excavations at Kaushambi (1957-1959) page no. 15}
9. भारतीय कला में शिव, सम्पादक : राजेश पुरोहित, पृ. 8
10. वही, पृ. 18
11. वही, पृ. 40
12. मन्दारक के अर्थ हैं- मूँगे का पेड़, मदार का पौधा, धतूरे का पौधा, हाथी
13. भरतपुत्रक का अर्थ है- अभिनेता।
14. वैदिक इण्डेक्स : ए. ए. मैकडॉनेल और ए. बी. कीथ, भाग 1 (अनुवादक : रामकुमार राय) पृ. 432
15. डॉ. परमेश्वरीलाल गुप्त, भारत के पूर्वकालिक सिक्के, पृ. 173
16. 'षट्कूट मेरु' का अर्थ है - छह शिखरोंवाला पर्वत

अध्याय 8

कौशाम्बी के पुरातात्त्विक अभिलेख

अशोक का कोसम-प्रयाग स्तम्भलेख

मगध के मौर्यवंशीय सम्राट् अशोक (273 ई.पू.-232 ई.पू.) के समय कौशाम्बी नामक प्रान्त की राजधानी कौशाम्बी नगर थी। अब तक अशोक के 136 अभिलेखों का पता चला है। हम इन्हें पाँच मुख्य भागों में बाँट सकते हैं-

1. **प्रधान शिलालेख :** इनमें 14 प्रज्ञापन हैं, जो निम्नलिखित स्थानों पर मिलते हैं- कालसी (देहरादून), गिरनार (जूनागढ़), धौली (उड़ीसा), जौगड़ (उड़ीसा), शहबाजगढ़ी (पेशावर, पाकिस्तान), मानसेरा (पाकिस्तान) और सोपारा (मुम्बई) ।

2. **गौण शिलालेख :** पहले तो दो कलिंग प्रज्ञापन हैं, जो धौली और जौगड़ में प्रधान शिलालेखोंवाली चट्टानों पर विद्यमान हैं। दूसरा प्रज्ञापन ब्रह्मगिरि प्रज्ञापन कहलाता है, जो सात स्थानों पर मिलता है- ब्रह्मगिरि (कर्नाटक), सिद्धपुर (कर्नाटक), जतिंग-रामेश्वर (कर्नाटक), मास्की (कर्नाटक), सासाराम (बिहार), रूपनाथ (मध्य प्रदेश) और बैराट (राजस्थान)। तीसरा भाब्रा प्रज्ञापन बैराट के पास पहाड़ी पर स्थित बौद्ध-विहार के एक पत्थर पर खुदा हुआ है।

3. **प्रधान स्तम्भलेख :** सात हैं- दिल्ली-शिवालिक, दिल्ली-मेरठ, कोसम-प्रयाग, लौरिया अरेराज, लौरिया नन्दनगढ़ और रामपुरवा।

4. **गौण स्तम्भलेख :** पाँच हैं- सारनाथ, कौशाम्बी, साँची, रुम्मिनदेई और निगलिवा।

5. **गुहाभिलेख :** ये बिहार के गया नगर के पास बराबर पहाड़ी पर हैं।

अशोक ने स्वयं अपने अभिलेखों के लिए 'धर्मलिपि' शब्द का प्रयोग किया है। बहरहाल, अशोक ने कौशाम्बी में दो स्तम्भलेख स्थापित करवाये थे। ये स्तम्भ चुनार के बलुआ पत्थर से बनवाये गये थे। पहले स्तम्भ के ऊपरी हिस्से में ब्राह्मी लिपि और तत्कालीन जनभाषा पालि (मागधी) में एक लेख खुदा हुआ है। यह लेख एक राजाज्ञा (राजकीय आदेश) के रूप में है; और कौशाम्बी के 'महामात्र' नामक कर्मचारियों को सम्बोधित है।

अशोक का कोसम-प्रयाग पाषाण-स्तम्भ, किला परिसर, प्रयागराज

प्रयागराज के किले के भीतर अशोक का एक स्तम्भ स्थापित है। शुरू में यह स्तम्भ प्राचीन कौशाम्बी नगर (वर्तमान कोसम ग्राम) में स्थापित किया गया था। इसलिए उसको प्रायः इलाहाबाद-कोसम स्तम्भ कहा जाता है। अब तक यह स्पष्ट नहीं हो पाया है कि यह स्तम्भ कब और किसके द्वारा कौशाम्बी से प्रयागराज (इलाहाबाद) लाया गया। सम्भवतः मुगलकाल में इसको कौशाम्बी से प्रयागराज लाया गया और त्रिवेणी संगम पर किले के भीतर खड़ा किया गया। जो भी हो, उस पर अशोक के छह प्रसिद्ध स्तम्भलेखों

के अतिरिक्त उसके दो अन्य लेख भी हैं, जो 'रानी का स्तम्भलेख' और 'कौशाम्बी का स्तम्भलेख' के नाम से प्रसिद्ध हैं। इन दोनों को लघु स्तम्भलेख कहा जाता है।

'कौशाम्बी के लघु-स्तम्भलेख' का मूलपाठ निम्नवत् है-

1. देवानांपिय आनपयति (।) कोसम्बियं महामात
2. ..... समगे कटे (।) संघसि नो लहिये
3. ..... संघ भाखति भिखु व भिखुनि वा से पि चा
4. ओदातानि दुसानि सनंधापयितु अनावाससि आवासयिये (।)

अर्थात्- ''देवानांप्रिय (देवताओं के प्रिय राजा अशोक) कौशाम्बी में नियुक्त महामात्रों को यह आज्ञा देते हैं कि (मैंने भिक्षुओं और भिक्षुणियों के संघ को) एक किया है। (जो कोई भिक्षु या भिक्षुणी संघ में फूट डाले उसको) संघ में नहीं रखना चाहिए। जो भिक्षु या भिक्षुणी संघ में फूट डालेगा उसको श्वेत वस्त्र पहनाकर उस स्थान से, जहाँ भिक्षु या भिक्षुणियाँ रहती हैं, हटा दिया जायेगा। (अर्थात् वह भिक्षु संघ से बहिष्कृत कर दिया जायेगा।)

इस लघु-स्तम्भलेख से ऐसा लगता है कि कौशाम्बी नगर के भिक्षुओं के मध्य कोई धार्मिक विवाद उठ खड़ा हुआ था। उक्त राज्यादेश के अनुसार महामात्रों को सख्ती के साथ यह देखना था कि कोई भी भिक्षु या भिक्षुणी संघ की एकता को खण्डित करने की कोशिश न करे। यदि कोई भिक्षु-भिक्षुणी ऐसा करते हुए पाया जाये तो उसे संघ की सदस्यता से वंचित करते हुए उसको नगर से बाहर कर दिया जाये। बहरहाल, कौशाम्बी के इस स्तम्भलेख से यह भी पता चलता है कि तत्कालीन राजतन्त्रीय सत्ता आवश्यकता पड़ने पर धार्मिक मामलों में भी दखल देने में नहीं हिचकती थी।

प्रयागराज-कोसम स्तम्भलेख में कौशाम्बी के महामात्र और वहाँ के भिक्षुसंघ के उल्लेख से स्पष्ट है कि यह स्तम्भलेख आरम्भ में कौशाम्बी में स्थापित किया गया होगा और कभी बाद में प्रयागराज लाया गया होगा। दूसरी बात यह है कि चीनी धर्मयात्री ह्वेनत्सांग सातवीं सदी ई. में भारत आया था। उसने अपने यात्रा-विवरण के प्रयाग-वर्णन के प्रसंग में गंगा और यमुना नदियों का, उनके बीच के रेतीले मैदान का, अक्षयवट आदि का वर्णन तो किया है, परन्तु अशोक के किसी स्तम्भ की चर्चा उसने नहीं की है। प्रसंगवश यह भी उल्लेखनीय है कि अन्यत्र उसने जहाँ कहीं भी अशोक का कोई स्तम्भ या कोई स्तूप आदि देखा, उसका वर्णन बड़ी सजगता के साथ किया है। इसलिए यह सोचना भी सही नहीं होगा कि प्रयाग में अशोक का कोई स्तम्भ देखने के बावजूद यात्रा-विवरण लिखते समय वह उसकी चर्चा करना भूल गया होगा। ह्वेनत्सांग के बहुत बाद में ग्यारहवीं सदी ई. में अलबरुनी (973-1049 ई.) अपनी भारत यात्रा के दौरान प्रयाग भी आया। उसने भी अपनी पुस्तक 'किताब-उल-हिन्द' में त्रिवेणी संगम की चर्चा तो की है, लेकिन प्रयाग में अशोक-स्तम्भ के होने के विषय में वह भी मौन है। इससे

यह स्पष्ट है कि ग्यारहवीं सदी ई. तक प्रयागराज में अशोक की कोई लाट मौजूद नहीं थी।

प्रयागराज-कोसम स्तम्भ पर ब्राह्मी लिपि में एक अन्य लेख भी अंकित है। इस लघु स्तम्भलेख को **'रानी का लेख'** कहा जाता है। इसका मूलपाठ निम्नवत् है-

1. देवानं पियषा वचनेना सवत महमता
2. वतविया (।) ए हेता दुतियाये देवीये दाने
3. अम्बा वडिका वा आलमे व दानगहे व ए वापि अंने
4. कीछि गनीयति ताये देवियेे षे (।) नानि हेवं (ग)न(येथ)
5. दुतीयाये देवियेे ति तीवल-मातु कालुवाकिये (।)

अर्थात्- ''देवताओं के प्रिय महामात्रों को यह आज्ञा देते हैं कि दूसरी रानी ने जो कुछ दान किया हो, चाहे वह आम्र-वाटिका हो या उद्यान (आराम) हो या दानशाला हो या कोई अन्य चीज हो, वह सब उन्हीं (रानी) का दान गिना जाना चाहिए। ऐसी प्रार्थना दूसरी रानी अर्थात् तीवर की माता की है।'' यहाँ दूसरी रानी से आशय रानी कारुवाकी से है। यहाँ 'गिना जाना चाहिए' वाक्यांश का आशय 'पंजीकृत किये जाने' से है। बहरहाल, इस लघु स्तम्भलेख को सरकारी प्रेस-विज्ञप्ति का आरम्भिक रूप कहा जा सकता है। इस विज्ञप्ति का आशय यह है कि रानी कारुवाकी द्वारा दिये गये दान को राजा या राज्य द्वारा दिया गया दान न मानकर रानी का व्यक्तिगत दान माना जाये।

यह अभिलेख मगध सम्राट् अशोक के अन्य समस्त अभिलेखों से अलग है। यद्यपि यह विज्ञप्ति अशोक की ओर से महामात्रों के लिए ही प्रसारित की गयी है, तथापि यह उसकी दूसरी रानी कारुवाकी (चारुवाकी) के दान की घोषणा है। इस अभिलेख से यह ज्ञात होता है कि अशोक की एक से अधिक पत्नियाँ थीं। साथ ही यह भी पता चलता है कि उसके एक पुत्र का नाम तीवर था।

अशोक का दूसरा स्तम्भ कौशाम्बी में अब भी विद्यमान है। इस स्तम्भ का ऊपरी भाग टूट गया है। यह स्तम्भ घोषिताराम बौद्ध-विहार के पास ही स्थित है। गौरतलब है कि अशोक के स्तम्भ प्रायः उन स्थानों पर मिले हैं, जो महत्त्वपूर्ण व्यापारिक या धार्मिक केन्द्र थे, जहाँ मेले लगते थे और लोगों का जमावड़ा होता था। संचार के सीमित साधनोंवाले उस दौर में ऐसा करके ही राजा अपने आदेशों और निर्देशों को जनसामान्य तक पहुँचा सकता था। ऐसे में एक ही स्थान पर दो अशोक-स्तम्भ की स्थापना कराने से स्पष्ट है कि मौर्य काल में कौशाम्बी नगर का विशेष महत्त्व था।

अशोक का इलाहाबाद-कोसम स्तम्भ जो अभी प्रयागराज में है, समुद्रगुप्त के कौशाम्बी विजय के समय कौशाम्बी में ही स्थित था। बहरहाल, उस स्तम्भलेख के नीचे ही समुद्रगुप्त ने अपना एक लेख खुदवा दिया। इस लेख का रचयिता हरिषेण नामक एक संस्कृत कवि था। हरिषेण ने इस लेख में सम्राट् समुद्रगुप्त की विजयगाथा का सुरुचिपूर्ण

वर्णन किया है। महत्त्वपूर्ण बात यह है कि संस्कृत भाषा में रचे गये इस लेख का शुरुआती हिस्सा पद्य में है, जबकि बाद का हिस्सा गद्य में है। गद्य और पद्य की इस मिली-जुली शैली को संस्कृत साहित्य में 'चम्पू शैली' कहा जाता है। इस प्रशस्ति में अंकित श्लोक मधुर और गेय हैं। जबकि गद्यवाला भाग अलंकारों से भरा हुआ है और उसमें लम्बे समस्तपद देखने को मिलते हैं।

समुद्रगुप्त की प्रशंसा में अशोक-स्तम्भ पर संस्कृत भाषा में खुदवाया गया यह लेख ब्राह्मी लिपि में है। इलाहाबाद-कोसम स्तम्भ चूँकि वर्तमान में प्रयागराज में स्थित है इसलिए हरिषेण द्वारा रचा गया यह लेख 'समुद्रगुप्त की प्रयाग-प्रशस्ति' के नाम से प्रसिद्ध हो गया है। इस लेख की आरम्भिक पंक्तियाँ मुगल बादशाह जहाँगीर के समय में नष्ट कर दी गयीं।[1]

पभोसा के गुहा-अभिलेख

कौशाम्बी के प्रभाषगिरि पर स्थित गुफा से प्राप्त दो अभिलेख इसकी प्राचीनता के साक्षी हैं। **प्रथम गुहा-अभिलेख** (लयण यानी गुफा के बाहर) का मूलपाठ निम्नवत् है-

1. राज्ञो गोपाली-पुत्रस
2. बहसति मित्रस
3. मातुलेन गोपालिया-
4. वैहीदरी-पुत्रेन
5. आसाढ़सेनेन लेनं
6. कारितं ऊदाक (स) दस-
7. म-सवछरे (10 अ) हि(छि)त्र अरहं-
8. (त)......(।।)

(क) प्रथम गुहा-अभिलेख का हिन्दी भावानुवाद

राजा गोपालीपुत्र बृहस्पतिमित्र के मामा गोपालिका वैहिदरीपुत्र आषाढ़सेन का बनवाया गया लयण (गुफा)। उदाक के दसवें संवत्सर में (अहिच्छत्र) के (जैन) अर्हतों (के लिए)।

जबकि पभोसा के **द्वितीय गुहा-अभिलेख** (गुफा के भीतर) का मूलपाठ निम्नवत् है-

1. अधिछत्राया राज्ञो शोनकायनी-पुत्रस्य वंगपालस्य
2. पुत्रस्य राज्ञो तेवणी-पुत्रस्य भागवतस्य पुत्रेण
3. वैहिदरी-पुत्रेण आषाढ़सेन कारितं (।।)

(ख) द्वितीय गुहा-अभिलेख का हिन्दी भावानुवाद

अहिच्छत्र के राजा शौनकायनी-पुत्र वंगपाल के पुत्र तेवणी-पुत्र भागवत के पुत्र वैहदरीपुत्र आषाढ़सेन द्वारा बनवायी गयी गुफा।

पभोसा के गुहा-अभिलेखों के अनुसार राजा गोपालीपुत्र बृहस्पतिमित्र के मामा गोपालिका वैहिदरी आषाढ़सेन द्वारा उदाक के दसवें वर्ष (अहिच्छत्र के अर्हतों के लिए) गुफा बनवायी गयी। अहिच्छत्र के राजा शौनकायनी पुत्र वंगपाल[2] के पुत्र राजा तेवणी-पुत्र भागवत के पुत्र वैहिदरी-पुत्र आषाढ़सेन द्वारा (यह गुफा) बनवायी गयी।

यद्यपि उपर्युक्त दोनों अभिलेख तिथिरहित हैं, तथापि अहिच्छत्र, मथुरा एवं कौशाम्बी से प्राप्त सिक्कों एवं शुंगवंशीय राजाओं के नाम के आधार पर इसे प्रथम शताब्दी ई.पू. के अन्तिम वर्षों में लिखा हुआ माना गया है। 'उत्तराध्ययन चूर्णि' के अनुसार आर्य आषाढ़ अपने शिष्यों के साथ कौशाम्बी में रहते थे। अभिलेखों, शास्त्रीय ग्रन्थों और सिक्कों से यह स्पष्ट है कि कौशाम्बी, अहिच्छत्र और मथुरा राजघरानों में घनिष्ठ सम्बन्ध थे।

प्रसिद्ध पुराविद् डॉ. परमेश्वरीलाल गुप्त के शब्दों में, ''उदाक को लोग शुंगवंशीय वसुमित्र का उत्तराधिकारी मानते हैं किन्तु लिपि के आधार पर यह अभिलेख कदापि ई. पू. दूसरी शताब्दी में नहीं रखा जा सकता है। अतः यह उससे सर्वथा भिन्न शासक है। उसे कौशाम्बी का शासक कहा जाता है। यदि वह कौशाम्बी-नरेश था तो निश्चय ही बृहस्पतिमित्र का उत्तरवर्ती होगा और यदि उसी वंश का है तो उसका पुत्र अथवा पौत्र होगा। वैसी अवस्था में समसामयिक राजा आषाढ़सेन के साथ अपना सम्बन्ध न बताना कुछ असाधारण-सा लगता है। अतः हमारी धारणा है कि आषाढ़सेन का समसामयिक कौशाम्बी-नरेश उदाक नहीं, बृहस्पतिमित्र है और उदाक अहिच्छत्र का शासक होगा और वह आषाढ़सेन का भाई होगा। आषाढ़सेन स्वयं अहिच्छत्र का शासक नहीं है यह दूसरे अभिलेख में उसके नाम के साथ 'राजा' शब्द के अभाव से स्पष्ट है। उदाक जहाँ का भी शासक हो अभी तक उसके नाम के सिक्के कहीं से प्राप्त नहीं हुए हैं।''[3]

अहिच्छत्र और कौशाम्बी के प्रादेशिक इतिहास की दृष्टि से पभोसा के इन दो गुहा-अभिलेखों का विशेष महत्त्व है। एक से पता चलता है कि इस लेख को लिखवानेवाले राजा आषाढ़सेन का सम्बन्ध अहिच्छत्र के राजवंश से था; जबकि दूसरे अभिलेख से यह ज्ञात होता है कि वह बृहस्पतिमित्र नामक राजा का मामा था। कौशाम्बी से बृहस्पतिमित्र नामक शासक के सिक्के बड़ी संख्या में मिले हैं। इस अभिलेख में उल्लिखित बृहस्पतिमित्र सम्भवतः कौशाम्बी-नरेश ही है।

इन दोनों गुहाभिलेखों के आधार पर निम्नलिखित वंश-वृक्ष तैयार किया जा सकता है-

शौनकायनी पुत्र बंगपाल (अहिच्छत्र-नरेश)

↓

तेवणीपुत्र भागवत

↓

वैहिदरीपुत्र आषाढ़सेन — गोपाली (बहन)

गोपालीपुत्र बृहस्पतिमित्र (कौशाम्बी-नरेश)

पभोसा में एक आयागपट्ट भी मिला है, जिसके अनुसार सिद्धि राजा शिवमित्र के राज्य के बारहवें वर्ष में स्थविर बलदास के कहने पर शिवनन्दी के शिष्य शिवपालित ने अरिहन्त पूजा के लिए आयागपट्ट स्थापित किया। समय-समय पर पुरातत्त्व विभाग द्वारा की गयी खुदाई में 'जिन देव', शासन देव एवं देवियों की सैंकड़ों कलात्मक पाषाण-प्रतिमाएँ खण्डित रूप में यहाँ से प्राप्त हुई हैं।

भद्रमघ का कोसम शिलालेख

प्राप्ति-स्थान : कौशाम्बी जिले के कोसम ग्राम के पास हिसामबाद ग्राम

तिथि : 86वाँ वर्ष

भाषा : संस्कृत

लिपि : ब्राह्मी

यह अभिलेख कौशाम्बी के भग्नावशेषों के पास स्थित हिसामबाद नामक ग्राम से प्राप्त हुआ था। उल्लेखनीय है कि हिसामबाद कौशाम्बी जिले के कौशाम्बी विकासखण्ड के कोसम खिराज ग्राम पंचायत का एक मजरा है। यह अभिलेख वहाँ एक कुएँ के पास पड़ा हुआ था, जिस पर गाँव के लोग दैनिक उपयोग में आनेवाले औजारों की धार तेज करते थे। अभिलेख का प्रस्तर गोल है और उसका निचला भाग खण्डित है। शेष भाग के टूट जाने के कारण इसकी केवल चार पंक्तियाँ ही पठनीय हैं। इस अभिलेख का ऐतिहासिक महत्त्व यह है कि कोसम से प्राप्त दूसरे अभिलेख के आधार पर इस अभिलेख के शासक श्री भद्रमघ का नाम पढ़ा जा सका है। इस अभिलेख की तिथि स्पष्ट रूप से पठनीय है।

भद्रमघ के कोसम शिलालेख का मूलपाठ

1. (स्वस्ति) महाराजस्य श्रीभद्रम(घस्य)
2. (संवत्सरे)[4] 80 (+) 6 वर्षा - पक्ष 3 दिवस 5
3. - - - कस्य शम (प)रस्य पुत्र हेमाङ्गन
4. - - - (दत्ता) अयाया देवदार।

अभिलेख का हिन्दी भावानुवाद

1. (स्वस्ति) महाराज श्रीभद्रम(घ के)
2. (संवत्सर) 80 ( ) 6 वर्ष - पक्ष तृतीय दिवस पंचमी
3. - - - के शम (प)र के पुत्र हेमाङ्ग द्वारा
4. - - - (दिया गया) आर्या का देवदार।

कौशाम्बी के अन्य अभिलेख

एक ताम्रपत्र लेख के अनुसार गहड़वाल-नरेश जयचन्द (जयचन्द्र)[5] ने वाराणसी में गंगा में स्नान करके संवत् 1233 (1177 ई.) में बैशाख सुदी दशमी शनिवार को वत्सगोत्रीय राउत श्री राज्यधरवर्मन् क्षत्रिय को कोसम्ब पत्तला में कोठारबन्धुरी ग्राम दान में दिया था। मेवहर से 3 किमी. पश्चिम में बट बन्धुरी और बन्धुरी रसूलीपुर नामक गाँव है। अभिलेख में उल्लिखित कोठारबन्धुरी ग्राम का समीकरण इन आधुनिक गाँवों से किया जा सकता है।

गंगा के दायें तट पर स्थित कड़ा के किले के मुख्य द्वार के भग्नावशेषों से प्रतिहार-नरेश यशःपाल का एक शिलालेख मिला था जिसे पुरातत्त्ववेत्ता कोलब्रुक ने 1811 ई. में प्रकाशित किया था। यह अभिलेख एशियाटिक सोसाइटी, कोलकाता में संरक्षित है। यशःपाल के कड़ा अभिलेख में कौशाम्बी का नामोलेख मिलता है। इस अभिलेख के अनुसार महाराजाधिराज यशःपाल ने संम्वत् 1093 (1036 ई.) में पभोसा के माथुर विकट नामक व्यक्ति को कौशाम्ब मण्डल में पयलास नामक ग्राम, कट में निवास के समय दिया था। कट आजकल का कड़ा है। पयलास ग्राम की पहचान आधुनिक परास गाँव से की गयी जो कड़ा से 8 किमी. पश्चिम में स्थित है।

मंझनपुर तहसील के गोहरवा ग्राम से एक ताम्रपत्र मिला था, जिसके अनुसार कलचुरि नरेश लक्ष्मी कर्ण ने कर्णतीर्थ नामक जयस्कन्धावार में निवास के समय अर्घतीर्थ में गंगा-स्नान करके कोशम्ब पत्तला में चन्दपहा नामक कौडिण्य गोत्र के वाजसनेय शाखिन उपाध्याय सीलू के पौत्र आवसथिक माल्हू के पुत्र पण्डित शान्तिशर्मन् ब्राह्मण को दान में दिया था। प्रसिद्ध पुरातत्त्ववेत्ता वासुदेव विष्णु मिराशी (1893-1985 ई.) के अनुसार कर्णतीर्थ इलाहाबाद में गंगा पर कोई घाट था, जबकि अर्घतीर्थ की पहचान के विषय में वे मौन हैं। लेकिन गौरतलब है कि इलाहाबाद (प्रयागराज) के पौराणिक एवं ऐतिहासिक भूगोल में इनका कोई उल्लेख नहीं मिलता है। डॉ. डी. पी. दुबे ने कर्णतीर्थ का समीकरण कड़ा से किया है। अर्घतीर्थ कड़ा के किला के नीचे गंगाघाट है, जहाँ आज भी शीतलाधाम जानेवाले यात्री स्नान करते हैं। दान में दिये गये चन्दपहा ग्राम का समीकरण कौशाम्बी से 5 किमी. उत्तर-पश्चिम में कौशाम्बी-पश्चिम शरीरा मार्ग पर स्थित आधुनिक चम्पहा ग्राम से किया गया है। आजकल यहाँ एक बाजार विकसित हो गया

है और एक जैन मन्दिर बन गया है जिसमें वहीं से प्राप्त तीर्थङ्कर की एक ढाई फिट ऊँची मध्यकालीन मूर्ति स्थापित है।

कड़ा पहले प्रतिहारों का महत्त्वपूर्ण ठिकाना था, उन्होंने ही वहाँ किले का निर्माण किया था। किन्तु 1040 ई. के लगभग कन्नौज-प्रयागराज-वाराणसी के भूभाग पर त्रिपुरी (जबलपुर) के कलचुरि-नरेश गांगेयदेव और लक्ष्मीकर्ण का आधिपत्य हो गया था, जो 1089 ई. में गयाकर्ण के काल में समाप्त हुआ और इस भूभाग पर गहड़वालों का शासन स्थापित हो गया।

उल्लेखनीय है कि कौशाम्बी जनपद की मंझनपुर तहसील में गोहरवा नामक कोई ग्राम नहीं है। वस्तुतः यह टेवा और सरसवाँ के बीच गरौली ग्राम है जहाँ उक्त ताम्रपत्र मिला था। ब्लण्ट के अनुसार इस ग्राम में एक प्राचीन टीला है जिस पर जैन और हिन्दू धर्मों के मन्दिरों के अवशेष मिलते हैं।

सन्दर्भ एवं टिप्पणी :

1. समुद्रगुप्त की प्रयाग-प्रशस्ति के सन्दर्भ में अधिक जानकारी के लिए देखें - कुमार निर्मलेन्दु कृत 'प्रयागराज और कुम्भ,' पृ. 109-126
2. वंगपाल के सिक्के अहिच्छत्र से प्राप्त हुए हैं। उसके सिक्के की छाप दामगुप्त के सिक्के पर पुनर्मुद्रित है। इससे ज्ञात होता है कि वह दामगुप्त के बाद शासक हुआ, इसी कारण अभिलेख में उसके पिता का नाम नहीं है।
3. डॉ. परमेश्वरीलाल गुप्त, प्राचीन भारत के प्रमुख अभिलेख, खण्ड 1, पृ. 91
4. ननिगोपाल मजूमदार और कृष्णदेव के मतानुसार इस राजवंश के अभिलेख 248 ई. के चेदि संवत् में अंकित हैं। साहनी के अनुसार इसमें गुप्त संवत् का प्रयोग हुआ है। जबकि जॉन मार्शल, मोतीचन्द, ए. एस. अल्तेकर और परमेश्वरीलाल गुप्त का मत है कि इसमें शक संवत् का प्रयोग किया गया है। यही मत सही प्रतीत होता है।
5. जयचन्द्र (राज्यकाल 1170-1194 ई.) गहड़वाल वंश का अन्तिम शासक था। उसका राज्य कन्नौज से लेकर वाराणसी तक फैला हुआ था। भारतीय लोक-साहित्य में वह 'जयचन्द' के नाम से कुख्यात है। वह दिल्ली एवं अजमेर के चौहान नरेश पृथ्वीराज तृतीय का समकालीन था। चन्दबरदायी कृत 'पृथ्वीराज रासो' महाकाव्य में पृथ्वीराज चौहान और जयचन्द की पारस्परिक शत्रुता का उल्लेख किया गया है। कहते हैं, जयचन्द ने ही मुहम्मद गोरी को पृथ्वीराज पर आक्रमण करने के लिए आमन्त्रित किया था।

अध्याय 9

फाहियान और ह्वेनत्सांग का कौशाम्बी सम्बन्धी वृत्तान्त

फाहियान का वृत्तान्त

चीनी धर्मयात्री फाहियान पाँचवीं शताब्दी ई. में चन्द्रगुप्त द्वितीय विक्रमादित्य के राज्यकाल में भारत आया था। उसने 'विनय पिटक' की खोज में भारत के विभिन्न नगरों का भ्रमण किया था। उसकी कौशाम्बी-यात्रा को लेकर संशय व्यक्त किया गया है। दरअसल उसने अपने यात्रा-वृत्तान्त में कहीं भी कौशाम्बी नगर का स्पष्ट नामोल्लेख नहीं किया है। उसने अपने यात्रा-वृत्तान्त में 'दक्षिण' नामक एक जनपद का उल्लेख किया है। इस जनपद के सम्बन्ध में दिये गये विवरण कौशाम्बी के प्रतीत होते हैं। यहाँ यह भी उल्लेखनीय है कि फाहियान ने अपने वृत्तान्त में यह स्पष्ट कर दिया है कि वह 'दक्षिण' नामक इस नगर में स्वयं नहीं आया था, उसने लोगों के मुख से जो सुना था उसी के आधार पर इस नगर का वर्णन किया है। फाहियान का वृत्तान्त निम्नवत् है-

"इससे दक्षिण 200 योजन जाकर एक जनपद पड़ता है। नाम है दक्षिण। वहाँ प्राचीन कश्यप बुद्ध का एक संघाराम है। एक समूचे पर्वत को काटकर बना है। यह पाँच तल का है। नीचे का तल हाथी के आकार का बना है, इसमें 500 प्रस्तर गुहा-गृह हैं। द्वितीय प्रासाद सिंहाकार बना है, जिसमें 400 गृह हैं। तृतीय प्रासाद अश्वाकार बना है, जिसमें 300 गृह है। चतुर्थ प्रासाद वृषभाकार बना है, जिसमें 200 गृह हैं। पंचम प्रासाद कपोताकार है, जिसमें 100 गृह हैं। प्रासाद के शिखर पर पानी का झरना है। पत्थर की गुहाओं में सामने से होकर कोठरियों में फिरती पानी की धार कहीं चक्कर काटती, कहीं मुड़ती हुई नीचे के तल में पहुँचती है, फिर सामने से घूमकर द्वार से निकल जाती है। गुहाओं में स्थान-स्थान पर पत्थर काटकर प्रकाश के लिए गौखे बने हैं। इसके कारण गुहा में पर्याप्त प्रकाश रहता है। गुहाओं के चारों कोनों में पत्थर काटकर ऊपर जाने के लिए सीढ़ियाँ बनी हैं। अब मनुष्यों का डील छोटा होता है, वे सीढ़ी चढ़कर ऊपर जाते हैं। पहले के मनुष्य एक पग में ऊपर पहुँच जाते थे। इसी कारण इस विहार का नाम 'पारावत' पड़ा। पारावत का अर्थ है - कपोत (कबूतर)। इस विहार में अर्हत् गण रहते हैं।

भूमि बंजर और पहाड़ी है। यहाँ कोई बस्ती नहीं है। पर्वत से दूर दुष्ट आचार-विचारवाले लोगों की एक बस्ती है। वे बौद्ध, श्रमण, ब्राह्मण या अन्य किसी धर्म को नहीं मानते हैं। जनपद के लोग निरन्तर देखते आये हैं कि उड़नेवाले मनुष्य विहार में आया करते हैं। एक बार कोई बौद्ध इस विहार में पूजा के लिए गया। गाँव के लोगों ने पूछा कि आप उड़ते क्यों नहीं? हमने तो जिन बौद्धों को देखा वे सभी उड़ते थे। तब उस बौद्ध ने कहा कि अभी हमारे पंख यथावत् नहीं निकले हैं।[1]

दक्षिण जनपद एकदम अनोखा है। यहाँ का मार्ग भयावह और दुर्गम है। कठिनाइयों को झेलकर जाने के इच्छुक सदा धन और उपहार की वस्तु साथ ले जाते हैं और जनपद के राजा को भेंट कर देते हैं। राजा प्रसन्न होकर उनकी सहायता के लिए रक्षक-मनुष्य भेजता है जो लोगों को सुगम मार्ग बताते हैं और एक बस्ती से दूसरी बस्ती तक सुरक्षित पहुँचाते हैं। फाहियान वहाँ नहीं जा सका। देश के लोगों से जैसा सुना, उसने वैसा ही वर्णन किया।

ह्वेनत्सांग की कौशाम्बी-यात्रा

चीनी धर्मयात्री ह्वेनत्सांग सातवीं सदी ई. में सम्राट् हर्षवर्द्धन के राज्यकाल में भारत आया था। वह 15 वर्षों तक भारत में रहा। अपने भारत-भ्रमण के दौरान वह प्रयाग से कौशाम्बी गया था। अपने यात्रा-वृत्तान्त में कौशाम्बी को उसने चीनी भाषा में 'क्यावशंगमी' कहा है। कौशाम्बी के मार्ग और उस नगर का वर्णन उसने इस प्रकार किया है-

"इस देश (प्रयाग) से दक्षिण और पश्चिम जाकर हम एक घने वन में पहुँचे, जिसमें वन्य जीव-जन्तु और जंगली हाथी भरे हुए थे। यदि यात्रियों की संख्या अधिक न होती, तो इससे हमारा पार होना कठिन था।

इस राज्य का क्षेत्रफल 6000 ली[2] और राजधानी का क्षेत्रफल 30 ली है। यहाँ की भूमि उत्तम पैदावार के लिए बहुत प्रसिद्ध है। यहाँ चावल और ईख भरपूर होता है। यहाँ की गर्म जलवायु के कारण यहाँ के लोग कठोर और क्रोधी हैं। ये लोग अध्ययनशील और धार्मिक हैं। ये लोग आध्यात्मिक शक्ति प्राप्त करने में लगे रहते हैं। यहाँ दस संघाराम हैं जो सुनसान और उजड़े पड़े हैं। यहाँ हीनयान सम्प्रदाय के संन्यासियों की संख्या लगभग 300 हैं। यहाँ देवमन्दिरों की संख्या तो मात्र पाँच है, लेकिन उनके उपासकों की संख्या बहुत अधिक है।

नगर के भीतर एक प्राचीन स्थान पर 60 फीट ऊँचा एक विशाल विहार है। इसमें चन्दन की लकड़ी को तराशकर बनायी गयी बुद्धदेव की एक मूर्ति पत्थर के सुन्दर छत्र के नीचे स्थापित है। यह राजा उदयन की कीर्त्ति की द्योतक है। इस चमत्कारी मूर्ति से समय-समय पर प्रकाश निकलता है। अनेक देशों के राजाओं ने इस मूर्ति को उठाकर ले जाने का प्रयत्न किया और कई ने अपना बल भी लगाया परन्तु वे सब विफल मनोरथ

ही हुए। इस कारण उन लोगों ने इसकी नकल बनवाकर अपने यहाँ स्थापित की है और वे लोग नकली मूर्ति को ही असली कहकर लोगों को धोखा देते हैं।[2] असली मूर्ति यहीं (कौशाम्बी में) है।

चीनी धर्मयात्री ह्वेनत्सांग (602-664 ई.)

भगवान् तथागत पूर्ण ज्ञानी होकर अपनी माता को धर्मोपदेश देने स्वर्ग पधारे और तीन मास तक वही रहे थे। उस समय राजा उदयन की इच्छा हुई कि भगवान् की कोई मूर्ति हो ताकि उनकी अनुपस्थिति में वह उनके दर्शन कर सके। तब उसने मुद्गल्यायन-पुत्र से प्रार्थना की कि आप अपने योगबल से किसी शिल्पी को स्वर्ग भेजिये ताकि वह भगवान् बुद्ध के सम्पूर्ण अंगों का भलीभाँति निरीक्षण करके चन्दन की एक उत्तम मूर्ति खरादकर बना सके।

जब तथागत स्वर्ग से लौटकर आये तब वह चन्दन पर खोदी हुई मूर्ति अपने स्थान से उठी और उनके चरणों पर दण्डवत् होकर प्रणाम किया। बुद्धदेव ने आशीर्वाद देते हुए कहा कि "हे मूर्ति मुझे आशा है कि तू विरोधियों को सुधारने में श्रम करेगी और बहुत दिनों तक धर्म का वास्तविक मार्ग लोगों को बताती रहेगी।"

विहार से पूर्व लगभग 100 कदम की दूरी पर गत चारों बुद्धों के चलने-फिरने, बैठने इत्यादि के चिह्न पाये जाते हैं तथा उसके निकट ही एक कुआँ और स्नानगृह है जो बुद्धदेव के काम आता था। कूप में तो अब भी जल है, परन्तु स्नानगृह नष्ट हो चुका है।

नगर के भीतर दक्षिण-पूर्वी कोने में एक पुराना स्थान था, जिसका भग्नावशेष अब भी विद्यमान है। यहाँ पर महात्मा घोषिर (घोषित) रहते थे। मध्य में बुद्धदेव का एक विहार होने के साथ ही एक स्तूप भी है जिसमें भगवान् बुद्ध के नख और बाल स्थित हैं। यहाँ उनके स्नानगृह का ध्वंसावशेष भी विद्यमान है।

संघाराम के दक्षिण-पूर्ववाले दो खण्ड के बुर्ज के ऊपरी भाग में ईंटों की एक गुफा है जिसमें वसुबन्धु बोधिसत्त्व रहा करते थे। इस गुफा में बैठकर उन्होंने हीनयान-सम्प्रदाय के सिद्धान्तों का खण्डन करने और विरोधियों को हराने के लिए विद्यामात्र सिद्धि-शास्त्र की रचना की थी।

संघाराम के पूर्व की ओर एक आम्रवाटिका में उस मकान की टूटी-फूटी दीवार और नींव दिखायी देती है जिसमें रहकर असंग बोधिसत्त्व ने 'हिनूयंगशिंगक्यिाव' नामक शास्त्र की रचना की थी।

नगर के दक्षिण-पश्चिम की ओर आठ-नौ ली की दूरी पर एक विषैले नाग का पत्थर से बना निवासभवन है। इस नाग को परास्त करके बुद्धदेव ने अपनी परछाईं को यहीं पर छोड़ दिया था। यद्यपि इस स्थान के सम्बन्ध में यह कथा प्रचलित है, तथापि अब वहाँ वह परछाई दिखायी नहीं देती है।

इसके निकट ही राजा अशोक का बनवाया हुआ 200 फीट ऊँचा एक स्तूप है। उसके पास ही दूसरा स्तूप बुद्धदेव के नख तथा बालों सहित है और तथागत भगवान् के इधर-उधर चलने-फिरने के बहुत-से चिह्न भी विद्यमान हैं। रोग से पीड़ित शिष्य-गण इस स्थान पर आकर रोगमुक्ति के लिए प्रार्थना करते हैं। उनमें से कई अच्छे भी हो जाते हैं।

शाक्य-धर्म का नाश होने पर यही एक ऐसा प्रदेश है जहाँ धर्म की जागृति बनी रहेगी। इसलिए छोटे से लेकर बड़े तक जितने भी मनुष्य इस देश की सीमा में पग धरते हैं, वे गद्गद होकर लौटते हैं।

नागस्थान के पूर्वोत्तर में एक विशाल वन है। इस वन से होते हुए 700 ली चलकर हमने गंगा नदी पार की और फिर उत्तर की ओर चलकर 'क्याशी पोलो' नामक नगर में पहुँचे। नगर का क्षेत्रफल 10 ली के लगभग है तथा निवासी धनी और सुखी हैं।"

प्रसिद्ध पुरातत्त्ववेत्ता अलेक्जेण्डर कनिंघम के अनुसार उत्तर प्रदेश के सुल्तानपुर का प्राचीन भारतीय नाम कुशभवनपुर या कुशपुर था। इस प्रकार ह्वेनत्सांग कौशाम्बी से चलकर सुल्तानपुर पहुँचा था।

सन्दर्भ और टिप्पणी :

1. महात्मा बुद्ध एक महामानव होने के साथ ही एक सरल-सहज धर्म-पन्थ के प्रवर्तक थे। स्वाभाविक रूप से वे मिथ्याचारों और चमत्कार-प्रदर्शनों के घोर विरोधी थे। परन्तु उनके महापरिनिर्वाण के बाद उनके अनुयायियों ने 'मानुष बुद्ध' को 'बुद्धदेव' बना दिया। इनकी देवमूर्ति गढ़ ली और अपने धर्म-पन्थ में चमत्कारपूर्ण अनेक कथाओं का समावेशकर लिया। यहाँ बौद्धों के उड़ने-सम्बन्धी फाहियान का यह कथन बौद्ध मतानुयायियों की उसी भावना का प्रकटीकरण है।
2. 'ली' वस्तुतः दूरी मापने की चीन देश की एक इकाई है। 5 ली की दूरी 1 मील के बराबर होती है।
3. इस चन्दन की मूर्ति की प्रतिकृति (नकल) पीकिंग के निकट एक मन्दिर में पायी गयी है, जिसका वर्णन इतिहासकार सैमुअल बील (1825-1889 ई.) ने ह्वेनत्सांग के यात्रा-वृत्तान्त के अनुवाद विषयक अपनी पुस्तक Si-Yu-Ki : Buddhist Records of the Western World, by Hiuen Tsiang में किया है और उसका एक चित्र भी छापा है। गौरतलब है कि चीनी भाषा में उपलब्ध ह्वेनत्सांग के यात्रा-वृत्तान्त को अंग्रेजी में अनूदित करनेवाले पहले व्यक्ति सैमुअल बील ही थे।

अध्याय 10

पग-पग पर बिखरा इतिहास

'कड़ा' का गौरवशाली अतीत

कौशाम्बी जनपद के उत्तरी भाग में गंगा नदी के दक्षिणी तट पर एक ऐतिहासिक नगर के रूप में कड़ा का विशेष महत्त्व है। एक प्राचीन शिलालेख में इस स्थान का नाम 'कर' अंकित है। कड़ा का एक अन्य पुराना नाम कर्कोटक नगर भी है। उत्तर-पूर्वी भारत के उन कतिपय स्थानों में यह एक महत्त्वपूर्ण स्थान है, जिनका मध्ययुग के इतिहास में विशेष राजनैतिक महत्त्व था। यह स्थल प्रयागराज से करीब 36 मील (60 कि. मी.) उत्तर-पश्चिम में गंगा के दाहिने तट पर स्थित है।

कड़ा ऐतिहासिक और धार्मिक दोनों दृष्टियों से महत्त्वपूर्ण है। प्राचीनकाल से ही यह एक पवित्र स्थान रहा है। यहाँ कालेश्वर महादेव का एक प्राचीन मन्दिर है, जिसके कारण इस स्थान का पुराना नाम 'काल-नगर' भी बतलाया जाता है। इस मन्दिर के प्रांगण में सिद्ध नागा सन्तों की समाधियाँ हैं, जिनके चमत्कारों के बारे में कई किंवदन्तियाँ प्रचलित हैं। यहीं महोबा के वीर योद्धा आल्हा-ऊदल के गुरु की समाधि भी बतायी जाती है। प्रसिद्ध मुसलमान यात्री इब्नबतूता 1340 ई. में यहाँ आया था। उसने अपने विवरण में इस स्थान को हिन्दुओं का एक तीर्थ कहा है।

यहाँ स्थित माँ शीतला का पावन धाम हिन्दुओं का पवित्र तीर्थ-स्थान है। यह देवी के 51 शक्तिपीठों में से एक है। पैराणिक अनुश्रुतियों के अनुसार यज्ञकुण्ड में अग्निदग्ध देवी सती का 'कर' (यानी हाथ) यहीं गिरा था। सती के विच्छिन्न शरीर से 'कर' के गिरने के फलस्वरूप यह स्थान कड़ा कहलाया।

मध्यकाल में प्रतिहार शासकों ने कड़ा के सामरिक महत्त्व को बखूबी पहचाना था। वे इस स्थान की भौगोलिक अवस्थिति से बहुत प्रभावित थे। भौगोलिक स्थिति को देखकर ही कड़ा में गंगा के किनारे उनके द्वारा यहाँ एक किले का निर्माण कराया गया था। उस किले के ध्वंसावशेष आज भी विद्यमान हैं। कड़ा की वर्तमान बस्ती से कुछ दूर गंगा के किनारे एक पुराने किले का टीला मौजूद है। यह भूमि-तल से करीब 90 फुट ऊँचा है। उत्तर से दक्षिण की ओर इसकी लम्बाई 900 फुट और पूर्व से पश्चिम की ओर इसकी

चौड़ाई 550 फुट है। इसकी अधिकांश दीवारें ईंट की और कुछ पत्थर की हैं। इसको 'जयचन्द का किला' कहा जाता है।

यहाँ हिन्दू राजाओं के राज्यकाल के कई पुराने सिक्के मिले हैं। यहाँ दो पुराने अभिलेख मिले हैं, जिनमें से एक उक्त किले के द्वार पर था। यह अभिलेख विक्रम संवत् 1093 (1035 ई.) का है। यह कन्नौज के प्रतिहारवंशीय राजा यशःपाल का अभिलेख है। यशःपाल राजा जयचन्द से 160 वर्ष पहले हुए थे। यह अभिलेख वर्तमान में इण्डियन म्यूजियम कोलकाता में संरक्षित है। यहाँ से 1559 ई. का एक ताम्रपत्र भी मिला है, जो राजा रामचन्द्र का एक दान-पत्र है।

किले के मुख्य द्वार के भग्नावशेषों से प्राप्त शिलालेख के अनुसार प्रतिहार शासक महाराजाधिराज यशःपाल ने संवत् 1093 (1036 ई.) में पभोसा के माथुर विकट नामक व्यक्ति को कौशाम्ब मण्डल में पयलास नामक ग्राम, कट में निवास के समय दिया। कट तथा पयलास की पहचान डॉ. डी. पी. दुबे ने कमशः कड़ा और परास गाँव से किया है। परास गाँव कड़ा से 8 किमी. पश्चिम में स्थित है। 1040 ई. के आस-पास इस क्षेत्र पर त्रिपुरी (जबलपुर) के कलचुरि शासकों गांगेयदेव एवं लक्ष्मीकर्ण का आधिपत्य हो गया, जिसकी पुष्टि लक्ष्मीकर्ण के गोहरवा अभिलेख से होती है। अभिलेख के अनुसार कलचुरि-नरेश लक्ष्मीकर्ण ने कर्णतीर्थ नामक जयस्कन्धावार में निवास के समय अर्धतीर्थ में गंगा-स्नान करके कोशाम्ब पत्तला में चन्दपहा नामक ग्राम दान में दिया। डॉ. डी. पी. दुबे ने कर्णतीर्थ की पहचान कड़ा से की है। अर्धतीर्थ किले के नीचे गंगाघाट है, जहाँ आज भी शीतलाधाम जानेवाले दर्शनार्थी स्नान करते हैं। गयाकर्ण के शासनकाल में 1089 ई. के लगभग इस क्षेत्र पर गहड़वाल शासकों का अधिकार हो गया, जो चन्दावर के युद्ध में जयचन्द की पराजय तक बना रहा। इसलिए वर्तमान में कड़ा के किले को लोग गहड़वाल शासक 'जयचन्द का किला' कहते हैं।

मध्यकाल में चन्देलवंशीय राजाओं का राज्य कड़ा तक फैला हुआ था। जयचन्द कन्नौज का अन्तिम हिन्दू राजा था। यह स्थान उसके राज्य के पूर्वी भाग की उप-राजधानी थी।

12वीं शताब्दी के अन्त में शाहबुद्दीन गोरी ने कन्नौज के राजा जयचन्द को हराकर काशी तक अपना अधिकार जमा लिया। उसके कुछ दिनों बाद गंगा के उस पार मानिकपुर और इधर कड़ा में मुसलमानों की सूबेदारी स्थापित हुई। बहुत दिनों तक प्रयागराज भी कड़ा सूबे के अन्तर्गत ही रहा।

सल्तनतकाल से लेकर मुगलकाल तक कड़ा एक महत्त्वपूर्ण सूबा था। स्वाभाविक रूप से राजनैतिक इतिहास की दृष्टि से सल्तनतकाल एवं मुगलकाल में कड़ा बहुत महत्त्वपूर्ण रहा है। कुतुबुद्दीन ऐबक दिल्ली का पहला मुसलमान सुल्तान था। उसने कड़ा का इलाका अपने गुरु कुतुबुद्दीन मदनी के सुपुर्दकर दिया था। कुतुबुद्दीन मदनी की

कब्र कड़ा के पश्चिमी भाग में स्थित है। यह कड़ा में स्थित सबसे पुरानी कब्र बतायी जाती है।

दिल्ली सल्तनत के पहले सुल्तान कुतुबुद्दीन ऐबक ने तेरहवीं शताब्दी के प्रारम्भ में इसको कड़ा-मानिकपुर सूबे का केन्द्र बनाया था। 1247 ई. में शम्सुद्दीन इल्तुतमिश दिल्ली का सुल्तान था। नासिरुद्दीन महमूद ने अपने सेनापति उलुग खाँ के साथ कड़ा आकर यहाँ के आस-पास के कई हिन्दू राजाओं पर आक्रमण किया था। 1253 ई. में कड़ा की सूबेदारी उलुग खाँ को दे दी गयी। उसके तीन वर्ष बाद कतलंग खाँ ने बागी होकर यहाँ बहुत उपद्रव किया, जिसे अर्सला खाँ ने शान्त किया। परन्तु 1285 ई. में वह भी बागी हो गया और तब उलुग खाँ ने स्वयं आकर उसको परास्त किया। तब से उलुग खाँ स्थायी रूप से यहाँ का हाकिम बना दिया गया।

1286 ई. में गयासुद्दीन बलवन के मरने पर दिल्ली के तख्त के लिए उसके बेटे नासिरुद्दीन बुगरा खाँ और पोते मुइजुद्दीन कैकुबाद में संघर्ष हुआ। बुगरा उस समय बंगाल में था। वह पिता के मरने का समाचार पाकर दिल्ली की ओर चल पड़ा। यहाँ कड़ा में उसका बेटा कैकुबाद अपने पिता से लड़ने के लिए बड़ी सेना लेकर डटा हुआ था। संयोगवश मध्य गंगा में चलती नाव में उन दोनों की भेंट हुई। वहाँ बेटे ने क्षमा माँग ली और बाप ने वह राज्य उसी को दे दिया।

सन् 1289 में जब जलालुद्दीन खिलजी दिल्ली का सुल्तान था, उस समय उसका भतीजा मलिक छज्जू कड़ा का हाकिम नियुक्त हुआ। उसने मुगीसुद्दीन के नाम से अपने को स्वतन्त्र शासक घोषित किया और अवध के सूबेदार की सहायता से दिल्ली की ओर आगे बढ़ा। परन्तु सुल्तान के दूसरे बेटे अर्कली खाँ ने उसको पराजित करके कैदकर लिया।

इसके बांद जलालुद्दीन का दूसरा भतीजा अलाउद्दीन खिलजी 1291 ई. में कड़ा-मानिकपुर का सूबेदार नियुक्त किया गया। उसने यहीं से दक्षिण भारत के देवगिरि राज्य के विरुद्ध सफल सैन्य-अभियान किया था। उसने यहाँ आकर अपनी सेना का विस्तार किया और उसको लेकर दक्षिण के कई हिन्दू राजाओं पर आक्रमण किया। यह सभी कार्य सुल्तान की अनुमति के बगैर किया गया था, इसलिए उसके विरोधियों ने सुल्तान के कान भरने शुरू किये। परन्तु सुल्तान जलालुद्दीन सरल हृदय का व्यक्ति था, इसलिए उस पर इन बातों का कोई असर नहीं हुआ। इधर अलाउद्दीन यह सुनकर कड़ा लौट आया और अपनी रक्षा के लिए सुल्तान को बुलावा भेजा, जो उस समय गंगा के उस पार मानिकपुर में डेरा डाले हुए था। इधर अलाउद्दीन ने उसकी हत्या करने के लिए साजिश रची।

'तारीख-ए-फरिश्ता' नामक एक मध्यकालीन पुस्तक में इस जघन्य हत्याकाण्ड का वर्णन निम्नवत् किया गया है-

"बरसात के दिन थे। गंगा नदी एकदम उफनायी हुई थी। अलाउद्दीन ने अपने भाई इल्मास बेग को पहले ही सुल्तान के पास भेज दिया था, जिसने जाकर बड़े विनीत भाव से उससे कहा कि मेरा भाई अलाउद्दीन बहुत डरा हुआ है। इसलिए जल्दी चलकर उसको ढाँढ़स बँधाइये। परन्तु आप अकेले ही चलें, क्योंकि कहीं ऐसा न हो कि आपकी सेना को देखकर वह डरकर आत्मघात कर ले। सुल्तान उसकी बातों में आ गया और वह महज थोड़े से अंगरक्षक लेकर नाव से कड़ा की ओर चल पड़ा। जब नाव बीच गंगा में पहुँची तो इल्मास ने यह कहकर कि हथियार देखकर मेरा भाई डर जायेगा, उन थोड़े-से साथियों के भी हथियार रखवा लिये। अब सुल्तान बिल्कुल निःशस्त्र होकर कुरान पढ़ता हुआ आगे बढ़ा। मध्याह्न के पश्चात नाव कड़ा के किनारे आ लगी।

नदी के किनारे अलाउद्दीन ने पहले बड़े तपाक से चाचा का स्वागत किया। सुल्तान ने भी अलाउद्दीन को बहुत प्यार किया, उसका मुख चूमकर उसका हाथ पकड़ा और कहा कि बेटा! मैंने तुमको पुत्र के समान पाला है, तुम मुझसे क्यों डरते हो? उधर सब कील-काँटा दुरुस्त था। इल्मास के संकेत करते ही महमूद नामक एक आदमी ने सुल्तान पर तलवार का एक हाथ मारा, लेकिन संयोगवश वह वार खाली गया। सुल्तान गंगा की ओर यह कहते हुए भागा कि "दगाबाज! अलाउद्दीन यह तूने क्यों किया?" परन्तु वहाँ इन बातों को सुननेवाला कौन था! तभी अख्तियारुद्दीन नामक एक शख्स दौड़ा और उसने सुल्तान को पटककर उसका सिर काट लिया। अलाउद्दीन ने अपने चाचा के सिर को भाले पर रखवाकर चारों ओर घुमवाया और खुद को सुल्तान घोषित करके दिल्ली की ओर चल पड़ा। यह 1296 ई. की घटना है।" बहरहाल, अलाउद्दीन खिलजी ने जुलाई, 1296 ई. में तत्कालीन सुल्तान और अपने श्वसुर जलालुद्दीन खिलजी की कड़ा में हत्या करके खुद को दिल्ली सल्तनत का सुल्तान घोषित किया था।

1394 ई. में कड़ा पर महमूद तुगलक के मन्त्री ख्वाजा जहाँ का अधिकार स्थापित हुआ। लेकिन कुछ समय बाद ही वह जौनपुर चला गया और वह वहाँ का स्वतन्त्र शासक बन बैठा। उस समय से 1497 ई. तक कड़ा जौनपुर के शासकों के अधिकार में रहा। इसके बाद बहलोल लोदी ने जौनपुर को जीतकर दिल्ली में मिला लिया; और कड़ा में अपने बेटे जालिम खाँ को तैनात किया। सिकन्दर लोदी के समय में माण्डा और कन्तित के राजाओं ने कड़ा और मानिकपुर पर हमला किया। वहाँ के मुसलमान जागीरदारों से घोर युद्ध हुआ जिसमें कई लोग मारे गये। यहाँ तक कि कड़ा के सूबेदार मुबारक खाँ का भाई शेर खाँ भी मारा गया। मुबारक खाँ गंगा पारकर के बहराइच भाग गया और कड़ा-मानिकपुर पर हिन्दू राजाओं ने अधिकार जमा लिया। 24 दिन बाद सिकन्दर लोदी कड़ा आया। यहाँ के हिन्दू राजाओं ने बड़ी वीरता से उसका सामना किया, परन्तु अन्त में वे वहाँ से भागने के लिए बाध्य हुए। तब सिकन्दर ने मुबारक खाँ को फिर से बुलाकर

कड़ा-मानिकपुर का हाकिम बना दिया। सन् 1499 में कड़ा शाहजादा आजम हुमायूँ की जागीर थी।

1529 ई. में आजम का बेटा इस्लाम खाँ कड़ा का सूबेदार हुआ। उस समय बाबर इस देश में अपने पाँव जमाने के लिए पठानों से लड़ रहा था। उसने जौनपुर के मोहम्मदशाह के पुत्र जलालुउद्दीन लोहानी पर, चढ़ायीकर दी। परन्तु कड़ा पहुँचकर दोनों में सन्धि हो गयी। जब अकबर हिन्दुस्तान का बादशाह हुआ तो 1559 ई. में कमाल खाँ ने उसको कुछ भेंट देकर कड़ा की अपनी पुरानी जागीर को फिर से प्राप्तकर लिया। उसने अपने नाम से कड़ा के निकट कमालपुर नामक एक गाँव बसाया, जो अब भी मौजूद है। 1581 ई. में उसकी मृत्यु हो गयी। कड़ा में उसकी कब्र एक इमारत के भीतर बनी हुई है, जिस पर उसका नाम खुदा हुआ है। इसके बाद कड़ा अकबर के प्रसिद्ध योद्धा आसफ खाँ को जागीर के तौर पर प्राप्त हुआ।

1580 ई. में मुगल बादशाह अकबर ने साम्राज्य के सूबों का पुनर्गठन किया तब कड़ा-मानिकपुर के स्थान पर इलाहाबाद को सूबा बनाया। 1586 ई. में सूबे का केन्द्र इलाहाबाद स्थानान्तरित किया तथा कड़ा को उसके अन्तर्गत एक सरकार (जिला) बना दिया। इस प्रकार कड़ा बहुत दिनों तक एक सूबे का केन्द्र रहा। अतः यह एक भरा-पूरा नगर था। शाह अबुल हसन ने 'तारीख आईन-ए-अवध' में लिखा है कि इसकी आबादी तीन कोस (लगभग 10 किमी.) क्षेत्र में थी। मीर उम्मीद अली खाँ कृत 'जहुर कुतुबी' में लिखा है कि कड़ा की आबादी पूर्व में शहजादपुर से लेकर पश्चिम में कमालपुर तक तथा दक्षिण में दारानगर तक थी।

कड़ा का प्राचीन वैभव अब बिलकुल नष्ट हो चुका है। यहाँ खँडहर और कुछ कब्रें हैं, जो गंगा के किनारे-किनारे बहुत दूर तक फैली हैं। कड़ा में सूफी सन्त बाबा कड़कशाह की दरगाह भी है।

दारानगर और 'छप्पन पाण्डे'

दारानगर कड़ा से लगभग 2 किमी. दक्षिण की ओर स्थित है। इसका असली नाम चमरूपुर था। पुराने राजस्व अभिलेखों में इसका नाम 'चक चमरूपुर' दर्ज है। सैय्यद कुतुब मदनी का एक साथी सैय्यद अहसन खुरासान से भारत आया था। उसी का एक वंशज फैजुल्ला, दाराशिकोह का मुसाहिब था। फैजुल्ला ने इस गाँव को खरीदकर एक गंज (बाजार) बसाया और उसका नाम फैजाबाद रखा। कुछ समय बाद फैजुल्ला प्रतापगढ़ के राजा से मुकाबले के दौरान मारा गया। फैजुल्ला का शव दारानगर में ही दफनाया गया था। उसके भाई अफजलुल्ला ने इस बस्ती का नाम मुगल बादशाह शाहजहाँ के पुत्र दाराशिकोह के नाम पर दारानगर रख दिया। बाद में दाराशिकोह ने यह गाँव पुरस्कारस्वरूप उसको माफी में दे दिया।

कड़ा से करीब 6 मील दक्षिण-पश्चिम ग्रैण्ड ट्रंक रोड पर कोहे खिराज नामक गाँव में एक पुरानी मस्जिद है जो 1384 ई. (786 हि.) में फिरोजशाह तुगलक के समय में बनी थी। इसी गाँव के आस-पास सौरई, परसखी, परसरा और कसिया इत्यादि पाण्डे ब्राह्मणों की बस्ती है जो 'छप्पन पाण्डे' के नाम से प्रसिद्ध हैं। एक किंवदन्ती के अनुसार कन्नौज के अन्तिम नरेश महाराज जयचन्द के समय में इन ब्राह्मणों के पुरखे गोरखपुर की ओर से आये थे अथवा बुलाये गये थे; और उनको ये 56 गाँव जागीर के रूप में मिले थे। बाद में मुसलमानों के राज्यकाल में हिसामुद्दीन नामक हमलावर योद्धा ने ये सभी गाँव छीन लिये, जिसके उपलक्ष्य में कोह नामक गाँव का एक हिस्सा दिल्ली दरबार में उसको इनाम में माफी मिला और दूसरे हिस्से पर मालगुजारी या खिराज लग गया। तब से ये दो गाँव कोहे इनाम और कोहे खिराज के नाम से अलग-अलग प्रसिद्ध हैं। कहा जाता है कि बाद में ब्राह्मणों के मुखिया के मारे जाने पर, उसकी विधवा के अनुनय-विनय करने के बाद हिसामुद्दीन ने 12 गाँव उसके 12 बेटों को निर्वाह के लिए दे दिये थे। उनके वंशजों की थोड़ी-बहुत जमींदारी बीसवीं सदी तक विद्यमान थी। कोह के निकट हिसामुद्दीन के नाम से हिसामपुर परसखी नामक एक गाँव प्रसिद्ध है। यहीं हिसामुद्दीन की कब्र है। कोहे खिराज, कोहे इनाम, नरवर, आलमचन्द, नज़रगंज, कसिया, बड़ा गाँव, बसेढ़ी तथा मेंडारा के सैय्यद उक्त हिसामुद्दीन के वंशज कहे जाते हैं।

यद्यपि औरंगजेब की कूटनीति के कारण दाराशिकोह को दिल्ली की गद्दी तो नहीं मिली, तथापि प्रयागराज और कौशाम्बी में दारा की कई निशानियाँ देखने को मिलती हैं। प्रयागराज किले के उत्तर में स्थित मुहल्ला दारागंज और कौशाम्बी जिले में कड़ा के पास स्थित दारानगर नामक कस्बा दाराशिकोह के नाम पर ही बसे हैं।

यहाँ एक जैन चैत्यालय है। इसमें संगमरमर की वेदी पर सफेद संगमरमर से बनी तीर्थङ्करों की आधा दर्जन प्रतिमाएँ विराजमान हैं। यहाँ की मूल प्रतिमा पद्मासन में बैठे ऋषभदेव की है, जो काले चमकीले पत्थर की बनी हुई है। प्रतिमा पर उत्कीर्ण लेख से ज्ञात होता है कि इसका निर्माण 1174 ई. (विक्रम संवत् 1234) में किया गया था।

दारानगर का 'कुप्पी युद्ध'

राम भारत की सांस्कृतिक परम्परा के महानायक हैं। स्वाभाविक रूप से देश के विभिन्न भागों में शताब्दियों से श्रद्धा-भक्ति के साथ रामकथा पर आधारित नाट्य-प्रस्तुतियों का आयोजन होता रहा है। गोस्वामी तुलसीदास (1532-1648 ई.) द्वारा रामचरितमानस की रचना के बाद रामलीलाओं की यह परम्परा बहुत दृढ़ हो गयी। कौशाम्बी के कड़ा विकासखण्ड के दारानगर कस्बे में पिछले करीब 240 वर्षों से रामलीला सम्बन्धी एक अनूठा आयोजन प्रचलन में है। यह है श्रीराम और रावण की सेना का 'कुप्पी युद्ध'।

दारानगर की रामलीला के दौरान राम की वानरी सेना और रावण की आसुरी सेना के मध्य दो दिनों तक चलनेवाला एक रोमांचक 'कुप्पी युद्ध' होता है। दोनों ही दलों में 25-25 योद्धा होते हैं। श्रीराम की सेना लाल लिबास में होती है, जबकि रावण की सेना काले कपड़ों में होती है। दोनों दलों के योद्धा कुप्पियों से एक-दूसरे पर प्रहार करते हैं। इस युद्ध में प्रयुक्त होनेवाली कुप्पी पहले कानपुर से आती थी, जो ऊँट की खाल की बनी होती थी। लेकिन अब प्लास्टिक की कुप्पियों का प्रयोग होता है, जो करीब 200 ग्राम वजन की होती है। खास बात यह है कि इस रामलीला में युद्ध का अभिनय नहीं होता, बल्कि बाकायदा युद्ध होता है। इसलिए कई बार इन कुप्पियों के प्रहार से इसके योद्धा घायल भी हो जाते हैं।

इस युद्ध में शामिल होने को लेकर स्थानीय जनों में एक अपूर्व उत्साह होता है। युद्ध के आरम्भ का संकेत मिलते ही दोनों ही दलों के योद्धा एक-दूसरे पर इस प्रकार आक्रमण करते हैं कि उसे देखकर दर्शकगण रोमांच से भर उठते हैं। यही कारण है कि कुप्पी युद्ध को देखने के लिए आस-पास के इलाके से बड़ी संख्या में लोग यहाँ एकत्र होते हैं।

दारानगर रामलीला आयोजन समिति इस कुप्पी युद्ध को प्रभावशाली और जीवन्त बनाने के लिए कई महीने पहले से ही अपनी तैयारियाँ शुरूकर देती है। कुप्पी युद्ध को देखने के लिए जमा हुई भारी भीड़ को नियन्त्रित करने के लिए दारानगर स्थित एक विशाल मैदान को बाड़ों से घेर दिया जाता है। कुप्पी युद्ध के सम्पन्न होने पर मेघनाद-वध और कुम्भकर्ण-वध की लीलाएँ भी होती हैं।

दारानगर की रामलीला में कुप्पी युद्ध के दौरान दोनों दलों के बीच दो दिनों में 7 लड़ाइयाँ होती हैं। पहले दिन की लड़ाई चार चरणों में होती है। इन चारों चरणों में रावण की सेना विजयी होती है। दूसरे दिन तीन लड़ाइयाँ होती हैं। दोनों दिनों के सभी युद्ध करीब दस-दस मिनट के होते हैं। अन्ततः इन तीनों लड़ाइयों को जीतकर श्रीराम की सेना विजयादशमी का पर्व मनाती है।

'महेवाघाट' : गोस्वामी तुलसीदास की ससुराल

कौशाम्बी जनपद के दक्षिणी छोर पर यमुना के उत्तरी तट पर 'महेवाघाट' है। नदी के उस पार राजापुर स्थित है जिसे गोस्वामी तुलसीदास का जन्मस्थान माना जाता है। रामचरितमानस के अयोध्याकाण्ड की उनके द्वारा हस्तलिखित प्रति राजापुर में 'तुलसी स्मारक' मन्दिर में आज भी सुरक्षित बतायी जाती है। महेवाघाट को तुलसीदास की पत्नी रत्नावली का मायका माना जाता है। यह तुलसीदास की ससुराल है। अमृतलाल नागर ने तुलसीदास के जीवन पर केन्द्रित अपने उपन्यास 'मानस का हंस' में लिखा है कि रत्नावली के पिता दीनबन्धु पाठक यमुना के इस पार (महेवाघाट) के एक सम्पन्न ब्राह्मण

थे। वे राज-ज्योतिषी थे। एक बार तुलसीदास अपने विवाह के पहले ही उनके निमन्त्रण पर राजापुर से महेवाघाट आये थे। अमृतलाल नागर के शब्दों में-

"पाठक जी के घर पहुँचकर तुलसीदास मानो राजा हो गये। इतना अपनत्व, इतनी आवभगत और सम्मान तुलसीदास को कहीं प्राप्त नहीं हुआ था। पाठक जी गाँव के धनी-धोरियों में थे। आस-पास के गाँवों में ही नहीं बल्कि बाँदा से चित्रकूट तक इसपार-उसपार उनकी बड़ी प्रतिष्ठा थी। इसलिए जिसकी अगवानी में स्वयं वे उत्साह के मारे थोड़े-थोड़े हुए जा रहे हों उसके लिए पलक-पाँवड़े बिछानेवालों की भला क्या कमी हो सकती थी। तुलसीदास बहुत मगन थे।

पाठक जी विधुर थे। उनकी इकलौती सन्तान चौदह वर्ष की हो चुकी थी। पण्डित जी ने अपनी पुत्री के प्रबल मोहवश अब तक उसका विवाह टालने का प्रयत्न किया किन्तु अब वे ऐसा कर नहीं सकते थे। उन्होंने रत्नावली को बहुत आरम्भ से उसी चाव से पढ़ाया था जिस चाव से कोई पुत्र को पढ़ाता है। वे कई वर्षों से किसी ऐसे सुपात्र की खोज में थे, जिसे वे घरजमाई बनाकर अपने पास रख सकें। किन्तु उन्हें अपनी लड़की के लायक कोई लड़का जँचता नहीं था। जब से विक्रमपुर की पैंठ में उन्होंने तुलसीदास की कथा सुनी थी और उनके सम्बन्ध में राजा से जानकारी पायी थी तभी से वे उन्हें अपना जामाता बनाने के लिए लालायित हो चुके थे। इन बीते महीनों में और भी निकट सम्पर्क में आने के कारण उन्होंने तुलसीदास को अपना दामाद बनाने का एक प्रकार से हठ ही ठान लिया था। स्वाभिमानी तुलसी को वे अपने घर में तो न रख सकेंगे पर यह दूरी भी केवल नदी के दो तटों की ही है।"[1]

इसके बाद रत्नावली और तुलसीदास का विवाह हुआ। युवावस्था में तुलसीदास अपनी पत्नी के प्रति वासनातुर रहा करते थे। तुलसीदास के लिखे दो दोहे द्रष्टव्य हैं-[2]

(1) **तन तरफत तुव मिलन बिन अरु दरसन बिन नैन।**
श्रुति तरफत तुव बचन बिन सुन तरुणी रसऐन।।

(2) **बड़ो नेह तुलसी लग्यो और न कछू सुहाय।**
तुलसी चन्द्र-चकोर ज्यों तलफत रैन बिहाय।।

ये दोहे उन्होंने अपनी पत्नी के लिए ही लिखे थे। जनश्रुतियों के अनुसार अपनी पत्नी के प्रति इतने अनुरक्त थे कि वे उन्हें अपने मायके तक भी नहीं जाने देना चाहते थे। एक बार सावन की अर्द्धरात्रि में उफनायी यमुना को शव के सहारे पार करके वे अपनी पत्नी से मिलने पहुँच गये थे। रत्नावली को यह बात बहुत बुरी लगी। उन्होंने प्रताड़ना-भरे स्वर में तुलसी से कहा कि,

अस्थि चर्ममय देह मम तामें ऐसी प्रीत।
होती जो रघुनाथ में होत न तब भवभीत।।

महेवाघाट में रत्नावली की फटकार सुनकर ही तुलसी को भौतिकता के प्रति विराग और प्रभु राम के प्रति अनुराग उत्पन्न हुआ था। तुलसीदास काम से जूझकर राम तक पहुँचे थे। बहरहाल, वे राजापुर के निकट चित्रकूट में रामभक्ति में लीन हुए; और फिर काशी के भदैनी में रहकर 'रामचरितमानस' नामक महाकाव्य की रचना करके अमर हो गये।

सन्त-कवि मलूकदास की समाधि, कड़ा (कौशाम्बी)

कड़ा : सन्त-कवि मलूकदास की जन्मभूमि

कड़ा सन्त-कवि मलूकदास (1574-1682 ई.) की जन्मभूमि भी है और उनकी साधना की सारस्वत भूमि भी। सथुरादास द्वारा लिखित 'परिचई' के अनुसार मलूकदास का जन्म बैसाख कृष्ण पंचमी, विक्रम संवत् 1631 (अर्थात् 1574 ई.) में हुआ था; और उनके पिता का नाम सुन्दरदास था। बचपन से ही वे उदार, दयालु और धर्मशील प्रवृत्ति के थे। भगवान् के भजन में उनको बहुत रस मिलता था। उम्र बढ़ने के साथ ही उनके मन में भगवद्-भक्ति की भावना लगातार बढ़ती चली गयी। भौतिक संसार के प्रति उनकी क्रमशः दृढ़ होती विरक्ति को देखकर उनके माता-पिता को बहुत चिन्ता हुई। उनको लगा

सन्त मलूकदास आश्रम में संरक्षित पाण्डुलिपि का एक पृष्ठ

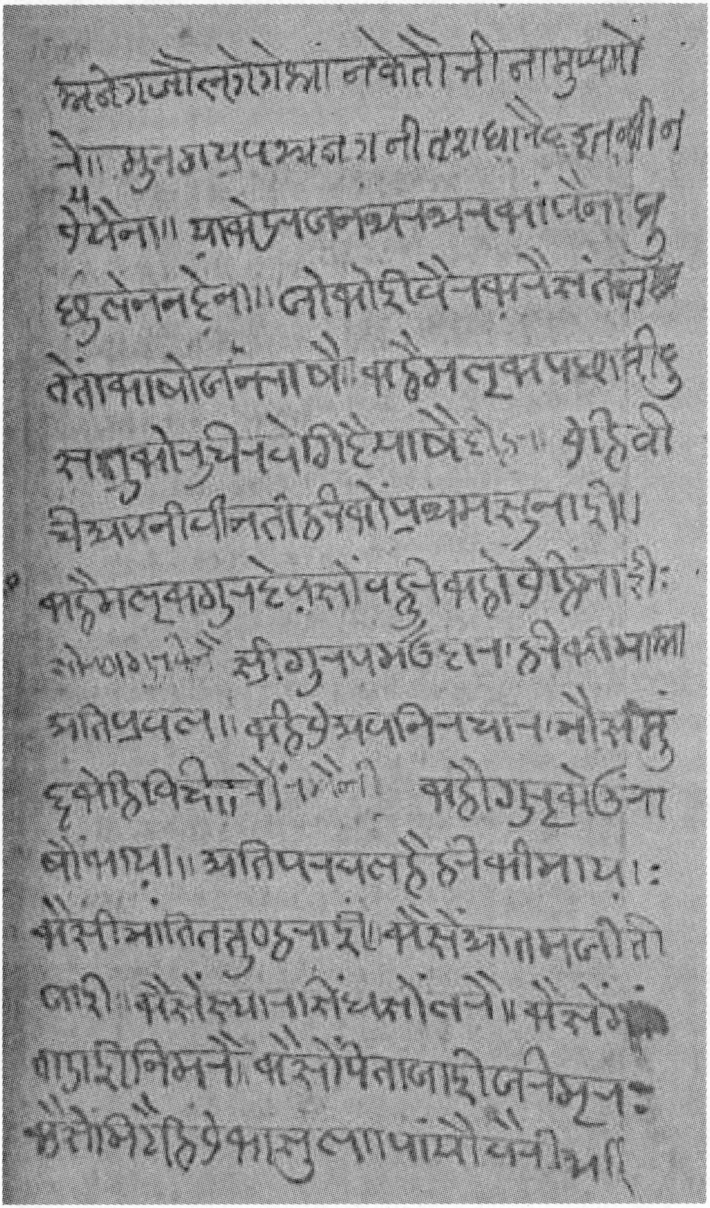

(आश्रम के वर्तमान व्यवस्थापक के अनुसार यह मलूकदास की हस्तलिखित पाण्डुलिपि है)

कि उनके पुत्र के सांसारिक विरक्ति के फलस्वरूप उनकी वंश-रेखा नष्ट हो जायेगी। इसलिए उन्होंने अपने पुत्र की इस प्रवृत्ति को रोकने का प्रयास किया। उनके परिवार में कम्बल बेचने का कारोबार होता था। सुन्दरदास ने अपने पुत्र को कम्बल के व्यवसाय में लगाने का प्रयास किया। लेकिन मलूकदास अपने पिता की अपेक्षाओं के विपरीत कार्य करते रहे। वे कुछ कम्बल बेचते और कुछ भिखारियों को दान में दे देते थे।

किंवदन्तियों के अनुसार पाँच वर्ष का होने पर सुन्दरदास ने अपने पुत्र को पढ़ने के लिए पाठशाला भेजा। गुरु ने जब उनकी पाटी पर वर्णमाला लिखकर उसका अभ्यास करने को कहा तब बालक मलूकदास ने प्रत्येक अक्षर पर एक साखी लिख दी। बालक की इस अलौकिक प्रतिभा को देखकर उसके गुरु को बहुत आश्चर्य हुआ।

मलूकदास के गुरु के सम्बन्ध में बहुत मतभेद है। आचार्य क्षितिमोहन सेन, अयोध्यासिंह उपाध्याय 'हरिऔध' एवं 'सन्त बानी संग्रह' के सम्पादक के अनुसार उनके गुरु द्रविड़ देश के महात्मा विट्ठलदास थे। परन्तु यह बात सही नहीं लगती है। 'भारतवर्ष का धार्मिक इतिहास' नामक पुस्तक के लेखक शिवशंकर मिश्र के मतानुसार उनके गुरु का नाम कील था। डॉ. पीताम्बरदत्त बड़थ्वाल के अनुसार मलूकदास ने देवनाथजी से नाममात्र के लिए शिक्षा प्राप्त की थी, आध्यात्मिक दीक्षा उन्होंने गुरु मुरार स्वामी से ग्रहण की थी। सथुरादास कृत 'परिचई' के अनुसार इन्होंने सबसे पहले देवनाथ के पुत्र पुरुषोत्तम से दीक्षा ली थी। विट्ठल द्राविड़ तो देवनाथ के गुरु भाऊनाथ के गुरु थे।

युवावस्था में मलूकदास का विवाह पारिवारिक परम्परा के अनुसार हुआ था। कुछ समय बाद उनके एक कन्या भी हुई लेकिन जन्म होने के साथ ही जच्चा-बच्चा की मृत्यु हो गयी। 'परिचई' से पता चलता है कि यद्यपि मलूकदास अपने परिवार में रहकर सामान्य कर्त्तव्य का पालन करते रहे, तथापि उनका मन सांसारिक मोह-माया से सदा विरक्त ही रहा।

'परिचई' के अनुसार समय-समय पर उन्होंने जगन्नाथपुरी, पुरुषोत्तम क्षेत्र, कालपी और दिल्ली की यात्रा की थी। कहते हैं कि वे मुगल बादशाह औरंगजेब से भेंट करने के उद्देश्य से दिल्ली गये थे।

उनकी 11 प्रामाणिक रचनाएँ हैं- 'ज्ञानबोध', 'रतनखान', 'भक्त वच्छावली', 'भक्ति-विवेक', 'ज्ञानपरोछि', 'बारहखड़ी', 'रामावतारलीला', 'ब्रजलीला', 'ध्रुवचरित', विभयविभूति' तथा 'सुखसागर'। उनकी रचनाओं से तत्कालीन (मध्यकालीन) धार्मिक विचारों और आदर्शों का परिचय प्राप्त होता है। उनके द्वारा रचे गये ग्रन्थों की पाण्डुलिपियाँ कड़ा के मलूकदास आश्रम में सुरक्षित हैं। कड़ा स्थित मलूकदास की गद्दी पर 'ज्ञानबोध' नामक पवित्र ग्रन्थ की नियमित पूजा होती है।

'ज्ञानबोध' इनका सबसे प्रसिद्ध ग्रन्थ है। इस ग्रन्थ के प्रथम विश्राम में ब्रह्म की भक्त-वत्सलता का वर्णन इनके अन्य ग्रन्थ 'भक्त वच्छावली' से बहुत-कुछ मिलता-जुलता

है। 'ज्ञानबोध' में तीर्थ-यात्रा, भेष-धारण, आश्रमत्याग आदि बाह्य आचरणों को निरर्थक बताया गया है। सन्त मलूकदास ने ब्रह्म के अद्वैत, सर्वव्यापकता और सर्वशक्तिमत्ता का प्रतिपादन करते हुए ज्ञान, भक्ति और वैराग्य के समन्वित रूप का वर्णन किया है। 'रतनखान' में इन्होंने अपने दार्शनिक विचारों को व्यक्त किया है। 'ज्ञानबोध' की तरह इसमें भी संसार की असारता, वैराग्य, मोक्ष आदि के सम्बन्ध में विचार प्रकट किये गये हैं। डॉ. पीताम्बरदत्त बड़थ्वाल ने 'भक्त वच्छावली' को मलूकदास का सर्वोत्तम ग्रन्थ माना है। 'रतनखान' की तरह इस ग्रन्थ की रचना भी दोहा-चौपाई छन्द में की गयी है। उनकी अन्य सभी रचनाओं की तरह इसकी भाषा भी अवधी है; और इसमें खड़ीबोली हिन्दी का आरम्भिक रूप भी मिलता है।

'ज्ञानपरोछि' में वैराग्य, आत्मा की नित्यता, सृष्टि की उत्पत्ति, अष्टांगयोग, प्राणायाम, ब्रह्म के अद्वैत आदि के सम्बन्ध में विचार प्रकट किये गये हैं। इस ग्रन्थ की भाषा भी अवधी है; और इसकी रचना दोहा-चौपाई छन्द में की गयी है। मलूकदास कृत 'बारहखड़ी' मलूकदासी सम्प्रदाय के बालकों को अक्षर ज्ञान कराने के पहले कण्ठस्थ करा दी जाती है। इसमें भी ब्रह्म की सर्वव्यापकता, सत्य, अहिंसा, क्षमा, दया, वैराग्य आदि विषयों का वर्णन किया गया है।

'रामावतारलीला', 'ब्रजलीला' और 'ध्रुवचरित' में क्रमशः राम, कृष्ण और ध्रुव के चरित्र का वर्णन किया गया है। इन रचनाओं से पता चलता है कि अपने जीवन के आरम्भिक चरण में मलूकदास अवतारवाद में विश्वास करते थे। मलूकदास के आश्रम के निकट एक ठाकुरद्वारे का भग्नावशेष है। इससे भी ज्ञात होता है कि जीवन के आरम्भिक चरण में वे सगुण उपासना-पद्धति को मानते थे। बाद में वे निर्गुण भक्ति की ओर उन्मुख हुए। निर्गुण विचारधारा के आधार पर मलूकदास ने मध्यकाल में धार्मिक समन्वय के सिद्धान्त का प्रतिपादन किया था।

मलूकदास का जन्म लाला सुन्दरदास खत्री के घर में वैशाख कृष्ण 5, संवत् 1631 में कड़ा, जिला कौशाम्बी में हुआ। ईश्वर ने उन्हें 108 वर्ष लम्बी आयु दी थी। ये औरंगजेब के समकालीन थे। निर्गुण सन्त-परम्परा में उनका स्थान बहुत ऊँचा है उनकी गद्दियाँ कड़ा, जयपुर, गुजरात, मुल्तान, पटना, नेपाल और काबुल तक में कायम हुईं। कड़ा स्थित उनकी गद्दी के पीठासीन उत्तराधिकारियों की सूची निम्नवत् है -

1. राम सनेही दास
2. कृष्णा सनेही दास
3. ठाकुर दास
4. गोपाल राजा
5. कुंज बिहारी दास
6. राम सेवक दास

7. शिव प्रसाद दास
8. गंगा प्रसाद दास
9. नन्द सुमेर दास
10. अयोध्या प्रसाद
11. लक्ष्मी नारायण दास
12. नन्द लाल
13. पन्ना लाल
14. योगीराज नानक चन्द्र देव

इनके सम्बन्ध में बहुत-से चमत्कार या करामातें प्रसिद्ध हैं। कहते हैं कि एक बार इन्होंने एक डूबते हुए शाही जहाज को पानी के ऊपर उठाकर बचा लिया था और रुपयों का तोड़ा गंगा जी में तैराकर कड़ा से प्रयागराज भेजा था।[3] आलसियों का यह मूल मन्त्र-

अजगर करे न चाकरी, पंछी करे न काम।
दास मलूका कहि गये, सबको दाता राम।।

इन्हीं का रचा हुआ बताया जाता है। हिन्दुओं और मुसलमानों दोनों को उपदेश देने में प्रवृत्त होने के कारण दूसरे निर्गुणमार्गी सन्तों के समान इनकी भाषा में भी फारसी और अरबी शब्दों की भरमार है। इसी दृष्टि से बोलचाल की खड़ीबोली का पुट इन सब सन्तों की बानी में एक-सा पाया जाता है। इन सब लक्षणों के होते हुए भी इनकी भाषा सुव्यवस्थित और सुन्दर है। कहीं-कहीं अच्छे कवियों-जैसा पद-विन्यास और कवित्त आदि छन्द भी पाये जाते हैं। कुछ पद्य बिलकुल खड़ीबोली में हैं। आत्मबोध, वैराग्य, प्रेम आदि विषयों पर इनकी बानी बड़ी मनोहर है। दिग्दर्शनमात्र के लिए कुछ पद्य नीचे दिये जाते हैं— [4]

अब तो अजपा जपु मन मेरे।
सुर नर असुर टहलुआ जाके मुनि गन्धव हैं जाके चेरे।
दस औतार देखि मत भूलौ, ऐसे रूप घनेरे।।
अलख पुरुष के हाथ बिकाने जब तें नैननि हेरे।
कह मलूक तू चेत अचेता काल न आवै नेरे।।
नाम हमारा खाक है, हम खाकी बन्दे।
खाकहि से पैदा किये अति गाफिल गन्दे।।
कबहूँ न करते बन्दगी, दुनिया में भूले।
आसमान को ताकते, घोड़े चढ़ फूले।।
सबहिन के हम सबै हमारे। जीव जन्तु मोहिं लगैं पियारे।।

तीनों लोक हमारी माया। अन्त कतहुँ से कोइ नहिं पाया।
छत्तिस पवन हमारी जाति। हमहीं दिन औ हमहीं राति।।
हमहीं तरवर कीट पतंगा। हमही दुर्गा, हमहीं गंगा।।
हमहीं मुल्ला हमहीं काजी। तीरथ बरत हमारी बाजी।।
हमहीं दसरथ, हमहीं राम। हमरै क्रोध औ हमरे काम।।
हमहीं रावन हमहीं कंस। हमहीं मारा अपना बंस।।

बैसाख कृष्ण चतुर्दशी बुधवार विक्रम संवत् 1739 (अर्थात् 1682 ई.) को उनका देहान्त हो गया था। कड़ा में सन्त मलूकदास की समाधि बनी हुई है।

सन्दर्भ :

1. अमृतलाल नागर कृत 'मानस का हंस', पृ. 199-200
2. अमृतलाल नागर कृत 'मानस का हंस' में उद्धृत, पृ. 147
3. आचार्य रामचन्द्र शुक्ल कृत 'हिन्दी साहित्य का इतिहास', पृ. 63
4. आचार्य रामचन्द्र शुक्ल कृत 'हिन्दी साहित्य का इतिहास' में उद्धृत, पृ. 63-64

अध्याय 11

शहजादपुर और वीरांगना दुर्गा भाभी

शाहजादा आजम हूमायूँ 1499 ई. में कड़ा का सूबेदार था। उसका बेटा इस्लाम खाँ 1529 ई. में कड़ा का जागीरदार हुआ। उसने अपने पिता के नाम पर शहजादपुर नामक एक गाँव बसाया था। ब्रिटिश शासन द्वारा 1867 ई. में इसको एक कस्बे का दर्जा दिया था, लेकिन 1909 ई. में यह दर्जा समाप्त कर दिया गया। यह गाँव प्रयागराज से 52 किमी. उत्तर-पश्चिम शेरशाह सूरि राजमार्ग (जी.टी. रोड) से 3 किमी. उत्तर की ओर गंगा के बायें तट पर स्थित है।

बनारसीदास कृत 'अर्द्धकथानक' में शहजादपुर का वर्णन

बनारसीदास (1586-1644 ई.) नामक एक जैन कवि द्वारा 1641 ई. में ब्रजभाषा में लिखे गये 'अर्द्धकथानक' को हिन्दी भाषा की पहली आत्मकथा माना गया है।[1] इस पद्यबद्ध आत्मकथा में लेखक ने मुगलकालीन जनजीवन और तत्कालीन नगरों, कस्बों और ग्रामों की स्थितियों-परिस्थितियों का एक महत्त्वपूर्ण ब्यौरा दिया है। 'अर्द्धकथानक' के अनुसार बनारसीदास के पिता खड़गसेन श्रीमाल जौनपुर के एक जौहरी थे। वहीं बनारसीदास का जन्म हुआ। लेकिन राजनैतिक अस्थिरता के उस दौर में जौनपुर नगर के प्रशासक नवाब किलीच के अत्याचारों से त्रस्त होकर अन्य जौहरी-परिवारों की भाँति उनको भी वहाँ से पलायन करने के लिए बाध्य होना पड़ा। तब वे कड़ा के निकट शहजादपुर नामक ग्राम में आकर सपरिवार बस गये।

यहु कहि भिन्न भिन्न सब भये। फूटि फाटि कै चहुँदिसि गये।
खरगसेन लै निज परिवार। आये पच्छिम गंगापार।। 115।।

अर्थात्- सभी जौहरी जौनपुर छोड़कर भाग गये। वे जौनपुर से निकलकर चारों दिशाओं में बिखर गये। खड़गसेन अपने परिवार के साथ पश्चिम की ओर भागे और गंगा नदी के उस पार पहुँच गये ।

नगरी साहिजादपुर नाँउ। निकट कड़ा मानिकपुर गाँउ।।
आये साहिजादपुर बीच। बरसै मेघ भयी अति कीच।। 116।।

अर्थात्- गंगा के उस पार शहज़ादपुर नाम का एक नगर है। यह नगर कड़ा मानिकपुर के पास है। खड़गसेन अपने परिवार के साथ शहज़ादपुर पहुँचे। उस समय वहाँ तेज वर्षा हो रही थी और सारे नगर में कीचड़ फैला हुआ था।

निसा अँधेरी बरसा घनी। आइ सराइ बसे गृह धनी।।
खड़गसेन सब परिजन साथ। करहिं रुदन ज्यौं दीन अनाथ।।117।।

अर्थात्- अँधेरी रात और भारी वर्षा के बीच खड़गसेन एक सराय में जाकर रुके। वहाँ अपने परिजनों की दीन-दशा देखकर उनकी आँखों में आँसू आ गये।

इस अवसर तिस पुर थानिया। करमचन्द माहुर बानिया।।
तिन अपनौं घर खाली कियौ। आपु निवास और घर लियौ।।119।।

करमचन्द माहुर एक बनिया थे, जो उस (शहजादपुर) कस्बे में रहते थे। उन्होंने अपना घर खड़गसेन और उनके परिवार के रहने के लिए ख़ाली कर दिया और स्वयं दूसरे घर में रहने लगे।

भई बितीत रैनि इक जाम। टेरै खरगसेन को नाम।।
टेरत बूझत आयौ तहाँ। खरगसेनजी बैठे जहाँ।।120।।

एक प्रहर रात बीत चुकी थी। तभी करमचन्द माहुर लोगों से पूछते, खरगसेन का नाम पुकारते और उन्हें ढूँढ़ते हुए उस सराय पर पहुँचा, जहाँ खड़गसेन ठहरे हुए थे।

रामराम करि बैठ्यौ पास। बोल्यौ तुम साहब मैं दास।।
चलहु कृपा करि मेरे संग। मैं सेवक तुम चढ़ौ तुरंग।।121।।

खड़गसेन को प्रणाम करके करमचन्द उनके पास बैठ गया। उसने कहा कि "आप मेरे स्वामी हैं और मैं आपका दास हूँ। इसलिए आप घोड़े पर सवार होकर मेरे साथ चलिये।"

जथाजोग है डेरा एक। चलिये तहाँ न कीजै टेक।।
आये हित सौं तासु निकेत। खरगसेन परिवार समेत।।122।।

उसने कहा कि आपके रहने योग्य एक घर है। आप वहाँ बेफिक्र होकर रहिये। करमचन्द के मित्र-भाव को देखकर खड़गसेन सपरिवार उसके घर में आकर रहने लगे।

बैठे सुख सौं करि विश्राम। देख्यौ अति विचित्र सो धाम।।
कोरे कलस धरे बहु माट। चादरि सोरि तुलाई खाट।।123।।

करमचन्द के घर खड़गसेन ने सुखपूर्वक विश्राम किया। उन्होंने करमचन्द के अद्भुत घर को देखा, जहाँ अप्रयुक्त (कोरे) कलश और मिट्टी के पात्र रखे हुए थे और चारपाइयों पर चादर-कम्बल बिछे हुए थे।

भरयौ अन्न सौं कोठा एक। भख्य पदारथ और अनेक।।
सकल बस्तु पूरन करि गेह। तिन दीनौं करि बहुत सनेह।।124।।

उस घर में अन्न से भरा एक धान्यकोठार था। खाने-पीने के अन्य कई पदार्थ भी थे। करमचन्द ने खड़गसेन के प्रति स्नेह प्रदर्शित करते हुए उस घर को हर वस्तु से परिपूर्ण कर दिया था।

खरगसेन हठ कीनी महा। चरन पकरि तिन कीनी हहा।।
अति आग्रह करि दीनौ सर्व। बिनय बहुत कीनी तजि गर्व।।125।।

खड़गसेन ने बार-बार कहा कि वे करमचन्द का इतना अहसान नहीं ले सकते। इस पर करमचन्द ने उनके पैर पकड़ लिये और अहंकाररहित एवं विनयशील होकर उनसे आग्रह किया कि वे उनका दिया हुआ सब-कुछ स्वीकार कर लें।

घन बरसे पावस समै जिन दीनी निज भौन।
ताकी महिमा की कथा मुख सौं बरनै कौन।।126।।

पावस ऋतु की बरसात में जिस व्यक्ति ने अपना मकान दे दिया, उस व्यक्ति की महिमा का वर्णन मुख से कौन कर सकता है!

खरगसेन तहाँ सुख सौं रहै। दसा बिचारि कबीसुर कहै।।
वह दुख दियौ नवाब किलीच। यह सुख साहिजादपुर बीच।।127।।

खड़गसेन वहाँ सुखपूर्वक रहने लगे। कोई श्रेष्ठ कवि उनकी दशा पर विचार करते हुए यह कह सकता है कि जौनपुर में नवाब किलीच ने जितना दुख दिया था; शहजादपुर में उन्हें इतना ही सुख मिला।

करमचन्द माहुर बनिक खरगसेन श्रीमाल।
भये मित्र दोऊ पुरुष रहैं रयनि दिन नाल।।131।।

बनिया करमचन्द माहुर और खड़गसेन श्रीमाल एक-दूसरे के गहरे मित्र बन गये। वे रात-दिन एक साथ रहते थे।

इहि बिधि कीनौ मास दस साहिजादपुर बास।
फिर उठि चले प्रयागपुर बसै त्रिबेणी पास।।132।।

इसी तरह शहज़ादपुर में रहते दस महीने बीत गये। इसके बाद खड़गसेन प्रयाग की ओर चल पड़े और त्रिवेणी के पास जाकर बस गये।

बसै प्रयाग त्रिबेनी पास। जाकौ नाँउ इलाहाबास।।
तहाँ दानि वसुधा पुरहूत। अकबर पातिसाह कौ पूत।।133।।

खड़गसेन प्रयाग में त्रिवेणी के पास जाकर बस गये। प्रयाग का नाम 'इलाहाबास' (इलाहाबाद) भी है। उन दिनों मुगल बादशाह अकबर का पुत्र दानियाल इलाहाबाद का प्रशासक (सूबेदार) था।

खरगसेन तहाँ कीनौ गौन। रोजगार कारन तजि भौन।।
बनारसी बालक घरि रह्यौ। कौड़ी बेच बनिज तिन गह्यौ।।134।।

खड़गसेन ने रोज़गार के लिए अपना घर (शहजादपुर) छोड़ा और वहाँ (प्रयाग) जाकर बस गये। बालक बनारसीदास शहज़ादपुर में घर पर ही रहे; और वह कौड़ियाँ बेचने का व्यापार करने लगे।

एक टका द्वै टका कमाइ। काहू की ना धरै तमाइ।।
जोरै नफा एकठा करै। लै दादी के आगे धरै।।135।।

बनारसीदास ने एक रुपये के दो कमाये, यानी उनको व्यापार में दुगुना लाभ हुआ। उन्होंने ईमानदारी से और बिना लालच के काम किया और किसी का उधार नहीं रखा। बहरहाल, व्यापार में जो भी नफ़ा हुआ, उन्होंने उसे जोड़-जोड़कर इकट्ठा किया और दादी के सामने लाकर रख दिया।

दादी बाँटै सीरनी लाडू नुकती नित्त।
प्रथम कमाई पुत्र की सती अऊत निमित्त।।136।।

दादी ने खुश होकर सीरनी, लड्डू आदि मिठाइयाँ बाँटीं। दादी ने पुत्र की यह पहली कमायी सती अऊत को समर्पित कर दी।

बहरहाल, शहजादपुर में तेरह महीने रहने के बाद बनारसीदास अपने पिता के आदेशानुसार व्यापार करने के लिए फतेहपुर चले गये।

विदेशी यात्रियों की दृष्टि में शहजादपुर

ब्रिटिश व्यापारी और यात्री पीटर मुण्डी (1600-1667 ई.) मुगल बादशाह शाहजहाँ के शासनकाल में भारत आया था। उसने मुगलकालीन भारत की आर्थिक और सामाजिक व्यवस्था का विवरण लिखा है। उसके वृत्तान्त में भारत में 1630-1632 ई. के दौरान पड़े भीषण अकाल का उल्लेख भी है। 1632 ई. में वह शहजादपुर भी आया था। वह लिखता है कि "शहजादपुर में छींटदार कपड़े और उत्तम प्रकार के कागज बनते थे। गंगा के दायें तट पर स्थित यह एक धन-जन संकुल महत्त्वपूर्ण कस्बा था। यहाँ एक लम्बी सड़क के दोनों ओर मकान बने हुए थे और उनके सामने सड़क के किनारे वृक्षों की लम्बी कतार एक सराय तक चली जाती थी।"

1740 ई. में आस्ट्रियाई पादरी जोसेफ टीफेन्थलर (1710-1785 ई.) ईस्ट इण्डियन मिशन पर भारत आया था। गोवा आने के शीघ्र बाद उसको आगरा भेजा गया। 1747 ई. में वह नरवर चला गया और वहाँ वह करीब 18 वर्षों तक रहा। 1765 ई. में वह शहजादपुर भी आया था। इसके बारे में वह लिखता है कि इस कस्बे में एक लम्बी सड़क के दोनों ओर मकानों की कतारें थीं। यह सड़क उत्तर-पश्चिम में स्थित एक महलनुमा सराय तक चली गयी थी जिसके चारों कोनों पर बुर्ज बने हुए थे। सम्भवतः इस कस्बे की स्थापना मध्यकाल में एक बाजार के रूप में की गयी थी ताकि निकटवर्ती सिपाह गाँव में स्थित सेना को रसद और अन्य आवश्यक सामग्री उपलब्ध करायी जा सके। कहते हैं कि यहाँ 52 मण्डियाँ थीं। आज भी इस गाँव में एक बड़ी मण्डी लगती है। लेकिन आज यह एक साधारण-सा गाँव है। जिस सराय का उल्लेख पीटर मुण्डी और जोसेफ टीफेन्थलर ने किया है उसके भग्नावशेष गाँव के पश्चिम सड़क के दक्षिणी किनारे पर आज भी विद्यमान हैं।

मध्यकाल में यहाँ कई जैन व्यवसायी थे। जयविजय (सं. 1664/1607 ई.) ने अपनी 'तीर्थमाला' में लिखा है कि शौरिपुर से शहजादपुर 115 कोस दूर है, यहाँ से 3 कोस दूर मऊग्राम (बालकमऊ) है। उन्होंने यहाँ के चैत्यालयों और 31 जैन प्रतिमाओं का उल्लेख किया है। विजयसागर (सं. 1717/1650 ई.) के अनुसार फिरोजाबाद से 150 कोस दूर शहजादपुर है, जहाँ से 3 कोस की दूरी पर मऊग्राम है। उन्होंने यहाँ के चैत्यालय में कई जैन प्रतिमाएँ देखी थीं। सौभाग्यविजय (सं. 1750/1693 ई.) ने अपनी 'तीर्थमाला' में लिखा है कि शहजादपुर गंगा तट पर एक नगरी थी। उन्होंने यहाँ जिनराज (ऋषभदेव) की प्रतिमा की पूजा की थी। वहाँ किसी अधर्मी दुर्बुद्धि सबल ने मुख्य जैन मन्दिर को तोड़कर मस्जिद बना दिया था। उन्होंने वहाँ के धर्मशील श्रावकों की प्रशंसा की है, किन्तु उस स्थान पर कोई धर्मशाला नहीं होने के कारण धर्मव्यवहार का निर्वाह कठिन बताया है।

शहजादपुर में पहली मस्जिद 1669 ई. में बनी थी और दूसरी मस्जिद 1726 ई. में अलहदाद खान ने बनवायी थी। ये दोनों मस्जिदें कुछ साल पहले तक जीर्ण-शीर्ण अवस्था में विद्यमान थीं, किन्तु पहली मस्जिद का अब नामोनिशान भी नहीं बचा है। यह वही मस्जिद प्रतीत होती है जिसे औरंगजेब के मन्दिर-ध्वंस सम्बन्धी फरमान के बाद 1669 ई. में मुख्य जैन मन्दिर को तोड़कर बनवाया गया था। सैय्यद अली को 1667 ई. में कड़ा-मानिकपुर का फौजदार नियुक्त किया गया था। सम्भवतः सौभाग्यविजय द्वारा उल्लिखित 'मन्दिर को तोड़कर मस्जिद बनवानेवाला लालची 'अधर्मी' यही है। जोसेफ टीफेन्थलर के भ्रमण-काल तक शहजादपुर उजाड़ नहीं हुआ था, किन्तु 18वीं-19वीं सदी में यहाँ के जैन व्यवसायियों का पलायन शुरू हुआ और वे लोग अपने व्यावसायिक हितों के मद्देनज़र प्रयागराज नगर में बसते चले गये। उनमें से कुछ तो बंगाल में जाकर बस

गये। पलायन के दौरान वे लोग अपने साथ अपने आराध्य देवता 'जिन' की मूर्तियाँ भी ले गये। देखरेख के अभाव में शहजादपुर के जैन मन्दिर धीरे-धीरे ध्वस्त होते चले गये।

शहजादपुर में मुख्य सड़क से दक्षिण थोड़ी दूर गली में एक जिन चैत्यालय के भग्नावशेष और उसके पूर्वी प्रवेश-द्वार के सामने एक वेदिका देखने लायक है। शहजादपुर में उत्तर-मध्यकाल के डेढ़ दर्जन से अधिक मन्दिर हैं। ये मन्दिर वैष्णव, शैव और शाक्त सम्प्रदायों से सम्बन्धित हैं। यहाँ मध्यकाल में ढाई दर्जन के लगभग मन्दिर रहे होंगे। गाँव के उत्तर-पश्चिम छोर पर एक ध्वस्त मन्दिर के अवशेष प्राप्त होते हैं। मन्दिर के ध्वंसावशेषों को देखने से प्रतीत होता है कि इसका निर्माण तेरहवीं-चौदहवीं शताब्दी में किया गया होगा। मन्दिर का निर्माण पत्थर तथा ईंटों से किया गया है। इसी से कुछ दूर पूर्व एक अहाते में तीन छोटे-बड़े मन्दिर हैं जिनमें अष्टधातु की कई प्रतिमाएँ रखी थीं। लेकिन बीसवीं शताब्दी के अन्तिम दशक में वे प्रतिमाएँ चोरी हो गयीं। गाँव के उत्तर-पूर्व में एक मध्यम आकार के मन्दिर के पुरावशेष हैं; और मध्य में एक विशाल मन्दिर के पुरावशेष बिखरे हुए हैं। दक्षिण-पूर्व में बिखरे पुरावशेषों को देखने से लगता है कि यहाँ सम्भवतः दो छोटे मन्दिर रहे होंगे।

गाँव के उत्तरी छोर पर एक जीर्ण-शीर्ण शैव मन्दिर दिखायी पड़ता है। इस आयताकार मन्दिर की लम्बाई 15 फिट तथा चौड़ाई 12 फिट है। गर्भगृह में देव प्रतिमा का अभाव है, परन्तु ताखों में उत्तर-मध्यकाल की कुछ देव प्रतिमाएँ अब भी मौजूद हैं।

वीरांगना 'दुर्गा भाभी'

भारतीय स्वतन्त्रता-आन्दोलन के इतिहास में वीरांगना दुर्गा भाभी का नाम अग्रपांक्तेय है। उनका मूल नाम था दुर्गा देवी। वे प्रसिद्ध क्रान्तिकारी भगवतीचरण वोहरा की पत्नी होने के साथ ही सरदार भगतसिंह, सुखदेव, चन्द्रशेखर आदि क्रान्तिकारियों की ममतामयी भाभी भी थीं। आज़ादी के दीवानों से अपार स्नेह रखने और उनके सुख-दुख की चिन्ता करने के कारण ही वह सार्वजनिक भाभी कहलायीं। इसलिए स्वतन्त्रता-संग्राम के इतिहास में भी उनको दुर्गादेवी वोहरा के स्थान पर 'दुर्गा भाभी' नाम से ही जाना जाता है।

भारत की महिला क्रान्तिकारियों में अग्रगण्य दुर्गा देवी का जन्म 7 अक्टूबर, 1907 ई. को (तत्कालीन इलाहाबाद और) वर्तमान कौशाम्बी जिले के शहजादपुर ग्राम में हुआ था। उनके पिता पण्डित बाँके बिहारी भट्‌ट तत्कालीन इलाहाबाद (अब प्रयागराज) कलेक्ट्रेट में नाजिर थे, जबकि इनके पितामह महेशप्रसाद भट्‌ट जालौन जिले में थानेदार थे। इनके परदादा पं. शिवशंकर शहजादपुर में जमींदार थे। दुर्गा भाभी बचपन से ही बहुत मेधावी और कुशाग्र बुद्धि की थीं।

उन दिनों (बीसवीं सदी के आरम्भिक चरण में) भारत में बाल-विवाह की कुप्रथा सामान्य तौर पर प्रचलित थी। लड़कियों की शिक्षा-दीक्षा पर कोई विशेष ध्यान भी नहीं

दिया जाता था। तदनुसार महज दस-ग्यारह वर्ष की अवस्था में इनका विवाह गुजराती भट्ट परिवार के लाहौर निवासी 15 वर्षीय श्री भगवतीचरण वोहरा के साथ हो गया। इनके ससुर शिवचरण वोहरा भारतीय रेलवे में एक उच्चपदस्थ अधिकारी थे। अंग्रेजी हुकूमत ने उन्हें 'राय साहब' का खिताब दे रखा था। परन्तु दुर्गा देवी के पति भगवती चरण वोहरा शुरू से ही क्रान्तिकारी विचारों के थे। वे भारत को अंग्रेजों की गुलामी से मुक्त कराना चाहते थे। वे क्रान्तिकारी संगठन 'हिन्दुस्तान सोशलिस्ट रिपब्लिकन आर्मी' के सचिव थे। वर्ष 1920 ई. में अपने पिता के निधन के बाद भगवतीचरण वोहरा खुलकर क्रान्तिकारियों के साथ आ गये।

भगवती बाबू अविभाजित पंजाब के अग्रणी क्रान्तिकारियों में से एक थे। उन दिनों दुर्गादेवी का क्रान्तिकारी आन्दोलन से कोई जुड़ाव नहीं था। लेकिन भगवती बाबू के साथी क्रान्तिकारी उनके घर में प्रायः आते रहते थे, इसलिए दुर्गादेवी धीरे-धीरे उनके विचारों से परिचित होने लगी थीं। पति के क्रान्तिकारी विचारों से प्रभावित होकर दुर्गा भाभी कुछ समय बाद ही उनका साथ देने लगीं।

वर्ष 1923 में दुर्गा भाभी ने प्रभाकर की डिग्री हासिल की। इसी वर्ष इनके पति ने भी स्नातक की परीक्षा उत्तीर्ण की। वर्ष 1925 में दुर्गा भाभी के एक पुत्र हुआ, जिसका नाम शचीन्द्र वोहरा रखा गया। मार्च, 1926 में भगवतीचरण वोहरा और सरदार भगतसिंह ने मिलकर 'नौजवान भारत सभा' का प्रस्ताव तैयार किया और फिर रामचन्द्र कपूर के साथ मिलकर इस क्रान्तिकारी संगठन की स्थापना की। इस संगठन की स्थापना के लिए भगवतीचरण वोहरा एवं दुर्गा भाभी ने अपनी पैतृक सम्पत्ति में से पचास हजार रुपये खर्च कर दिये थे। नौजवान सभा में सैकड़ों क्रान्तिकारी नवयुवक शामिल हुए जिन्होंने देश को आजाद कराने के लिए अपने प्राण तक न्यौछावर कर देने का संकल्प लिया। इस संकल्प-पत्र पर भगवतीचरण वोहरा, भगतसिंह, रामचन्द्र कपूर सहित अन्य सैकड़ों युवकों ने अपने खून से हस्ताक्षर किये थे।

सरकारी अफसर का पुत्र होने के कारण एक बार भगतसिंह और उनके साथियों को भगवती बाबू पर अंग्रेज-पुलिस को जासूस होने का सन्देह हुआ। इसकी गोपनीय जाँच के लिए भगतसिंह ने सुखदेव को दुर्गा भाभी के घर भेजा। सुखदेव ने उनके घर जाकर गोपनीय ढंग से वहाँ छानबीन की। परन्तु उस घर में ऐसा कोई प्रमाण नहीं मिला। सुखदेव ने जब दुर्गा भाभी के निश्छल व्यवहार को देखा तब उन्हें इस शक के लिए आत्मग्लानि भी हुई।

भगवती बाबू की परीक्षा के बाद दुर्गा भाभी की परीक्षा की बारी आयी। साण्डर्स की हत्या के बाद क्षुब्ध होकर ब्रिटिश सरकार ने क्रान्तिकारियों को पकड़ने के लिए पूरे लाहौर में पुलिस गुप्तचरों का जाल बिछा दिया, ताकि एक भी क्रान्तिकारी उनकी निगाह से

बचकर निकल न पाये। फिर भी प्रायः सभी क्रान्तिकारी वेश बदलकर पुलिस की आँखों में धूल झोंककर बच निकले।

साण्डर्स को मारने के बाद जब भगतसिंह लाहौर से कलकत्ता के लिए रवाना हुए, तब उन्हें कोई पहचान न सके इसलिए दुर्गा भाभी की सलाह पर एक सुनियोजित रणनीति के तहत भगतसिंह पति, दुर्गा भाभी उनकी पत्नी और राजगुरु नौकर बनकर वहाँ से बच निकले थे।

सरदार भगतसिंह ने अपनी दाढ़ी-मूँछें मुँड़वा लीं और 'क्लीन शेव' होकर सूट-बूट धारण किया और अंग्रेजों की तरह हैट लगाकर तैयार हो गये। भगवतीचरण मेरठ-काण्ड में पहले से ही फरार थे। दुर्गा भाभी के घर के चारों ओर पुलिस का पहरा था। फिर भी सुखदेव दुर्गा भाभी के पास पहुँचे और बिना पूरी बात बताये केवल यह कहा कि, "किसी की जान बचानी है। भाभी, तुम्हें उसके साथ उसकी पत्नी बनकर यात्रा करनी होगी।" बिना यह पूछे कि किसके साथ जाना है, भाभी ने अपनी सहमति दे दी। शायद वे जानती थीं कि वह भगतसिंह ही हो सकता है; और उसकी जान बचाने के लिए वह यह नाटक तो क्या, कुछ भी कर सकती थीं।

उसी रात रेल के फर्स्ट क्लास डिब्बे में एक नौजवान अंग्रेज जोड़ा सवार हुआ। मेम बनीं भाभी की गोद में एक बच्चा भी था। ये माँ-बेटे भी पूरी तरह यूरोपियन पोशाक में थे। किसी को कोई सन्देह नहीं हुआ; और वे लोग सुरक्षित लखनऊ पहुँच गये। कहते हैं, चन्द्रशेखर आजाद रामनामी चादर ओढ़े, रुद्राक्ष की माला पहने, छापा-तिलक लगाये, लाहौर से उसी ट्रेन से चले थे। राजगुरु भी नौकर के वेश में उसी ट्रेन में थे। परन्तु वे दोनों रास्ते में ही कहीं उतर गये। लखनऊ पहुँचकर प्लेटफार्म से ही दुर्गा भाभी ने सुशीला दीदी[2] को कलकत्ता तार भेजा था, ताकि वे कलकत्ता स्टेशन पर आ सकें। सुशीला दीदी भगवतीचरण वोहरा के साथ ठीक समय पर कलकत्ता स्टेशन पहुँच गयी थीं। इस प्रकार भगतसिंह और दुर्गा भाभी सकुशल कलकत्ता पहुँच गये। दुर्गा भाभी की इस जोखिम-भरी यात्रा की सफलता पर भावविभोर होकर भगवती बाबू ने कहा था कि, "मेरा विवाह आज सफल हुआ।"

क्रान्तिकारियों का साथ देते हुए दुर्गा भाभी का जीवन जोखिम से भरा रहा। वे क्रान्तिकारियों के लिए लुक-छिपकर रिवाल्वर एवं पिस्तौलें ढोने का काम भी करती थीं। गौरतलब है कि उन दिनों सामान की तलाशी तो होती थी, लेकिन लोगों की नहीं। इसलिए दुर्गा भाभी ऐसा करते समय बड़े घेरे का लहँगा पहने और लम्बी ओढ़नी से ढकी पर्दानशीन मारवाड़ी स्त्री की पोशाक में होती थीं, अन्यथा छाती पर माउजर और पेट पर पिस्तौलें बाँधे वे अवश्य ही पकड़ ली जातीं।

चन्द्रशेखर आजाद ने तत्कालीन इलाहाबाद (अब प्रयागराज) में अंग्रेजों से लड़ते समय अल्फ्रेड पार्क में जिस पिस्तौल से अंग्रेजों से मोर्चा लिया था और जिससे खुद को

गोली मारकर वे शहीद हो गये थे, वह पिस्तौल उन्हें दुर्गा भाभी ने ही दी थी। यह भी उल्लेखनीय है कि भगतसिंह और बटुकेश्वर दत्त जब केन्द्रीय असेम्बली में बम फेंकने के लिए प्रस्थान कर रहे थे तब अपने रक्त का तिलक लगाकर उन्होंने उन दोनों को विदा किया था। परन्तु दुर्भाग्यवश असेम्बली में बम फेंकने के बाद भगतसिंह और बटुकेश्वर दत्त गिरफ्तार हो गये और उन्हें फाँसी की सजा दी गयी थी।

जब लाहौर षड्यन्त्र केस का मुकदमा चल रहा था, तब क्रान्तिकारियों को बचाने के लिए उन्होंने चन्दा इकट्ठा करने का काम भी किया था। भगतसिंह और उनके 16 साथी जिस जेल में कैद थे, दुर्गा भाभी ने वहाँ उनसे बराबर सम्पर्क बनाये रखा। वे उनके सन्देश रातोंरात दल के अड्डों तक पहुँचाती रहीं। एक बार दुर्गा भाभी की गिरफ्तारी का वारण्ट भी निकल गया। तब उन्होंने रात के 11 बजे हमेशा के लिए अपना घर छोड़ दिया।

एक बार चन्द्रशेखर आजाद और भगवतीचरण वोहरा ने मिलकर भगतसिंह और बटुकेश्वर दत्त को जेल से छुड़ाने की योजना बनायी। इसके लिए लाहौर की बहावलपुर कोठी में क्रान्तिकारीगण एकत्र हुए। पुलिस को भ्रमित करने के लिए कि उस कोठी में कोई सम्भ्रान्त परिवार रहता है, दुर्गा भाभी एवं सुशीला दीदी भी वहीं रहने लगीं। पुलिस की नजरों से बचते हुए भाभी क्रान्तिकारियों के सहयोग के लिए कोठी से बाहर आती-जाती थीं। कभी रात को देर से लौटतीं और कभी पकड़े जाने के सन्देह से लौट ही न पातीं, बाहर ही कहीं रह जातीं। दुर्गा भाभी ऐसे खतरों से अक्सर जूझती रहती थीं।

भगवतीचरण वोहरा ने चन्द्रशेखर आजाद के अनुरोध पर 'दि फिलॉसफी ऑफ बम' शीर्षक एक दस्तावेज तैयार किया था। जेल से क्रान्तिकारियों को छुड़ाने के लिए जो बम बनाये जा रहे थे, वे सफल विस्फोट करें, इसके लिए उनका पूर्व परीक्षण जरूरी था। 28 मई, 1930 की दोपहर को रावी-तट पर एक बम का परीक्षण करते हुए बम-विस्फोट हो गया और भगवतीचरण वोहरा क्षत-विक्षत हो वहीं शहीद हो गये। भगवती बाबू की इस तरह शहादत की खबर सुनकर भाभी ने केवल आँखें मींच लीं, एक भी आँसू नहीं गिराया। कुछ देर चुप रहने के बाद सबने देखा, उल्टे भाभी चन्द्रशेखर आजाद और अन्य शोक-विह्वल साथियों को धीरज बँधा रही थीं, "मेरे पति नहीं रहे। लेकिन दल का काम रुकेगा नहीं। मैं करूँगी...भगतसिंह और बटुकेश्वर दत्त को छुड़ाने की योजना रद्द नहीं होगी।" भगवतीचरण वोहरा के बलिदान के बाद दुर्गा भाभी आज़ादी की लड़ाई में पूरी तरह सक्रिय हो गयीं।

कुछ दिनों बाद एक और दुर्घटना हुई। बहावलपुरी कोठी में रखे बमों में से दो फट गये और सभी साथियों को एकदम तितर-बितर हो जाना पड़ा। इस हालत में भी भाभी एक सप्ताह तक लाहौर में रहीं। फिर दिल्ली चली गयीं और वहाँ से इलाहाबाद। 'चाँद' के सम्पादक श्री रामरख सहगल ने वहाँ क्रान्तिकारियों के लिए सुरक्षित आश्रय-स्थल के

रूप में एक मातृ-मन्दिर खोल रखा था। भाभी वहीं जाकर दीदी और लीला के साथ रहने लगीं।

दुर्गा भाभी ने भगतसिंह को लाहौर जेल से छुड़ाने का प्रयास किया था। भगतसिंह और बटुकेश्वर दत्त को छुड़ाने की पूरी तैयारी के बावजूद योजना विफल रही। भगतसिंह बलिदान के लिए कटिबद्ध थे। भाभी भगतसिंह से जेल में जाकर मिली थीं। उनकी रिहाई के लिए वह दिल्ली जाकर गाँधीजी से भी मिली थीं। परन्तु दुर्भाग्यवश कोई सार्थक परिणाम नहीं निकला।

भगतसिंह के प्राणदण्ड की घोषणा होने पर दुर्गा भाभी इतनी क्षुब्ध हुईं कि उन्होंने बम्बई (अब मुम्बई) के पुलिस कमिश्नर को गोली से उड़ाने का निश्चयकर लिया था। लेकिन सशस्त्र पुलिस के पहरे में होने के कारण उसे मारने का अवसर उनको नहीं मिला। बौखलाकर 9 अक्टूबर, 1930 ई. को दुर्गा भाभी ने लेमिंगटन रोड की पुलिस चौकी के सामने गवर्नमेण्ट हाउस से निकलकर आनेवाली अंग्रेजों की एक कार पर गोली चला दी। उन्होंने तत्कालीन गर्वनर हैली को मारने के लिए गोली चलायी थी। हैली तो बच गया लेकिन गवर्नर के धोखे में पुलिस के दो सार्जेण्ट और एक यूरोपीय महिला मारी गयी। एक अन्य सैनिक अधिकारी टेलर घायल हो गया। इस दुस्साहसपूर्ण कार्य में दुर्गा भाभी के सहयोगी थे बाबा पृथ्वीसिंह आजाद और सुखदेव राज। उस रात भाभी कार से तुरन्त घर पहुँचीं, कपड़े बदले और रात के डेढ़ बजे घर छोड़ दिया। पुलिस दादर स्थित मकान में पहुँची, लेकिन उनके हाथ कुछ नहीं आया। पुलिस ने दुर्गा भाभी और उनके साथियों को फरार घोषित किया। लेकिन वारण्ट में भाभी का नाम शारदा बेन और बच्चे शचीन्द्र का नाम हरीश लिखा हुआ था, इसलिए पुलिस उन्हें पकड़ने में विफल रही।

भाभी के तीन मकान लाहौर में थे। पर वे सब अंग्रेजी सरकार द्वारा जब्त कर लिये गये। प्रयागराज में भी दो मकान थे, वे भी जब्त हो गये। भगवती बाबू के वारण्ट पर पूरे सामान की भी कुर्की हो चुकी थी। एक समृद्ध परिवार की दुर्गा भाभी अब आश्रयहीन थीं। कभी सुशीला दीदी के घर, कभी पुरुषोत्तमदास टण्डन के घर और कभी कहीं और। सगे भाई की तरह मदद करनेवाले चन्द्रशेखर आजाद भी प्रयागराज के अल्फ्रेड पार्क में 27 फरवरी, 1931 को पुलिस दल से लड़ते हुए शहीद हो चुके थे। भाभी पर भयंकर संकट के दिन आये। पुलिस पीछा कर रही थी। अन्त में लाहौर पहुँचकर उन्होंने 'फ्री प्रेस आफ इण्डिया' को अपना वक्तव्य दिया, "पुलिस मेरा पीछा करती है, लेकिन मुझे गिरफ्तार नहीं करती। इस स्थिति में मैं अपना कोई काम भी नहीं कर पा रही। पुलिस मुझे गिरफ्तार कर मुझ पर मुकदमा चलाये, अन्यथा भविष्य में मैं अपने को स्वतन्त्र समझूँगी।" यह वक्तव्य देकर वह अपने लाहौरवाले मकान में पहुँचीं। वकील को तार दिया। थोड़ी देर में पुलिस आ पहुँची और बुखार की हालत में ही 14 सितम्बर, 1932 को वे गिरफ्तार हो गयीं।

कोतवाली पहुँचने पर अंग्रेज पुलिस कप्तान ने जो भी पूछा, दुर्गा भाभी ने अंग्रेजी में दो-टूक जबाब दिया, ''जब आप कहते हैं कि आपके पास सारे रिकार्ड हैं, तो उसके आधार पर मुकदमा चलाइये। मैं स्वयं कुछ नहीं बताऊँगी।''

कप्तान ने सहानुभूति का नाटक कर उन्हें काफी फुसलाया। धमकी भी दी। आखिरकार पुलिस ने मजिस्ट्रेट से 15 दिन का रिमाण्ड' लेकर उन्हें जेल भेज दिया। किसी काण्ड में या किसी आपत्तिजनक सामान के साथ पकड़ी न जाने पर मुकदमा बनता ही नहीं था, इसीलिए उन्हें रिमाण्ड के बाद छोड़ देना पड़ा। पर उसी समय 1918 के रेगुलेशन एक्ट के तहत उन्हें नजरबन्द कर दिया गया। नौ महीने की नजरबन्दी के बाद उनके लाहौर और दिल्ली की सीमा में प्रवेश पर रोक लगा दी गयी।

अपनी मातृभूमि की स्वाधीनता के स्वप्न को साकार करने के लिए इस वीरांगना ने अपने छोटे बच्चे तक की परवाह नहीं की; और क्रान्तिकारियों का खुलकर साथ देती रहीं। 1931 से 1935 तक इन्हें लाहौर में नजरबन्द रखा गया। फिर इन्हें लाहौर से जिला-बदर कर दिया गया। 1935 में वे गाजियाबाद आ गयीं और वहाँ प्यारेलाल कन्या विद्यालय में अध्यापन का कार्य करने लगीं। एकाध वर्ष पढ़ाने के बाद पुनः दिल्ली चली गयीं और राष्ट्रीय कांग्रेस में काम करने लगीं। वर्ष 1937 में उनको दिल्ली कांग्रेस कार्यसमिति का अध्यक्ष चुना गया। लेकिन इनके क्रान्तिकारी मन को वहाँ तृप्ति नहीं मिली और उन्होंने कांग्रेस को छोड़ दिया। 1939 ई. में वे मद्रास चली गयीं जहाँ इन्होंने मारिया माण्टेसरी से माण्टेसरी शिक्षण-पद्धति का प्रशिक्षण लिया और 1940 ई. में लखनऊ आकर कैण्ट रोड (नजीराबाद) के एक निजी मकान में सिर्फ पाँच बच्चों के साथ एक माण्टेसरी स्कूल खोला। यह विद्यालय आज लखनऊ माण्टेसरी इण्टर कॉलेज के नाम से जाना जाता है।

आजादी के बाद दुर्गा भाभी का जीवन पूरी तरह एकाकी रहा। 1982 में उन्होंने स्कूल चलाना भी छोड़ दिया और गाजियाबाद में जाकर बस गयीं। वहीं 14 अक्टूबर, 1999 को 92 वर्ष की आयु में उनका निधन हो गया।[3] गुलाम भारत में अपनी वीरता से अंग्रेजों को नाकों चने चबाने के लिए मजबूर कर देनेवाली यह वीरांगना आज़ाद भारत में एक गुमनाम मौत मर गयी। भारतीय स्वाधीनता-संग्राम की बलिवेदी पर अनासक्त भाव से अपना सब-कुछ न्यौछावर कर देनेवालों का पुण्य-स्मरण करते हुए राष्ट्रकवि रामधारीसिंह दिनकर ने लिखा है-

वे अगणित लघु दीप हमारे
तूफानों में एक किनारे,
जल-जल कर बुझ गये
कभी भी माँगा नहीं स्नेह मुँह खोल,
कलम आज उनकी जय बोल!

कौशाम्बी के पुलिस अधीक्षक कार्यालय स्थित सभागार का नामकरण 'दुर्गा भाभी सभागार' किया गया है। इसके अलावा शहजादपुर ग्राम में दुर्गा भाभी की स्मृतियों को चिरस्थायी बनाने के उद्देश्य से उनका एक स्मारक बनाया गया है। 9 अगस्त, 2018 ई. को उत्तर प्रदेश के राज्यपाल श्री राम नाईक द्वारा उस स्मारक का लोकार्पण किया गया। कृतज्ञ राष्ट्र कौशाम्बी की पावन धरती पर जन्मी इस वीरांगना को सश्रद्धा नमन करता है।

सन्दर्भ एवं टिप्पणी :

1. बनारसीदास ने अपनी आत्मकथा 1641 ई. में लिखी। इस समय वे 55 वर्ष के थे। जैन शास्त्रों के अनुसार मनुष्य का पूर्ण जीवनकाल 110 वर्षों का होता है, इसलिए बनारसीदास ने अपनी इस 55 वर्षों की आत्मकथा को 'अरध कथान' कहा है। परन्तु यह उनकी सम्पूर्ण आत्मकथा ही है, क्योंकि 'अर्द्धकथानक' लिखने के दो-तीन साल बाद ही उनकी मृत्यु हो गयी थी।
2. 'सुशीला दीदी' का मूल नाम सुशीला मोहन था। उनके पति का नाम श्री श्याम मोहन था। वे दिल्ली की रहनेवाली थीं। उनका जन्म 5 मार्च, 1905 ई. को पंजाब के एक गाँव दत्तो चूहड़ में हुआ था। स्वतन्त्रता-आन्दोलन की इस वीरांगना के पिता सेना में मेडिकल अफसर थे।
3. इस विषय में अधिक जानकारी के लिए देखें- आशारानी व्होरा, महिलाएँ और स्वराज, पृ. 330-335

अध्याय 12

कौशाम्बी के दर्शनीय स्थल

सन्त मलूकदास आश्रम, कड़ा (कौशाम्बी)
(कड़ा स्थित यह आश्रम दरअसल सन्त मलूकदास का साधना-स्थल है।)

वत्सराज उदयन के किले के भाग्नावशेष, घोषिताराम विहार के भग्नावशेष, खण्डित अशोक-स्तम्भ, प्रभासगिरि और सन्त मलूकदास का आश्रम कौशाम्बी के सबसे महत्त्वपूर्ण और दर्शनीय स्थल हैं। इन सब के सन्दर्भ में यथास्थान जानकारी दी गयी है। कौशाम्बी के अन्य दर्शनीय स्थल निम्नवत् हैं -

चरवा : श्रीराम का विश्रामस्थल

वत्सनगरी कौशाम्बी कोसल प्रदेश के दक्षिण में गंगा नदी के दक्षिणी तट से शुरू होती थी। अयोध्या से वनगमन के लिए प्रस्थान करने के बाद श्रीराम ने पहली रात्रि तमसा नदी के तट पर और दूसरी रात्रि शृंगवेरपुर में बितायी थी। तीसरे दिन गंगा नदी

को पार करने के बाद उनका वत्स देश में आगमन हुआ था। वाल्मीकि कृत 'रामायण' के अनुसार श्रीराम ने गंगा नदी को पार करते ही धन-धान्य से सम्पन्न इस वत्सनगरी कौशाम्बी में प्रवेश किया था। श्रीराम गंगा नदी को पार करके समृद्धिशाली वत्सदेश पहुँचे, जो सुन्दर और धन-धान्य से परिपूर्ण था। वहाँ के लोग बहुत ही हृष्ट-पुष्ट थे। वहाँ राम-लक्ष्मण दोनों भाइयों ने मृगया-विनोद के लिए चार महामृगों वाराह, ऋष्य (हिरण), पृषत् और महारुरु का शिकार किया। जब उन्हें भूख लगी तब कन्द-मूल आदि लेकर ठहरने के लिए एक वृक्ष के नीचे चले गये।

इस प्रकार उन्होंने इस क्षेत्र में एक रात्रि निवास किया था। वह विश्राम स्थल वर्तमान में कौशाम्बी जिलान्तर्गत चायल तहसील के 'चरवा' ग्राम में स्थित है। अनुश्रुतियों के अनुसार रामजुइठा तालाब के किनारे स्थित वट-वृक्ष के नीचे ही श्रीराम, सीता और लक्ष्मण ने रात्रि-विश्राम किया था। दूसरे दिन उसी तालाब में स्नान करने के बाद वे तीनों प्रयागराज गये थे।

रामायण-काल में यह पूरा इलाका वनों से आच्छादित था। यहाँ यत्र-तत्र साधु-संन्यासी और कुछ वन्य जाति के लोग रहते थे। जनश्रुतियों के अनुसार रात्रि-विश्राम के दौरान किसी ने श्रीराम की चरण-पादुका चुरा ली थी। इसलिए लोग उस स्थान को 'चोरवा' कहकर अभिहित करने लगे। आगे चलकर इस स्थान को 'चरवा' कहा जाने लगा।

कहते हैं श्रीराम ने उस स्थान से प्रस्थान करने के पहले वट-वृक्ष के नीचे अपने चरण-चिह्न अंकित कर दिये थे। लोकविश्वास के अनुसार वट-वृक्ष के नीचे श्रीराम के 'चरणचिह्न' विद्यमान हैं। वहाँ चरवा ग्राम में एक छोटा-सा मन्दिर भी बना हुआ है, जहाँ श्रीराम के 'चरणचिह्न' की पूजा होती है।

बहरहाल, 'चरवा' सम्भवतः 'चरणवा' का विकृत रूप है। श्रीराम के चरण अंकित होने के कारण शुरू में इस स्थान को 'श्रीराम चरण' कहा जाता रहा होगा, फिर 'चरण', आगे 'चरनवा' और अन्ततः 'चरवा'। इस स्थान के नामकरण का यही विकास-क्रम रहा होगा।

सान्दीपनि घाट : कृष्ण और सुदामा के गुरु सान्दीपनि मुनि का आश्रम

कौशाम्बी जनपद के अन्तर्गत गंगा के उत्तरी तट पर वर्तमान कोखराज थाने के उत्तर 'सान्दीपनि घाट' का पौराणिक महत्त्व है। विष्णुपुराण के अनुसार कृष्ण और बलराम ने सान्दीपनि से अस्त्र-विद्या सीखी थी और गुरुदक्षिणा में गुरु के मृत पुत्र को वापस लाये थे। पंचजन नामक एक राक्षस ने ऋषि के पुत्र का हरण कर लिया था। वह राक्षस पाताल लोक में रहता था। श्रीकृष्ण ने उस राक्षस का वध करके अपने गुरुपुत्र की रक्षा की। पंचजन नामक उस राक्षस की हड्डियों से ही पांचजन्य नामक वह शंख बना था, जिसे श्रीकृष्ण धारण करते थे। भागवतपुराण के अनुसार कृष्ण-बलराम के अलावा सुदामा के गुरु सान्दीपनि मुनि का आश्रम उज्जैन (प्राचीन उज्जयिनी) में स्थित था।

जनश्रुतियों के अनुसार वर्षा ऋतु में आनेवाली बाढ़ के दिनों में उन्होंने कौशाम्बी में गंगा तट आकर चार मास व्यतीत किये थे। गंगा का यह सान्दीपनि घाट आज भी स्थानीय स्नानार्थियों के लिए एक महत्त्वपूर्ण घाट है।

शीतला माता का मन्दिर : कड़ा धाम

शीतला माता का मन्दिर ऐतिहासिकता, धार्मिकता और पर्यटन तीनों ही दृष्टियों से महत्त्वपूर्ण है। यह मन्दिर देश में स्थित 51 शक्ति-पीठों में से एक है। यह पवित्र धाम देवनदी गंगा के पावन तट पर प्रयाग से 65 किमी. पश्चिम और कौशाम्बी जिला मुख्यालय से 22 किमी. दूर स्थित है। एक पौराणिक कथा के अनुसार दक्ष प्रजापति द्वारा अपनी राजधानी कनखल में एक यज्ञ का आयोजन किया गया था। उस यज्ञ के अवसर पर उसके द्वारा भगवान् शिव का अपमान किया गया। दक्ष-पुत्री सती अपने पिता द्वारा अपने पति के अपमान से बहुत व्यथित हुईं और फिर उसी यज्ञ-कुण्ड में कूदकर उन्होंने अपने प्राण त्याग दिये।[1] इस पूरे घटनाक्रम से क्रोधित होकर भगवान् शिव ने रौद्र रूप धारण कर लिया और सती का शव लेकर ताण्डव करते हुए तीनों लोकों में भ्रमण करने लगे। शिव की ताण्डव-लीला से भयाक्रान्त होकर देवताओं ने भगवान् विष्णु से प्रार्थना की, कि वे किसी प्रकार शिव के क्रोध को शान्त करें। परन्तु जब तक शिव के कन्धे पर सती का शव था, तब तक उनके द्वारा पुरानी बातों को भूल पाना सम्भव नहीं था। अतः भगवान् विष्णु ने अपने सुदर्शन चक्र से शिव के कन्धे पर स्थित सती के शव का विच्छेदन करना शुरू किया। इसके परिणामस्वरूप सती के अंग कट-कटकर नीचे गिरने लगे।

कहते हैं, सती के अंग-प्रत्यंग के कुल 51 टुकड़े हुए। जिन-जिन स्थानों पर सती के अंग गिरे उन स्थानों पर आगे चलकर शक्ति-पीठ स्थापित हो गये। सम्पूर्ण भारतवर्ष में 51 शक्ति-पीठ इसी प्रकार बने। बहरहाल, कौशाम्बी जिले के कड़ा नामक स्थान पर सती का एक 'कर' (यानी हाथ का पंजा) गिरा था। सती का 'कर' गिरने के कारण ही यह स्थान 'करा' कहलाया। बाद में 'करा' नामक यह स्थान 'कड़ा' के नाम से प्रसिद्ध हो गया। कड़ा-धाम में आज भी देवी की प्रतिमा के सामने देवी के हाथ के पंजे की आकृति उभरी हुई दिखायी देती है।

इस देवी मन्दिर में माता शीतला की गर्धभ पर सवार मूर्ति स्थापित है। उल्लेखनीय है कि वैदिक पुराकथा शास्त्र में गदहा, मुख्यतः अश्विनों का रथ खींचनेवाले के रूप में आता है।[2] 'ऐतरेय ब्राह्मण' (4, 7-9) में यह कहा गया है कि सोम और सूर्या के विवाह के अवसर पर गदहों द्वारा खींचे गये रथ पर बैठकर अश्विनों ने एक दौड़ जीत लिया था।[3] सम्भवतः आगे चलकर हमारी धार्मिक परम्परा में गर्धभ को शीतला देवी के वाहन के रूप में स्वीकार कर लिया गया।

श्रद्धालुओं का विश्वास है कि माँ शीतला की अनुकम्पा से प्रत्येक दर्शनार्थियों की मनोकामना पूर्ण होती है। यहाँ वर्ष भर देश के विभिन्न भागों से दर्शनार्थी आते रहते हैं। प्रतिवर्ष शारदीय एवं वासन्तिक नवरात्रि में पूरे नौ दिन हजारों की संख्या में श्रद्धालु जन देवी के दरबार में माथा टेकने के लिए आते हैं। शीतला माता के दर्शन करके भक्त-जन फूल-माला, चुनरी, बताशा, ध्वजा-पताका, निशान, वस्त्राभूषण, नारियल आदि अर्पित करके सुखमय जीवन की कामना करते हैं। 'देवी पुराण' के अनुसार माता शीतला देवी शक्ति पीठ की स्थापना द्वापर युग में हुई। नवरात्रि के अवसर पर इस शक्तिपीठ में आस्था एवं भक्ति का पारावार दिखायी देता है। उत्तर प्रदेश में विन्ध्याचल पीठ के बाद सर्वाधिक श्रद्धालु माता शीतला के दर्शन हेतु कड़ा धाम आते हैं।

अलवारा झील

अलवारा झील कौशाम्बी का एक रमणीक स्थल है। यह कौशाम्बी जिले की मंझनपुर तहसील के सरसवाँ विकासखण्ड में स्थित है। अलवारा नामक गाँव के नाम के आधार पर इसको अलवारा झील या अलवारा ताल कहा जाता है। स्थानीय लोग इसको 'दशरथ ताल' भी कहते हैं। यमुना नदी से जुड़ी यह झील कुल मिलाकर लगभग 10 वर्ग किमी. क्षेत्र में फैली हुई है। इसके पूरब में पाउर, काशी रामपुर, उत्तर में टिकरा, दक्षिण में उमराँव शाहपुर नामक गाँव हैं, जबकि इसके पश्चिम में यमुना नदी है। भगत का पूरा और गौरा नामक गाँव भी इस झील के किनारे बसे हुए हैं। भौगोलिक दृष्टि से यह एक खुराकार या छाड़न झील का अच्छा उदाहरण है। इस झील में लाल कमल के फूलों और पुरइन के पत्तों की बहुतायत है। स्वाभाविक रूप से यह पर्यटकों के आकर्षण का केन्द्र है। स्थानीय लोगों द्वारा लाल कमल के इन फूलों का प्रयोग पूजा-पाठ के लिए तो किया ही जाता है, इन्हें बाहर भी भेजा जाता है। यहाँ उत्पन्न होनेवाले कमल के बीज से मखाना भी तैयार किया जाता है। जबकि भोज में पत्तल की जगह पुरइन के इन पत्तों का प्रयोग किया जाता है।

जाड़े के दिनों में बड़ी संख्या में साइबेरियाई पक्षी यहाँ आकर प्रवास करते हैं। उनमें साइबेरियन क्रेन विशेष रूप से उल्लेखनीय है। अन्य मौसम में भी विभिन्न प्रजाति के पक्षी यहाँ आते रहते हैं। रंग-बिरंगे पक्षियों के कलरव से झील का वातावरण गुंजायमान रहता है। झील में कई प्रकार की मछलियाँ भी पायी जाती हैं। इस क्षेत्र में बड़ी संख्या में नीलगायें भी विचरण करती रहती हैं। झील में पानी आने के लिए विभिन्न दिशाओं में पाँच नाले बनाये गये हैं जिनसे होकर वर्ष भर पानी आता रहता है। यह प्रायः साल भर जल से भरी रहती है। वर्षा ऋतु में झील का अपेक्षाकृत अधिक विस्तार हो जाता है। अलवारा झील का ऊपरी भाग चने की खेती के लिए प्रसिद्ध है।

यह झील पर्यावरण-संरक्षण और पर्यटन दोनों दृष्टियों से अत्यन्त महत्त्वपूर्ण है। परन्तु वर्तमान समय में यह झील प्रायः उपेक्षित-सी है। एक व्यवस्थित कार्य-योजना बनाकर इस झील को पर्यटन मानचित्र पर लाया जा सकता है। झील के अधिकांश भाग में जंगली घास फैली हुई है। ताल-क्षेत्र में उगी जंगली घासों की सफाई करवाकर, झील में जमी गाद-मिट्टी को बाहर निकलवाकर उसकी गहरायी बढ़ायी जा सकती है। ऐसा करके उसकी जल-ग्रहण क्षमता को बढ़ाया जा सकता है। झील के किनारे-किनारे सघन वृक्षारोपण करके और कुछ चुने हुए स्थानों पर पक्के घाट बनाकर झील का संरक्षण और सौन्दर्यीकरण दोनों हो सकता है।

सन्दर्भ एवं टिप्पणी :

1. पौराणिक अनुश्रुतियों के अनुसार भगवान् शिव ने दो बार विवाह किया था। उनकी पहली पत्नी सती कनखल (हरद्वार) के राजा दक्ष प्रजापति की पुत्री थीं। सती ने अपने देहान्त के बाद पर्वतराज हिमालय और मेनका (मैना) की पुत्री उमा के रूप में पुनः जन्म लिया था। उमा ने शिव को पाने के लिए कठोर तप किया था। बाद में उमा के साथ ही शिव का पुनर्विवाह हुआ था। पर्वतराज की पुत्री होने के कारण उमा को पार्वती भी कहा जाता है। उमा का शाब्दिक अर्थ है- 'प्रकाश'। सर्वप्रथम केन उपनिषद् में उमा का उल्लेख हुआ है। यहाँ ब्रह्मा तथा दूसरे देवताओं के बीच माध्यम के रूप में इनका आविर्भाव हुआ है। इस स्थिति में ये 'वाक् देवी' से अभिन्न जान पड़ती हैं। कालिदास कृत 'कुमारसम्भव' में 'उमा' शब्द की व्युत्पत्ति इस प्रकार दी गयी है-

   उमेति मात्र तपसौ निषिद्धा पश्चादुमाख्यांसुमुखी जगाम।

   अर्थात्- 'उ', 'मा' यह कहकर माता (मेनका) ने उसको कठोर तपस्या करने से रोका; और इसीलिए उसका नाम 'उमा' पड़ गया।
2. ए.ए. मैकडॉनेल, वैदिक माइथोलॉजी, 'अनुवादक : रामकुमार राय' पृ. 287
3. वही, पृ. 94

परिशिष्ट 1

'इलाहाबादी अमरूद' नहीं 'कौशाम्बी का अमरूद'

जिस अमरूद को प्रायः 'इलाहाबादी अमरूद' कहा जाता है, दरअसल वह कौशाम्बी का अमरूद है। 1997 ई. के पहले तक कौशाम्बी, तत्कालीन इलाहाबाद (यानी वर्तमान प्रयागराज) जिले का एक भाग था, इसलिए जिले के तत्कालीन नाम के आधार पर इस अमरूद को 'इलाहाबादी' कहना उचित ही था। परन्तु अब कौशाम्बी एक अलग जिला बन चुका है और मूल जिले (इलाहाबाद) का नामान्तर करके उसका प्राचीन नाम 'प्रयागराज' प्रचलित हो गया है। इसलिए अब इस अमरूद को 'कौशाम्बी का अमरूद' कहा जाना उचित होगा।

बाजार का अपना एक मनोविज्ञान होता है। अतः यहाँ के अमरूद को यदि कौशाम्बी ब्राण्ड के नाम से जाना जाये तो स्थानीय किसानों को अपेक्षाकृत अधिक लाभ होगा।

उद्यान विभाग के आँकड़ों के अनुसार कौशाम्बी जिले में लगभग 365 हेक्टेयर (यानी 3460 बीघे) में अमरूद के बाग हैं। इन बागों से प्रतिवर्ष करीब 761200 कुन्तल अमरूद का उत्पादन होता है। इसमें लाल रंग के छिलकेवाला सेबिया किस्म का अमरूद तो पूरी दुनिया में प्रसिद्ध है। अमरूद की देसी किस्म के अतिरिक्त कौशाम्बी में सेबिया, सुर्खा, सफेदा, ललित और लखनऊ-49 किस्में विशेष रूप से उल्लेखनीय हैं।

कौशाम्बी में उद्योग-धन्धे नहीं के बराबर हैं। अतः यहाँ की 90 प्रतिशत जनसंख्या खेती से अपना जीविकोपार्जन करती है। इन परिस्थितियों में अमरूद की बागवानी को बढ़ावा देकर जनसामान्य की आर्थिक स्थिति सुधारी जा सकती है। वर्तमान समय में यहाँ के अमरूद को पहचान न मिलने के फलस्वरूप उसके उत्पादक किसानों के स्थान पर मध्यस्थ व्यापारियों को उसका लाभ मिल रहा है। व्यापारी लोग यहाँ का अमरूद 25 से 30 रुपये प्रति किग्रा. की दर से क्रय करके उसको 100 रुपये प्रति किग्रा. के भाव बेचकर मालामाल हो रहे हैं। यहाँ का अमरूद पश्चिम बंगाल, बिहार, मध्य प्रदेश, महाराष्ट्र और दिल्ली के अलावा विदेशों में भी भेजा जाता है।

कौशाम्बी में अमरूद की बागवानी को उद्योग की तरह विकसित करने का प्रयास किया जा रहा है। यदि लाल (सुर्खा) अमरूद की कौशाम्बी के अमरूद के नाम से विधिवत् ब्राण्डिंग की जाये तो व्यापारिक सम्भावना के एक नये युग का सूत्रपात हो सकता है।

परिशिष्ट 2

उत्तर प्रदेश का भुसावल : कौशाम्बी

केले की खेती करके कौशाम्बी के किसानों की आर्थिक स्थिति में काफी सुधार हो रहा है। केले की फसल बेचकर गेहूँ अथवा धान की फसलों की तुलना में लगभग तीन गुना अधिक लाभ प्राप्त किया जा सकता है। कौशाम्बी में केले की खेती 1977 ई. से प्रारम्भ की गयी। गंगा और यमुना के बीच की भूमि बहुत ही उपजाऊ है। समतल उपजाऊ भूमि और सिंचाई के समुचित साधन केले की खेती के लिए वरदान सिद्ध हुए हैं। वर्तमान समय में कौशाम्बी जिले के नेवादा, चायल, मूरतगंज, सरसवाँ, मंझनपुर और सिराथू ब्लॉक में केले की फसल लहलहा रही है। जिले में लगभग 3840 हेक्टेयर कृषि भूमि में केले की खेती की जा रही है। यहाँ प्रतिवर्ष लगभग 23808000 कुन्तल केले का उत्पादन होता है। 2009 ई. उद्यान विभाग द्वारा आर्थिक रूप से सक्षम किसानों को नयी तकनीक 'टीस्यू कल्चर' की मदद से केले की खेती को प्रोत्साहित किया जा रहा है। यह इज   रायल से आयातित तकनीक है। इसके अन्तर्गत इज   रायल से केले की कोशिकाएँ आयात की जाती हैं। टेस्ट ट्यूब में संरक्षित इन कोशिकाओं को गुजरात, पंजाब, कर्नाटक (के बैंगलूरू) और पश्चिम बंगाल (के कोलकाता) में स्थित प्रयोगशालाओं में ले जाकर उनसे प्लांटिंग मैटीरियल तैयार किया जाता है। टीस्यू कल्चर तकनीक की विशेषता यह है कि इससे तैयार पौधे रोगमुक्त होते हैं। सभी पौधे एक ही तरह के होते हैं और इनके फल एकसाथ तैयार होते हैं। यद्यपि ये 13 से 14 रुपये प्रति पौधे की दर से उपलब्ध हो पाते हैं; यानी इनके पौधे कुछ महँगे होते हैं, तथापि किसानों को इनकी फसल का लाभकारी मूल्य प्राप्त होता है।

इसके अलावा कौशाम्बी में 227 हेक्टेयर भूमि में आम, 200 हेक्टेयर में बेल और 275 हेक्टेयर में नींबू की खेती की जा रही है। उससे प्रतिवर्ष 454000 कुन्तल आम, 384000 कुन्तल बेल और 440000 कुन्तल नींबू का उत्पादन भी हो रहा है। इस प्रकार विभिन्न फलों की खेती से कौशाम्बी के किसानों के जीवन में भी मिठास घुल रही है।

सन्दर्भ-ग्रन्थ सूची

1. हमारे पुराने नगर : डॉ. उदय नारायण राय (हिन्दुस्तानी एकेडेमी, इलाहाबाद)
2. भारत के प्राचीन नगरों का पतन : डॉ. रामशरण शर्मा (राजकमल प्रकाशन, नयी दिल्ली)
3. वैदिक इण्डेक्स : ए. ए. मैकडॉनेल और ए. बी. कीथ, (भाग 1) अनुवादक रामकुमार राय (चौखम्भा विद्याभवन, वाराणसी) संस्करण 1940
4. वैदिक मैथोलॉजी : ए. ए. मैकडॉनेल अनुवादक रामकुमार राय (चौखम्भा विद्याभवन, वाराणसी) संस्करण 1984
5. माध्यन्दिनशाखीयं शतपथब्राह्मणम् (2 भाग) सम्पादक : श्री वंशीधर शास्त्री (अच्युत ग्रन्थमाला कार्यालय, काशी) संस्करण 1919
6. सोमदेवभट्ट विरचित : कथासरित्सागरः, सम्पादक : पं. दुर्गाप्रसाद एवं काशीनाथ पाण्डुरंग परब (निर्णयसागर प्रेस, बम्बई) संस्करण 1930
7. सोमदेव रचित कथासरित्सागर : रूपान्तरकार - गोपालकृष्ण कौल (सस्ता साहित्य मण्डल प्रकाशन, नयी दिल्ली)
8. हिन्दू-प्रासाद : डॉ. द्विजेन्द्रनाथ शुक्ल (वास्तु-वाङ्मय प्रकाशनशाला, शुक्लकुटी, फैजाबाद रोड, लखनऊ) 1936 ई.
9. धर्मशास्त्र का इतिहास (भाग 1, 3) : डॉ. पाण्डुरंग वामन काणे (उत्तर प्रदेश हिन्दी संस्थान, लखनऊ)
10. वाकाटक-गुप्त युग, डॉ. रमेशचन्द्र मजूमदार एवं अनन्त सदाशिव अल्तेकर, (मोतीलाल बनारसीदास) संस्करण 1968
11. प्राचीन भारत के प्रमुख अभिलेख, खण्ड 1 : डॉ. परमेश्वरीलाल गुप्त (विश्वविद्यालय प्रकाशन, वाराणसी)
12. ऐतिहासिक भारतीय अभिलेख : कृष्णदत्त वाजपेयी, कन्हैयालाल अग्रवाल व सन्तोष वाजपेयी (पब्लिकेशन स्कीम, जयपुर)
13. ह्वेनत्सांग की भारतयात्रा, हिन्दी अनुवादक- ठाकुरप्रसाद शर्मा (शब्द महिमा प्रकाशन, जयपुर)
14. हिन्दू धर्म कोश : डॉ. राजबली पाण्डेय (उत्तर प्रदेश हिन्दी संस्थान, लखनऊ)
15. जैन कला एवं स्थापत्य खण्ड 1, सम्पादक : अमलानन्द घोष (भारतीय ज्ञानपीठ, नयी दिल्ली)
16. बनारसीदास कृत 'अर्द्धकथानक' : अनुवाद- रोहिणी चौधरी (पेंगुइन बुक्स/यात्रा बुक्स, नयी दिल्ली)
17. पुरातत्त्व निबन्धावली, राहुल सांकृत्यायन (किताब महल, 56-ए, जीरो रोड इलाहाबाद) 1958 ई.
18. कौशाम्बी के अन्तःपुर की कला-विलास : देवदत्त शास्त्री (किताब महल, इलाहाबाद) प्र.सं. 1954 ई.
19. प्रयाग प्रदीप : शालिग्राम श्रीवास्तव (हिन्दुस्तानी एकेडेमी, इलाहाबाद)
20. अशोक के धर्मलेख : जनार्दन भट्ट (प्रकाशन विभाग, सूचना और प्रसारण मन्त्रालय, भारत सरकार)
21. इलाहाबाद जनपद की सांस्कृतिक एवं पुरातात्त्विक विरासत, सं. डॉ. वीना सिंह, डॉ. प्रदीप कु. केसरवानी (राका प्रकाशन, इलाहाबाद)
22. महिलाएँ और स्वराज : आशारानी व्होरा, (प्रकाशन विभाग, सूचना और प्रसारण मन्त्रालय, भारत सरकार, नयी दिल्ली)

23. Early History of Kaushambi : N.N. Ghosh (The Allahabad Archaeological Society, 1935)
24. The Ancient Geography of India : A. Cunningham (Indological Book House, Varanasi)
25. The Excavations at Kaushambi (1957-1959) : Prof. G.R. Sharma (The Department of Ancient History, Culture & Archaeology, University of Allahabad. Edition 1960)
26. Uttar Pradesh District Gazetteers : Allahabad (Edition 1968)